남은재단

上

일러두기

1. 작품 내에 등장하는 연월일은 실록 등의 사료에 따라 음력으로 표기했습니다.
2. 사료의 국역은 출처 표기가 되어 있지 않은 경우 저자가 의역한 것입니다. 반드시 필요한 경우를 제외하고 실록 등 일반적인 사료 출처는 별도로 표기하지 않았습니다.
3. 일본 인명, 지명은 일본 발음으로 적되, 조선 사람의 대사나 조선 기록에서 표기되는 경우에는 한자 독음으로 적었습니다.
4. 당시 일본의 명칭은 '일본'으로 하되 발화자에 따라 일부 '왜'로 표기했습니다.

임용한
시간순삭
전쟁사

3

임진왜란

그러나 이순신이 있었다

임용한·조현영 지음

작가의 말

벌써 20년 전 《전쟁과 역사: 고려후기 편》을 탈고했을 때, 주변 분들이 다음 작품은 임진왜란이냐고 물었다. 당연히 쓰고 싶었고, 쓰겠다는 야심도 있었다. 하지만 홀로 덤벼들기에는 너무나 엄청난 작업이었다. 임진왜란의 사료는 3국에 흩어져 있고 서로 다른 목소리를 내고 있다. 그나마 내용이 충실하기라도 하면 다행인데, 전쟁에 대한 묘사는 한·중·일이 모두 지나치게 단순하거나 피상적이다.

도쿄 간다의 고서점 거리를 돌며 자료를 찾아다녔던 적도 있지만, 경제적·시간적 여유가 극도로 부족한 상태에서 임진왜란사를 정리하는 건 혼자 하기에는 너무 벅찬 작업이었다. 있는 자료만으로도 쓰면 쓸 수는 있겠지만 예상되는 글의 수준이 마음에 차지 않았다.

이런 생각을 나만 했던 건 아니다. 지난 20년간 학계에서 여러 학자를 모아 큰 규모로 임진왜란 공동연구를 추진했고,

좀 더 세분화된 주제를 가지고 연구 프로젝트를 시도한다는 이야기를 듣거나 그에 참여하길 제안받은 적도 여러 번이었다. 자료 수집이나 번역 사업 등에서 성과를 내기도 했지만, 본격적인 연구는 언제나 퇴짜를 맞았던 것으로 알고 있다. 이유는 정확히 모르지만 이런 사정 탓에 내게 임진왜란은 변함없이 유혹적인 주제이면서 돈키호테 앞에 서 있는 거대한 풍차 같은 존재였다.

그렇게 망설이는 사이에 시간이 덧없이 흘렀다. 그사이에 많은 사료가 발견되고 정리되었다. 여전히 만족할 만한 수준은 아니지만 더 이상 망설일 수만은 없다고 생각해서 집필을 결심했다.

사실 더 학술적이고 전문적으로 작업하고 싶었지만, 일반 독자들을 고려해서 교양서와 전문서 사이의 어디쯤으로 절충했다. 그리고 임진왜란 전체 전사를 쓰기 전에 이순신 해전사를 먼저 쓰기로 했다. 교양서와 전문서의 차이가 있다면, 교양서에서는 어떤 판단을 내린 근거를 세세하게 논증하기가 어렵다는 것이다. 그렇다고 해서 제멋대로 상상에 근거하여 억지 주장을 펴지는 않았다. 임진왜란은 한·중·일 3국의 이해관계가 교차한 전쟁이고, 3국의 역사와 운명을 바꾼 전쟁이었다. 동시에 오늘날의 역사와 대중들의 역사 인식 혹은 감정을 자극하는 요소들이 많다.

역사는 진실해야 한다. 진실하기 위해서는 올바른 분석과 판단력뿐 아니라 진짜 진실을 마주하는 용기도 필수다. 어떤 학자의 노작도 완벽하게 옳을 수는 없다. 사료의 제한, 사료의 오기, 시대의 문제의식, 사고와 가치관에 영향을 받는다. 그러나 적어도 집필할 때는 그 모든 한계를 무릅쓰고 진실하고 용기 있는 작업을 해야 한다.

이 책도 그런 마음으로 집필했다. 해전사를 중심으로 한 만큼 임진왜란 전체의 전개 과정, 역사적 의미와 영향, 시대상에 대해서는 필요한 만큼만 언급했다. 이런 주제에 대한 본격적인 고찰은 다음 편으로 미루겠다.

몇몇 장면은 독자의 이해를 돕기 위해 소설 형식을 차용했다. 그러나 최대한 당시의 사실과 기록을 종합해서 구상했다.

이 책이 나오기까지 수고해 주신 레드리버의 배성원, 유현기 편집자에게 감사드린다.

차례

2부 칼끝에 서 있는 영웅

1부

바다 위에 서 있는 영웅

虜命豈能久   적들의 목숨이 어찌 길겠는가
軍情亦可知   군사는 이제 내게 맡겨졌으니
慨然吟短句   비장한 시구를 짧게 읊조린다
非是喜文辭   기쁨의 문장은 어울리지 않으니
…
이순신, 진중음이(陣中吟二)

7년 전쟁이 시작되던 날

아침을 일찍 먹은 뒤 배를 타고 소포(여수시 종포)에 가서 포구 방어용 쇠사슬을 설치하는 것을 감독했다. 하루 종일 (쇠사슬을 걸) 말뚝을 세우는 것을 보았다. 겸하여 거북선에서 대포 쏘는 것도 시험하였다.

— 《난중일기》, 이순신, 1592년 3월 27일◆

전쟁 전야◆◆

1592년 4월 12일, 신기한 전선이 출동한다는 소문에 여수의 전라좌수영 근처 산으로 사람들이 몰려들었다. 인파

◆ 1795년 정조의 어명으로 《난중일기》와 이순신의 장계를 비롯한 주요 자료를 모은 《이충무공전서》가 편찬되었다. 1935년에 조선사편수회에서 《난중일기초》를 간행했으며, 아산 현충사에는 충무공의 친필 필사본이 전해지고 있다. 그동안 여러

가 얼마나 북적거렸는지 근방 수십 리에 사는 사람들이 하던 일을 다 멈추고 죄다 몰려든 것 같았다. 좌수영은 직각으로 꺾이는 좁은 수로 사이에 북쪽, 동쪽, 서남쪽으로 산을 끼고 자리 잡고 있었다. 수군 기지로서는 천혜의 요충이었다. 좌수영을 지키는 그 산들이 오늘은 관람하는 사람으로 가득해 시장터가 되어 있었다.

곳곳에 병사들이 배치되어 구경꾼들을 통제했다. 여기저기서 실랑이가 벌어졌다. 조선 백성들은 평소에는 관청의 지시에 고분고분한데, 구경거리가 생기면 갑자기 사나워졌다. 수영 근처 해변에서 누가 버럭 소리를 질렀다.

"이봐, 좀 앞으로 가자고. 이게 다 우리 세금이고 노역으로 만든 건데, 왜 구경도 제대로 못 하게 하는 거야!"

제지하던 병졸이 뭐라고 호통을 치자, 그 사내는 상투 끝

사람의 노력으로 《이충무공전서》에는 빠진 난중일기의 부분을 보충하고 비교 검토한 번역본과 자료집이 간행되었다. 이 책에서 참조한 자료집과 번역본은 아래와 같다.
노승석 역, 《이순신의 난중일기》, 동아일보사, 2005. 박기봉 편역, 《충무공 이순신전서》, 비봉출판사, 2006. 박종평, 《난중일기》, 글항아리, 2011. 석오문화재단, 신정역 주, 《이충무공전서》, 태학사, 2023.
《난중일기》나 조선왕조실록에 근거한 서술에는 가독성을 위해 꼭 필요한 경우를 제외하면 출처를 표기하지 않았다.
◇◇ 이 단락은 일부 상상력을 가미해 창작했다.

까지 흥분했다. 덩치도 제법 크고 목청도 우렁찬 걸 보니 힘깨나 쓰는 친구 같았다.

"이보셔들, 이게 말이 되는 게요? 우리 같이 앞으로 갑시다. 저기까지는 가게 해 줘야지."

그는 으쓱해서 주변을 둘러보며 소리를 쳤다. 그런데 격하게 호응할 것 같던 군중들의 반응이 반응이 왠지 머쓱했다. 옆에 있던 한 노인이 말을 걸었다.

"이보시게, 혹시 먼 데서 오신 분 아니신가?"

"맞소, 전주 본읍에 살아요."

그는 자신이 감영 근처에 산다는 말에 은근히 힘을 주었다.

"그럴 줄 알았지. 자네 우리 수사 영감 소문 못 들었구만."

"무슨 소문 말이요?"

"우리 수사 영감님 칼 같은 분이여. 내 철든 뒤로 수사 영감 수십 분을 뺐지만, 이런 분 처음이여. 원칙이 칼 같여. 평소에는 인자하신데, 원칙 어기는 건 용서가 없어. 더욱이 병사들에게 대드는 건 살벌하게 처벌하제. 일전에도 누가 자기 두렁길 망가진다고 수영에 가는 철물 실은 수레 막고 행패 부리다가 영에 끌려가 목이 달아날 뻔했어."

그 사내는 얼굴이 벌겋게 달아오르더니 주먹을 불끈 쥐고 허공에 흔들었다.

"아니, 그게 말이 됩니까? 이 동네는 사람 없어요? 그런 횡포를 왜 보고만 있습니까? 우리 동네 같으면 당장 감영에 달려가서…."

그러자 걸려들었다는 듯 노인의 말투가 싹 바뀌었다.

"어허, 이 양반 큰일 낼 사람이네. 조심혀. 시방 어디서 잘난 척이여? 패기와 성질로 말하면 우리 동네가 호남 제일인 거 몰러?"

갑자기 주변이 싸늘해지자 허우대 좋은 사내가 주춤했다. 노인이 기다렸다는 듯 말을 이었다.

"자네, 여기가 처음인 듯하니 가르쳐 줌세. 이 동네서 조심할 게 두 가지야. 첫째, 우리 앞에서 힘자랑하지 말 것. 둘째, 우리 수사 영감 욕하지 말 것. 안 그런가, 여보게들?"

여기저기서 소동이 벌어지는 중에 드디어 조선소의 수문이 열렸다. 그리고 육중한 전선이 천천히 모습을 드러냈다. 전선이 보이는 모든 지점에서 놀라움과 감탄이 섞인 함성이 터져 나왔다. 그 누구도 본 적이 없는 특이한 자태의 장갑선이었다. 검게 칠한 장갑판이 햇빛을 받아 번쩍이자 강철판처럼 강하고 탄탄해 보였다. 앞머리에는 용머리 장식이 달려 특별한 위용을 더했다. 사람들은 거북이 같다고 했고, 견식이 좀 있다는 사람들은 귀부(용머리에 거북이 몸을 한

비석 받침돌)가 살아나 움직이는 것 같다고 했다.

조선장에서 기묘하고 이상한 배를 만들고 있다는 소문은 오래전부터 퍼져 있었다. 살짝살짝 소문이 돌기도 했지만, 쉬이 모습을 상상할 수 없어 믿지 않는 사람도 많았다. 그 소문만 무성했던 배가 드디어 모습을 드러낸 것이다.

삼면의 산에서 탄성과 함성이 울려 퍼졌다. 그러나 거북선 안에서 노를 젓는 격군들에게는 이 환호가 전혀 들리지 않았다. 아마도 집에 돌아간 뒤에 쏟아지는 관심과 찬사에 으쓱해지는 기분을 맛보겠지만, 그건 며칠 후의 일이다. 지금 그들은 입과 가슴에 욕이란 욕은 다 머금고 있다.

배 안은 습하고 무더웠다. 다른 전선도 마찬가지지만 이 배 안은 더 좁고 더웠다. 하지만 지금은 아무것도 아니다. 일렬로 대기 중인 저 화포들을 발사하면 격군들은 끓는 화로 속에 들어앉은 꼴이 될 것이다.

구경꾼 중에 전주 양반 정도를 제외하곤 격군들의 고충을 모르는 사람이 없었지만, 아랑곳하지 않고 환호를 질렀다. 거북선은 느릿느릿 포구를 벗어났는데, 돛을 올리자 속도가 제법 올랐다. 판옥선과 별 차이가 없었다. 아직 먼 항해를 할 건 아니어서 장도 근처에 이르자 돛을 다시 접었다.

"이제 발포 준비를 하는 거야."

누군가가 아는 척을 했다.

거북선에서 병사들은 돛을 내리고 격군들은 배의 중심을 잡고 포수들은 만에 하나 있을지 모르는 균열을 점검하고 화약을 재며 정신없이 움직였지만, 구경꾼들에게는 이 장면이 전혀 보이지 않았다. 배 안에서는 장교들이 포수들을 엄청나게 독촉했다. "해전에서는 먼저 쏘는 자가 이긴다. 일단 배 측면의 현문을 개방하면 그 문으로 적의 탄환이 들어오기 전에 발포해야 한다." 장군은 이렇게 독촉하곤 했다. "눈을 부릅뜨고 적선을 응시하라. 눈 한 번 깜빡이는 속도만큼이라도 먼저 쏘는 자가 이긴다."

노꾼 한 명이 중얼거렸다.

"젠장, 분명 훈련인데 진짜같이 섬뜩하단 말이여…."

도요토미의 생각

그 땅은 풍요하다. 쌀과 보리가 나고 꿀은 무진장이며, 다량의 면화와 배가 난다. 금광과 은광은 적지만 말과 노새는 많다. 전국에 수많은 호랑이가 서식한다. 호피는 매우 크고 아름답다. 조선인들은 말을 타고 창이나 활로 호랑이를 사냥한다.

조선인들은 피부색이 희고, 건강하고 대식가들이다. 투르크인들처럼 작은 활(복합궁)을 잘 다룬다. 독화살을 사용한다는 소문도 있다. 전선(판옥선)은 크고 견고하며, 상부에 갑판이 있다. 화약 무기를 사용하며, 화포는 탄환을 사용하지 않고 사람 넓적다리 굵기의 나무 화살을 채워서 발사한다. 이 거대한 화살(장군전)은 어떤 것도 다 뚫고 파괴한다. 다행히 이 무기 외에는 별 위력이 없다. 칼은 짧고 별 쓸모가 없다. 개머리판이 없는 총포(승자총통)를 사용한다는 말도 있다.◆

1592년 4월, 도요토미 히데요시(豊臣秀吉)가 조선 침공을 강행한다는 소문이 돌자 오사카성 사람들은 걱정 반, 기대 반으로 가진 방법을 다 동원해 조선에 대한 정보를 모았다. 수집된 정보에는 정확한 것도, 헛소문도, 사람들에게 겁을 주거나 민심을 안심시키기 위한 것도 있었다. 우리는 도요토미가 조선에 대해 얼마나 정확히 알고 있었는지 모른다. 조선 정벌의 분위기를 띄우기 위해 자신이 사용하는 부채에 조선 지도를 그려 넣었는데, 이 지도에는 조선의 팔도가

◆ 국립진주박물관, 《임진왜란과 도요토미 히데요시》, 부키, 2003, 185쪽.

다른 색깔로 칠해져 있었다. 그냥 시각적 효과를 위한 것인지, 봉건제도하에 사는 일본의 무장들에게 '조선도 봉건제국가이니 정복하면 각 지역을 쉽게 뜯어서 나눠 줄 수 있는 나라'라는 인상을 주기 위한 것인지는 알 수 없다.

아마도 전 일본에서 조선에 대해 가장 정확한 정보를 알고 있는 이는 대마도주 소 요시토시(宗義智)일 것이다. 부채에 그린 지도도 그가 제공한 것이었다. 하지만 요시토시도 도요토미의 눈치를 보았고, 어쩌면 히데요시까지도 포함해서 절대로 자신이 아는 모든 정보를 누설하지 않았다.

히데요시와 침공군 무장들은 자신감이 넘쳤다. 센고쿠 동란이 시작된 이래로 그들은 평생을 전쟁터에서 살아온 무장들이었다. 수많은 전투를 겪으면서 그들이 깨달은 교훈은 아무리 쉬워 보이는 적이라도 결코 얕보아서는 안 된다는 것이었다. 전쟁은 끝을 모르는 어두운 동굴과도 같다. 어디에서 듣도 보도 못한 거대한 호랑이가 튀어나올지 모른다.

센고쿠 동란의 생존자들은 상대를 얕보거나 잠깐 방심해서 목숨을 잃은 장수나 병사를 수십 명 넘게 떠올릴 수 있었다. 그러나 아이러니하게도 이런 기억이 오히려 자신감을 불어넣어 줬다. 오사카성에서 돌아다니는 소문과 달리 조선 장수들에게 실전 경험이 거의 없다는 사실을 이들은 잘 알고 있었다. 기껏해야 북방 여진족과의 잠깐의 전투, 좀도둑 수준인 조무래기 해적들과의 전투가 전부였다고 해도 과언이 아니다. 그러면서도 조선군 장교들은 자신감 넘치고 오만했다. 자신들보다 수십 배의 전투 경험을 지닌 일본군 장수들을 야만인으로 취급했다. '적을 존중하지 않는 자는 승리할 수 없다.' 이 중요한 교훈이 이상하게도 조선군을 경시하는 이유가 되었다.

들기 좋은 보고도 있었다. 무장들이 주도하는 일본과 달리 조선은 왕과 문관들이 무장의 머리 위에 군림한다고 했다. 문관들이 무관들을 업신여기고, 전략, 진법, 작전까지도 조종하고 지시한다. 문관들의 간섭이 너무 심해서 무장들은 병사의 조련조차 그들의 눈치를 본다. 그 문관들이 행정처리나마 신속하고 정확하게 하냐면 그렇지 않다. 무슨 일을 시작하든 말로 시작해서 말로 끝난다. 말싸움하는 과정이 너무 길어서 간단하게 처리할 일도 얼마나 늘어지는지 모른다. 왕은 이런 문신들에게 둘러싸여 어쩔 줄을 모른다.

이런 이야기를 들으면 무장들은 너털웃음을 터트렸다. 전쟁은 과감함과 신속함이 생명이다. 문관들이 지배하는 전쟁이라면 싸우기도 전에 우리가 이긴 것이나 다름이 없

歷●史 역사 다시 보기

이순신의 등장

이순신은 1545년 3월 8일(양력 4월 28일), 서울 건천동(현재 중구 인현동 1가 31-2)에서 태어났다. 본관은 덕수다. 동네 친구였던 류성룡보다 한 살 아래였다. 처음에는 유학을 공부하다가 22세 때부터 무예를 배웠다. 덕분에 학식도 깊은데, 큰 체격에 힘도 세고, 말타기, 활쏘기 실력도 탁월했다. 1576년(32세)에 무과에 급제했다. 성적은 합격자 29명 중 병과 4등, 전체 12등이었다. 《경국대전》에서 규정한 무과 정원은 갑과 3명, 을과 5명, 병과 20명이다. 실제 합격자 수는 융통성 있게 늘리고 줄였다.

무과 급제 후 바로 함경도 전선의 권관(종9품)으로 근무를 시작했다. 훈련원, 충청병사의 군관으로 어렵게 생활했지만, 이순신의 능력과 강직한 성격에 주목하는 관원들이 있었다. 이순신은 1580년에 종4품 발포만호로 파격적인 승진을 했다. 이후 다시 군관이 되어 함경도에서 근무하는 등 승진도 되지 않고 관직에서 쫓겨나지도 않는 애매한 시절을 보냈는데, 이순신의 비타협적인 성격을 좋아하는 사람과 싫어하는 사람이 반반인 탓이었다.

1586년에 조산보만호가 되었다. 1587년, 녹둔도 둔전을 관리하다가 여진족의 습격을 받았다. 이 사건으로 이일은 이순신을 처벌하려고 했지만, 선조의 비호로 백의종군했다. 이어 1588년에 이일이 주도한 여진족 마을인 시전부락 토벌에 공을 세워 사면되었다.

1588년에 이순신은 촉망받는 무장 후보에 올랐다. 1589년에 전라감사 이광이 이순신을 조방장으로 삼았고, 이순신은 12월에 정읍현감이 됐다. 이때부터 이순신이 주목받으며 빠르게 승진했다. 47세이던 1591년에는 전라좌도 수군절도사가 됐다.

다. 심복 무장이 조선 정복에 자신감을 내비치면 도요토미는 적을 얕보지 말라고 가볍게 경고를 날리면서도 눈을 가늘게 뜨며 입가에 띤 미소를 부채로 가리곤 했다. 도요토미는 이를 조선을 향한 경멸이 아니라 일본군의 능력에 대한 자신감이라고 생각했다. 일본군은 수십 년간 실전으로 다져진 군대다. 이 세상에 우리 같은 군대는 없다. 군사적 경험에서나 통일된 일본이 생산하는 부를 봐도 우리는 이전의 일본이 아니다. 최고의 군대, 최고의 부를 가진 나라. 도요토미는 이 행운을 그냥 흘려보낼 마음이 없었다.

2년 전인 1590년, 도요토미는 일본을 방문한 조선통신사 편에 이런 자신감을 피력했다.

"우리 통일 일본은 너희가 아는 예전의 분열된 일본이 아니다. 우린 중국(명)을 칠 능력이 있다. 우리의 힘을 보았다면 우리에게 협력하라."

요시토시는 조선에 이런 협박이 먹힐 리가 없다고 생각했지만, 그 생각을 입 밖으로 내지는 않았다.

전쟁 발발

좌수영의 거북선이 항해와 발포 시험을 한 다음 날인 4월 13일(일본 달력은 음력으로 조선보다 하루 늦어 12일), 부산포 앞바다에 일본군 침공함대가 모습을 드러냈다. 고니시 유키나가(小西行長)가 인솔하는 제1진, 1만 8,700명이었다. 전선 700여 척이 수평선을 채웠다.

14일, 일본군이 부산진성을 공격하면서 임진왜란 7년 전쟁이 시작되었다. 일본군 주력은 부산진성-동래성-대구로 방향을 잡고 있었지만, 울산-경주 방향, 김해-웅천 방향 등 2진, 3진의 파상공세가 차례로 계획되어 있었다.

경상도에서는 난리가 벌어졌지만, 부산에서 100km 떨어진 전라좌수영은 조용했다. 2~3일간 거북선 출항 준비로 부산하고 신경 쓸 일도 많았던지라, 장병들은 휴식하고 이순신 장군도 일상적 공무만 수행했던 것 같다. 공관에 출근해서 업무를 보고 퇴근 후에 활쏘기를 한 후, 아마도 뒤풀이 한잔도 빼놓지 않았을 것이다.◆

15일은 성종의 왕비 공혜왕후의 제삿날이라 또 휴무일이었다.

늦은 봄, 날은 더워지기 시작했고 어쩌면 무료하기까지 했다. 관아의 마당에 땅거미가 지기 시작할 무렵, 급보를 외

◆ 13~14일의 《난중일기》에는 동헌에 나가 공무를 본 뒤 활을 쏘았다는 기록만 한 줄 있다.

치며 경상우수영에서 보낸 전령이 들이닥쳤다. 조금 후에 영남관찰사 김수가 보낸 전령이 달려왔다. 그들이 들고 온 공문에는 이렇게 쓰여 있었다.

왜적 350여 척이 부산포 건너편(현재의 영도)에 도착했다.

이미 부산성에 동래성까지 함락된 다음이었지만, 공문의 내용은 왜적이 상륙한 시점에 멈춰 있었다. 350척이면 1척당 평균 30명만 잡아도 1만 명이 넘는 대군이다. 부산성에 있는 병력은 1,000명 미만, 주민들이 들어가 농성전에 가담해도 2,000~3,000명을 채우기 힘들다. 아득했지만 희망을 버릴 수는 없었다. 전쟁이 시작됐으니 이젠 시간과의 싸움이다. 즉시 예하 군현에 동원령을 내리고, 왕에게 올리는 장계를 쓰고, 인근의 지휘관, 순찰사, 전라병마사, 전라우수사에게 통지를 보냈다. 경상도에서 벌써 장계를 올렸을 텐데 3일이나 지난 뒤에 전라도에서 침공을 알리는 장계를 작성하는 게 우습지만, 이것이 정해진 행정절차였다. 이미 수도로 향하는 도로는 여기저기서 올리는 파발로 북새통이었다.

정말 급한 일은 병력소집이었다. 여수에서 제일 가까운

고을도 수령에게 통보하고, 수령이 다시 관내 마을에 통지하는 데 하루 이틀은 걸린다고 하면, 통지를 받은 병사들이 모이는 데도 그만큼 시간이 걸린다. 아무리 빨라도 첫 병력이 도달하는 데 3일은 걸린다는 이야기다. 모래톱에 얹혀 있는 전선을 끌어내 물에 띄우고, 무기와 식량, 장비를 창고에서 실어 와 적재하는 데도 하루 이틀로 부족하다. 좌수영의 준비가 끝났다고 다 된 것이 아니다.

모든 병사가 전라좌수영으로 집결하지도 않는다. 좌수영으로 와야 하는 직할 병력이 있고, 관내에 분산된 여러 만호에게 소속된 병사들이 있다. 이들은 자기 소속 함대가 있는 지역으로 달려가는데, 만호가 병력을 모아 전투준비를 완료하면 함대를 이끌고 좌수영으로 온다. 이때 먼 지역에서는 항해에만 3~4일이 걸린다. 전령을 보내고, 함대가 이동하는 시간을 합하면 일주일 이상이다. 날씨가 궂거나 역풍이 불면 또 진행이 더뎌진다.

경상도 해역에서 전투가 어떻게 진행되는지 알 수는 없다. 조선군의 느린 동원 속도 때문인지, 혹은 놀란 군병이 동원에 응하지 않고 도주해 버렸기 때문인지, 일본군 함대는 무저항으로 진군하면 경상도 해역에서 여수까지 4~5일이면 도달할 수 있었다. 무저항 진군은 말이 안 되는 이야기지만, 장수는 아무리 터무니없더라도 항상 최악의 상황을 염두에 두어야 했다. 이런 생각을 하면 입술이 바짝바짝 탔다.

이런 설명을 하면 화부터 내는 사람이 있다. '왜 평상시에 전선을 바다에 띄워 두지 않느냐? 천하의 이순신 장군마저 이 정도로 대비가 없었다는 게 말이 되느냐?' 반대로 생각해 보자. 이순신 장군이, 아니, 이순신 장군까지 갈 것도 없다. 조금만 생각이 있는 군인이라면 그 정도 생각을 왜 못했겠는가?

우리가 보기에 너무 당연한 일을 하지 않았다면 그 당시 사람들이 그처럼 무능하고 어리석어서가 아니라, 옛날에는 그 일이 우리 생각처럼 쉽지 않았기 때문이다. 나중에 이순신은 선조에게 올린 장계에서 이렇게 말했다.

이 비극적인 전쟁을 막을 방법이 있었습니다. 적의 침공로가 될 수밖에 없는 부산 앞바다에 충분하고 강력한 상설 함대를 운용했다면 압도적인 해상전력을 이용해 침공해 오는 적의 수송 선단을 초전에 해상에서 격멸할 수 있었습니다.

만약 원균이 아닌 이순신이 경상우수사였다면 부산 앞바

다에 대규모 함대를 주둔시켰다가 일본 침공군을 요격하는 일이 가능했을까? 아마도 아닐 것이다. 이는 이순신의 능력과는 무관하게 권한 밖의 문제였다.

상설 함대 운용은 국가의 허락이 필요했고, 조선 정부는 무조건 거부했을 것이다. 직업군인이든 동원병이든 '상비군의 최소화'가 조선의 국시였다. 이 기조에 따라 16세기에는 중대급 이상의 상비군이 없다시피 한 나라가 되었다. 을묘왜변 때 전라도 사령부 병력이 200명이 채 되지 않았다. 주요 군사 요충의 주둔 병력도 50명, 100명이 전부였다.

이유는 여러 가지다. 병사는 직업군인도 아니고 보수도 없었다. 정부는 백성의 부담을 줄여야 한다는 이유로 상비군을 최소화하고, 상설 전투사단이나 연대의 편성을 거부했다. 여기에 덧붙여 쿠데타 방지, 재정의 한계, 농본사회와 신분제 유지를 위한 집착 등 다양한 이유가 있었다.

1591년에 조선이 일본의 침공 의도를 몰랐거나 전쟁 준비를 소홀히 했다는 건 잘못 알려진 사실이다. 도요토미가 에둘러 말했지만, 그는 서신으로 사실상 선전포고를 했다. 조선 정부는 일본의 침공을 예감했고, 온 나라가 전쟁 준비로 들끓고 있었다. 그러나 그 누구도 상설 전투사단, 전투함대의 운용을 말할 수 없었고, 말한다고 될 일도 아니었다.

조선의 사회·경제 구조를 바닥부터 개조해야 했다. 심지어 임진왜란, 병자호란을 겪은 후에도 조선 정부는 상비군을 늘리려 조금은 노력했지만, 사회·경제 개혁이 따르지 않아서 전쟁을 수행할 만큼 충분하지는 못했다.

상비군과 즉각적인 전투태세를 유지하는 데는 엄청난 비용이 든다. 어쩌면 휴전선에 수십만의 병력을 배치하고 있는 현재의 한국과 북한은 '전투준비가 된 상비군 보유'라는 측면에서는 세계 최고 수준일 것이다. 하지만 이 정도로 전쟁 준비가 되어 있는 상황에서도 예비군 동원에는 시간이 걸린다. 이스라엘은 세계에서 제일 빠른 동원 및 전투배치 속도를 지니고 있지만, 여기에는 4면이 적과 맞닿은 특수한 사정과 엄청난 재력이 배경에 깔려 있다.

현재의 한국과 달리 조선은 상비군을 유지할 재력이 극도로 부족했다. 기술적 한계도 있다. 목선은 바닷물에 오래 버티지 못한다. 누수가 문제가 아니라 목재 자체가 물러진다. 2021년 미국 해군의 최첨단 이지스함인 스타우트가 선체 곳곳에 녹이 슨, 유령선 같은 모습으로 항구에 입항해 화제가 된 적이 있다. 한계 일수를 넘어서 너무 오래 바다에 머무른 탓이었다. 당시 스타우트의 항해 일수는 215일로 미군 최고 기록이었다. 21세기 최첨단 선박도 이 정도이니 목선은 비교할 수조차 없다. 보름 이상의 작전은 무리였고, 항구로 귀환하면 반드시 배를 육지에 끌어 올려 연기로 훈증해 말려서 보존해야 한다. 선체뿐 아니다. 화약, 식량, 돛과 밧줄 모두 곰팡이가 슬고 말 것이다.

배와 무기, 화약, 장비가 소진되면 새로 만들면서 군을 유지하면 되지 않느냐고? 그러기 위해서는 엄청난 재력과 백성들의 희생이 필요하다.

희생을 기꺼이 감당하더라도 불가능한 요인이 또 있다. 소비해야 하는 원료와 물자가 따라주지 못한다. 화약 소모량을 감당하려면 화약 제조법부터 혁신해야 했다. 당시 조선의 화약 제조기술은 너무 뒤처졌다. 그래도 기술개발과 도입에 대한 정부의 의지와 노력만 있었다면 10배 이상 생산할 수 있었다. 하지만 단순히 화약 생산량이 10배 늘어난다고 해서 해결될 문제가 아니라 상공업 발전, 해외무역 활성화, 신분제 혁신 등 조선 사회 전반에 걸쳐 근본적인 혁신이 필요했다.

차마 말로 하지 못하거나 기록에 남기지 못해서 그렇지, 상비군 없는 전쟁 준비가 말이 되느냐고 생각했던 게 이순신만이 아니었을 것이다. 해적 떼가 아니라 일본이 전면적인 침공을 해온다면 당연히 선제공격을 당할 텐데, 사단 편성에 일주일은 걸리는 동원체제로는 대항할 수가 없다. 동원체제를 유지하려면 스파이 등 정찰자산이라도 육성하든가, 부산성 같은 최일선 요새에 충분한 수비대를 배치해야 하는데, 그런 조치는 전혀 없었다.

다시 말하지만 상설 함대의 운용은 일선 사령관의 재량 밖이었다. 심지어 임진왜란을 겪은 후 다시는 이런 비극을 되풀이하지 말자는 의미에서 《징비록》을 저술한 류성룡도 상비군의 현실화는 언급하지 않았다. 류성룡이 관심을 보인 개선안은 진관체제와 속오군이었는데, 한마디로 '보다 빠르고 효과적인' 동원체제였다. 그 결과, 40년 후에 청의 침공을 받은 조선은 속수무책으로 무너졌다.◆

◆ 임용한, 조현영, 《병자호란》, 레드리버, 2022 참고.

02 혼란 속의 출전

이순신의 기다림

속수무책

4월 16일 밤, 병력이 아직 모이지 않았는데 원균으로부터 부산성이 함락되었다는 소식이 왔다(실제 부산성이 함락된 날은 이틀 전인 14일이었고, 15일에는 동래성까지 적의 손에 떨어진 상황이었다). 일본 육군은 벌써 대구로 진격하고 있음이 틀림없다. 그렇다면 일본군 함대도 이미 행동을 시작했을 가능성이 높다. 허망한 패전에 애통함, 분노와 함께 속이 타들어 갔다.

부산을 함락한 일본군이 머물면서 철수할 생각을 하지 않는다.

17일, 경상우병사 김성일의 공문이 도착했다. 해적이 아니라 일본군의 전면적인 침공이란 뜻이다. 지금 우리가 듣기에는 어이가 없고 화가 치밀어 오른다. 그걸 굳이 말을 해줘야 아나? 지난 한 해 동안 전쟁 대비인지 해적 방비인지도 구분하지 않고 이런 정신자세로 대비해 왔단 말인가?

다행히 이날부터 병사들이 본격적으로 집결하기 시작했다. 전란의 소식은 이미 전국에 퍼졌다. 병영으로 달려오는 병사도 있지만, 겁을 먹고 징병을 피해 도망치거나 정세를 보고 우물거리는 자들도 있었다.

어떤 나라든 전쟁은 혼란을 몰고 온다. 아무리 전쟁에 능숙하고 철저하게 사전 대비를 했어도 막상 전쟁이 시작되면 동요하고 도망병이 발생한다. 다만 정도의 차이일 뿐이다. 조선에도 혼란이 닥쳤다.

이순신은 단호하게 빠르게 대처했다. 믿을 만한 장수를 보내 도로를 차단하고, 피난하는 자를 붙잡았다. 민병대와 비슷한 구조이다 보니 군인이나 예비군 아닌 사람이 없다. 이들이 무단으로 다른 지역으로 이동하면 탈영이었다. 이순신은 좌수영의 군인인데도 도망간 두 명을 붙잡아 목을 베어 군중 앞에 내걸었다. 적어도 좌수영은 순식간에 동요를 멈췄다. 물론 애국자가 더 많았다. 순박한 백성들은 국민의 의무를 다하기 위해 수백 명씩 군문으로 몰려들었다.

군중의 동요는 멎었지만, 지휘부의 동요는 가라앉힐 방법이 없었다. 고을마다 병사를 차출해서 진지로 보내는데, 육군과 수군 자원이 섞여 있다 보니 군적의 명부가 다 엉터리여서 명부에 있는 병사의 70~80%가 없는 것이 진짜 문제였다. 그러니 닥치는 대로 징병해서 채울 수밖에 없었는데, 육전이 급해 보이니 육군에서 먼저 차출해 갔다.

강한 정예군사는 모두 육군으로 나갔습니다. 변두리의 작은 진지에는 병기를 가진 자도 적으며, 수군은 맨주먹의 군사들뿐입니다.

얼마 뒤인 4월 30일에 올린 장계에 있는 내용이다. 간신히 좌수영 함대가 집결한 후, 이순신 다음으로 직위도 높고 이순신이 신뢰하는 부하인 순천부사 권준◆은 21일에 좌수영으로 직접 달려와 이순신과 대책 회의를 하고 돌아갔다. 그런데 순천으로 돌아가자마자 전주 방어가 급하다는 이유

◆ 권준은 1574년생으로 조선의 개국공신인 권근의 후예다. 도원수 권율과는 동서지간이었다. 무과 급제 전에 이미 내금위로 발탁되어 근무하다가 1579년 무과에 3위로 급제했다. 이순신과의 인연은 뒤에 서술하겠다.

로 전주로 차출당했다. 이런 악성 요소들이 누적되면 전투를 망치는 법이다.

17일부터 경상도의 전황은 급박해지고, 좌수영은 좌수영대로 전쟁 준비로 치열해졌다. 23일부터 말일까지는 너무 바빠서 이순신은 일기를 쓸 여유조차 없었다.

마침내 좌수영 산하 각급 기지에 함선을 이끌고 좌수영으로 집결하라는 명령을 내린 날이 4월 27일이었다. 집결 기한은 이틀 후인 29일까지였다. 먼 곳에 있는 기지로선 이틀의 기한은 박했지만 전쟁은 무리를 요구할 수밖에 없다. 4월 15일에 전투경보를 내린 이후 전 함대가 출동 준비를 하는 데 14일이 걸렸다.

함대가 준비를 갖추고 모여든다고 해서 좌수영이 한가해지진 않는다. 전쟁은 시작부터 끊임없는 노동이다. 모여드는 관하 함대를 마중하고, 도착한 함대의 병력과 장비, 식량을 점검하고, 경상도 경계에 정찰선을 띄웠다. 병력이 모인다고 바로 군대가 되는 것이 아니다. 모여든 병력을 점검하고 편제해야 한다. 수군이라도 다들 배에 태우는 것도 아니다. 적이 육지로 습격해 올 수도 있으니 일부는 기지 방어에 투입된다. 또한 병력을 인솔하고 구역별 지휘관과 그 위치를 정해 주어야 했다.

편제를 마치면 사열과 활쏘기 훈련을 진행한다. 급박한 때에 무슨 사열이냐 싶지만, 병사들을 전선에 내보내 적과 죽음과 마주하게 하려면 먼저 지휘관, 동료, 군에 대한 신뢰가 확보되어야 한다. 필자도 젊은 시절에는 쓸데없는 짓이라고 생각했지만 제식훈련, 함성, 지휘관의 능숙한 지휘와 점점 그럴듯해지는 행진과 분열, 과녁을 향해 일제히 날아가는 화살의 궤적이 신뢰를 쌓는다.

좌수영 전체가 4월 하순을 이렇게 지내는 와중에도 사방에서 공문이 빗발치듯 도달했다. 법에 따라 공문을 받으면 반드시 관련 조치를 하고, 관내와 주변에 전달해야 했다. 한 통을 받으면 10통을 작성해야 한다. 전시인데 장군이 붓으로 전쟁을 치르고 있다? 이것도 기막힌 일인데 도착하는 공문마다 급박하고 충격적인 소식뿐이었다.

18일경, 경상도 병력이 대구 집결지에서 싸우기는커녕 편제도 못 하고 궤산해 버렸다. 25일, 지휘할 병력을 잃은 경상도 순변사 이일이 상주에서 패전했다. 3일 뒤에는 모을 수 있는 최대한의 정예군을 이끌고 내려온 신립이 충주 탄금대에서 무참하게 패전하고 전사했다. 조선 최고의 맹장이라고 신뢰했던 신립의 패전도 충격이지만, 더 놀라운 건 일본군의 진격 속도였다. 침공 보름 만에 충주까지 도달했으니 서울 함락도 시간문제였다. 신립이 패전하면 충주에서 서울 사이에 적을 막을 군대도 없다. 실제로 5월 2일에 일본군이 서울에 진입했다.

육지에서의 무서운 속도와 달리 일본 수군은 잠잠했다. 침공과 동시에 전격적으로 경상 좌수영과 우수영의 본영을 습격하여 경상도 해역을 장악했지만, 그 이상의 행동은 자제하고 있었다. 일단 지상전에 사활을 걸어 전력을 투입하는 중이었고 경상도 해역에서는 기습으로 승리했지만, 조선 수군은 육군과 달리 상대하기 까다롭다는 사실을 그들도 의식하고 있었다. 섣부르게 교전하다가 수군이 패전하면 지금 맹진격 중인 육군의 분전도 위태로워진다고 생각한 듯하다.

이순신은 이 기회를 신중하게 이용했다. 경상도 육군과 수군이 궤멸하자 경상도 관찰사 김수가 20일에 전라도 병력의 지원을 요청하는 공문을 보냈다. 이순신이 이를 거절했다고 잘못 알려져 있는데, 전라도 수군의 출동은 김수가 요구할 수 있는 사안도, 이순신이 응하거나 거절할 수 있는 문제도 아니었다. 권역 밖으로 군대를 이동시키려면 왕의 허락이 있어야 했다. 김수의 공문은 직접적인 요청이 아니라 전라도 수군의 경상도 출진을 허락해 달라고 왕에게 장계를 올렸다는 통지였다. 장계를 올릴 때 이순신의 허락을 받을 필요는 없지만, 통지는 해야 했다.

김수의 장계를 받은 선조는 즉시 선전관◆에게 유서(왕의 직접 내리는 명령서)를 들려 전라좌수영으로 파견했다. 4월 27일에 받은 유서의 내용은 이러했다.

이순신과 원균의 함대를 합쳐 일본군을 공격하는 것은 좋은 전략이다. 즉시 시행하라. 그러나 이것은 나와 정부의 생각일 뿐이다. 현지 상황은 현지 지휘관이 안다. 이 명령에 구애받지 말고 상황 판단에 따라 행동하라.

이 명령서의 핵심은 "즉시 연합함대를 결성해서 적을 타격하라!"가 아니다. 전라도 함대의 경상도 권역 출진을 허가한다는 허가증이었다는 점이 핵심이다. 출전 여부부터 시기와 방법까지 현지 지휘관의 판단에 맡긴다는 것이었다.

선조의 명령은 《손자병법》에서 제시한 교과서적인 원칙론이었다. 조선 정부는 건국 이래 손자의 가르침대로 왕이 전술적 의견을 피력하긴 하되 결정권 혹은 실행은 현지 지

◆ 장계를 올리거나 하사할 때 전문을 읽는 일을 맡아 보던 임시 벼슬.

휘관에게 맡긴다는 원칙을 고수했다. 아니, 최대한 고수하려고 노력했다. 다만 이런 유서를 받으면 행간을 읽어야 했다. 시기와 방법은 재량껏 결정한다고 해도 출전하라는 지시는 받아들여야 했다. 왕이 전권을 사령관에게 일임한다고 해서 사령관 제멋대로 하라는 의미는 아니었다.

이순신은 경상도 해역으로 출동할 준비를 했다. 다만 신중했다. 출전하기까지 한 달 동안 이순신은 선조에게 두 번의 장계를 올렸다. 이 장계에서 이순신은 "본인과 휘하 장병들은 최선을 다해 준비하고 있지만, 전라우수사 이억기의 부대를 기다리고 있다. 전쟁은 감정을 앞세우지 말고 신중해야 한다"라는 지론을 폈다.

이순신이 지나치게 신중했다고 비판하는 사람도 있지만, 전술에는 3가지 철칙이 있다. 첫째, 상대의 전력을 정확히 파악한다. 둘째, 전황을 주도한다. 마지막으로, 우리가 선택한 장소에서 싸운다. 세기의 명장인 한니발, 나폴레옹, 로버트 리도 이 원칙을 지키지 못했을 때 치명적인 패배를 당했다. 경상도 출전은 이 3가지 원칙을 모두 어길 수 있었다.

일본군 함대가 좌수영 전선의 몇 배는 된다는 첩보가 있었고, 적의 실력은 아직 확인하지 못했다. 아무리 사명감과 자신감이 넘친다고 해도, 객관적 데이터가 없는 상황에서는 아군이 최대 전력을 확보한 후에 움직여야 한다고 판단했던 것이다.

바다는 육지와 같은 지형지물이 없어 보이지만, 홈그라운드의 이점이 육지보다 몇 배나 크다. 육전에서는 처음 보는 지형이라고 해도 도로의 넓이, 형태, 산비탈의 각도를 눈으로 확인할 수 있다. 하지만 바다의 경우 다양한 지형지물이 바다의 수면 아래에 있다. 바람, 조류, 해저 지형과 암초 등의 요인들이 당시 무동력선에는 치명적인 영향을 미쳤다. 적의 측면을 감아 포위하려고 할 때 조류에 밀려 전선이 떠내려가거나 암초에 걸려 저지될 수도 있다. 또 좌수영 함대가 경상도 해역으로 진출하려면 경상도에서 능숙한 수로 안내인을 충분히 파견하고 협력해 주어야 한다. 이런 문제를 논의하는 데도 상당한 시간이 걸렸다.

휘하의 장수들

5월 1일, 드디어 좌수영 함대가 집결을 마쳤다. 그러나 이억기의 함대는 나타날 줄 몰랐다. 원균의 경상우수영 함대도 규모가 얼마인지, 얼마나 준비되어 있는지 제대로 알수가 없었다. 원균은 실용적인 도움은 못 줄망정 빨리 와서 지원해 달라고 독촉만 하고 있었다. "아군의 상황도 알 수 없고, 신뢰할 수 없는 상황이라니 원…." 분명 이순신은 이렇게 답답해했을 것이다.

다행히 좌수영 장수들은 각오가 대단했다. 5월 1일, 좌수영의 누각인 진해루에서 이순신은 방답첨사 이순신(李純信)◇, 홍양현감 배홍립, 녹도만호 정운을 불렀다. 각오를 듣고, 병사들의 사기도 알고 싶었을 것이다. 이들은 자신이 제일 믿고 신뢰하는 장수들이었다. 방답의 이순신은 부임한 지 겨우 4개월밖에 되지 않았지만 좌수사 이순신의 신뢰를 단단히 얻었다. 배홍립, 정운도 이순신이 믿는 장수들답게 모두 사기가 충만했다. 이순신은 대화의 내용은 기록하지 않았지만 "모두가 격분하여 제 한 몸을 생각하지 않았다. 진정한 의사들이다"라는 평을 남겼다. 아마도 이들은 "우리는 준비되었다", "전라우수영, 경상우수영의 도움 없이도 우리는 이길 수 있다", "죽을 각오로 싸우겠다" 등등의 말을 했던 것 같다.

5월 2일 정오, 좌수영 함대가 여수 앞바다로 나가 진을 쳤다. 최종 훈련이자 점검이다. 이순신은 다시 한번 장수들의 전투의지를 확인했다. 믿음직스러웠지만 불안한 사람이

◇ 충무공 이순신과 동명이인으로 한자는 다르다. 전주 이씨로 양녕대군의 후손이다.

두 명이 있었다.

한 명은 사도첨사 김완이었다. 그를 척후장으로 임명한 걸 보면 전사로서 남다른 능력과 배포는 인정한 셈이다. 그러나 불안했다. 이순신은 임진왜란이 일어나기 1년 전인 1591년 2월, 전라좌도수군절도사로 임명한다는 통지를 받았다. 종6품 진도현감에서 정3품 당상관인 수군절도사로 한 번에 건너뛴 특별 인사였다. 이유는 간단했다. '제대로 전쟁 준비를 하라.'

이순신은 열심히 일했다. 이순신은 1970년대 영화와 위인전이 만들어 놓은 자상한 이미지와는 달리 이순신은 꼼꼼하고 엄격한 지휘관이었다. 1592년 2월 하순, 이순신은 각 포구를 순시하며 전쟁 준비 상태를 점검했다. 성벽, 해자, 무기, 준비가 부실한 곳은 담당자를 엄하게 처벌했다. 백성들이 어렵고 힘들다고 하소연했지만 "죽는 것과 힘든 것 중 어느 것이 나은가?"라는 롬멜의 말처럼 힘들어도 준비는 완벽하게 해야 한다는 것이 이순신의 지론이었다.

부하의 능력을 평가할 때도 마찬가지였다. 자신의 방식대로 엄하고 꼼꼼하게 일하는 부하를 좋아했다. 이 기준에 따라 가장 맘에 드는 부하가 녹도만호 정운이었다. 이순신이 녹도를 방문해서 배와 기구를 점검하고 봉수대에까지

올랐다. 정운의 일 처리는 완벽했다. "(힘든 상황인데) 정운의 고심과 노력이 보이지 않는 곳이 없구나." 이순신은 정운을 크게 칭찬하고 그날 수행원들과 함께 흠뻑 취했다.

그러나 25일 사도에 도착한 이순신은 크게 노했다. 녹도 와는 반대로 전쟁 준비가 제대로 된 것이 없었다. 여도, 녹 도, 발포, 방답 등 모든 포구 중에 방비 태세가 최하였다.

원래는 방답도 준비가 엉망이어서 향리와 담당자를 처벌 했다. 하지만 당시 방답은 지휘관이 결원 상태였다. 신임 방 답첨사 이순신은 1월 10일에 부임해 왔다. 첨사 이순신은 부임하자마자 열심히 일했고, 이순신도 만족했다. 활과 화 살은 아직 부실했지만 전선은 충분했다. 부임 한 달 만에 이 룬 업적인 만큼 이순신은 첨사 이순신에게 호감이 갔다.

사도첨사 김완은 변명할 거리가 없었다. 고분고분하지도 않고 뭐든 대강대강이었다. 당장 추궁하려고 했는데, 순찰 사 이광이 김완을 좋게 봐서 표창을 상신한 상태였다. 이럴 때 이순신이 김완을 처벌하면 이광이 구설수에 오를 것이 다. 녹둔도 사건 이후 실직 상태이던 이순신을 조방장으로 등용해서 재기의 길을 열어 준 사람이 이광이었다. 이순신 은 이광의 눈을 이해할 수 없었지만, 은인의 체면을 봐서 꾹 참았다.

하지만 3월 하순에 김완이 또 사고를 쳤다. 이순신이 김완에게 해상 도서의 수색, 순시 임무를 맡겼다. 그런데 제대로 임무 수행이 안 돼서 향리부터 병사까지 모조리 신문했다. 이들은 나로도, 소평도, 대평도 지역은 아예 수색도 하지 않았다고 실토했다. 경악한 이순신은 김완에게 당장 좌수영으로 달려오라고 전갈을 보냈다.

하지만 김완은 천연덕스럽게 자신이 혼자 그 지역들을 순시한 것을 향리, 병사가 몰라서 그렇다고 대답했다. 이순신은 어이가 없었다. '4개의 섬을 반나절 만에 혼자서 다 뒤졌다고?' 너무 화가 나서 특별 조사를 명령하고 다시 소환장을 발령했다. 신임하던 흥양현감 배흥립도 호출했다. 아마도 배흥립에게 조사를 맡길 생각이었던 것 같다.

김완은 이렇게 제멋대로였지만, 그래도 용맹하고 싸움꾼 기질이 있어 보였다. 사실 더 골치 아픈 장수가 있었다. 낙안군수 신호였다. 전투 중에 임무를 제대로 이행하지 않는 장수는 둘로 나뉜다. 하나가 김완처럼 제멋대로인 부류, 다른 하나가 겁쟁이다. 당연히 후자가 더 골치 아프다. 5월 3일의 함대 사열 때 모든 장수가 흥분하고 격렬하게 반응하는데, 낙안군수 신호만이 반응이 어둡고 지시에 대해서도 걱정하는 모습을 보였다. 이순신은 불안했다. 전투가 벌어지면 신호가 도망칠지도 모른다는 생각까지 들었다. "설마…. 명령 불복종이나 도망은 군법에 바로 처형이다. 명색이 장수인데 그렇게까지야 하겠나?" 이순신은 그렇게 중얼거리며 불안감을 눌렀다.

역으로 장수들은 이순신이 출전을 주저하는 모습이 의아했다. '이분이 전투를 두려워할 분이 아닌데, 왜 이러시는 거지?' 현재도 이 부분에 의문을 가지는 사람들이 꽤 있다. 오늘날 이순신 장군을 겁쟁이라고 비난할 한국인은 아무도 없다. 그래서 이들은 이순신은 원균과 달리 신중한 성격이었기 때문이라고 변호한다. 하지만 이때(후에도 또 이런 적이 있다) 이순신의 행동을 '신중함'으로만 해석하는 건 껍데기만 보는 것이다. 이순신을 이순신으로 만든 미덕은 맹목적인 신중함이 아니라, 전쟁의 생리와 병사의 심리에 대한 깊고도 정확한 이해였다.

병사를 전투에 투입하는 건 요리를 만들어 배식하는 것과 같다. 서둘러 조리하면 음식이 설익고, 숙성하길 너무 기다리면 오히려 물러지거나 상한다. 전투 경험이 없는 장병은 모두 불안해한다. 막상 전투가 벌어졌을 때, 자신의 반응, 행동을 예측하거나 신뢰할 수도 없다. 눈앞에서 총알이 튀고 전우가 옆에서 꺼꾸러지는데, 돌격 명령이 떨어지면 과연 내가 뛰쳐 나갈 수 있을까? 적이 눈앞에 나타났을 때 곧바로 응사하거나 총검으로 대응할 수 있을까?

병사가 이런 극한의 공포와 긴장을 이겨 내고, 눈앞에서 펼쳐지는 전우의 피와 죽음 속에서도 자신의 위치를 사수하고 주어진 행동을 수행하려면, 어느 정도 숙성의 기간이 필요하다. 제1차 세계대전 때 연합군이 찾아낸 방법이 훈련을 마친 병사를 전투에 바로 투입하지 않고, 포성이 들리는 최전선의 바로 아래에 있는 부대에서 일주일에서 10일 정도 머무르게 하는 것이었다. 그렇게 하면 병사들은 스스로 각오를 다지고, 간접적이나마 전쟁을 체험하고, 이미지 트레이닝을 한다. 단순한 방법 같지만 고대부터 명장들은 다 아는 방법이었다.

그렇다고 대기 상태가 너무 길어지면, 병사들이 지치고 향수병이 투지를 잠식한다. 점점 지휘부의 능력과 용기가 의심스러워진다. 더 무서운 건 전염병이다. 여러 지역에서 온 사람들이 습기 찬 좁은 공간에서 밀착해서 생활하면 바이러스가 왕성한 활동을 시작한다. 집단 발병이 시작되면 전투의지와 사기는 급락한다.

이순신은 신중했던 것이 아니라 확실한 배식 타이밍을 기다렸던 것이다. 이억기의 함대를 기다리는 건 어느 정도는 핑계였다. 훈련을 통해 두려움이 자신감이 되고 '대기하는 것이 더 고문이다. 이렇게 있을 바엔 차라리 빨리 싸우는 게 낫겠다'라는 생각이 무르익을 때를 기다린다. 이때가 최선의 타이밍이다.

이런 의중을 알지 못한 부하들은 답답했을 것이다. 결국 5월 3일, 녹도만호 정운이 야밤에 이순신에게 알현을 요청했다. "적이 서울에 다가가고 있는데(일본군은 2일에 서울에 입성했는데 이를 아직 모르고 있었다) 언제까지 이억기 함대만 기다리고 있을 겁니까? 이젠 출전해야 합니다." 정운이 야밤에 이런 이야기를 한 이유는 이순신의 체면을 생각해서였다. 공개적으로 이야기하면 이순신이 겁쟁이가 되어 버린다. 실록이나 다른 기록, 《난중일기》의 분위기를 보아도 이억기를 기다리지 말고 나가자고 생각하는 사람은 정운만이 아니었다. 정운의 면담 신청은 개인적인 진언이 아니라 여러 사람의 의견을 모은 것일 가능성도 있다.

오늘날 많은 사람이 신중한 성격의 이순신이 고민하던 중에 정운의 간청을 듣고 출동을 결심했다고 생각한다. 하지만 앞서 언급했듯 이순신의 신중함은 망설임이 아니라 기다림이었다. 이순신은 그날 첨사 이순신을 불러 새벽에 출동한다고 명령하고 바로 출동을 알리는 장계를 작성했다.

이날, 도망병이었던 고흥군 여도 수군 황옥천을 처형했다. 이순신은 황옥천의 목을 군문 앞에 내걸었다. 출전을 앞둔 상황에서 처량한 황옥천의 목은 이렇게 말하고 있었다. "죽고자 하는 자는 살고, 살고자 하는 자는 내(이순신) 손에 먼저 죽는다."

5월 4일 새벽 축시(1~3시), 이순신의 함대가 동쪽을 향해 항진하기 시작했다. 첫 번째 목표지는 거제도였다.

활 VS 총칼 VS 대포

한반도 수군의 혼

임진왜란이 발발하기 200년 전인 1383년 어느 날, 남해도 부근 관음포. 고려 수군 한 명이 바다를 보며 생각에 잠겼다. 멋모르는 육지 것들은 이 바다가 잔잔하고 호수 같아서 안전하고 항해하기도 쉽다고 말한다. 무릎까지 차는 물에 한번 들어가 보라. 수류에 몸을 가눌 수나 있겠는가? 아무리 잔잔해 보인다고 해도 바다는 늘 무서운 힘으로 요동친다. 콧날을 스치는 미풍만 불어도, 수면 위로 작은 흔들림만 있어도, 바다는 쌀 100석을 실은 거선을 종이배처럼 날려 버린다.

노를 저어서 앞으로 나가라고? 어디 한번 저어 봐. 조수와 물길이 허락하지 않으면, 수십 명의 노꾼이 손바닥이 터져 나가라 노를 저어도, 눈앞에 빤히 보이는 섬에도 도달할 수 없다.

바다 것들은 수십 리를 물개처럼 헤엄쳐 간다고? 물론 그럴 수 있다. 바다가 허락한다면…. 하지만 아무리 노련한 물꾼도 바다가 허락하지 않으면 속절없이 물귀신이 되고 만다. 격랑이 이는 바다, 차가워진 겨울 바다에서는 잠시도 버틸 수 없다. 그래서 바다에 숙련된 사람은 바다의 무서움을 알고 고분고분하며 바다가 허용하는 때를 찾아 이용한다.

육지에서 온 정지라는 장수가 왜구와 싸울 바닷사람을 모은다고 할 때, 소문난 물꾼, 싸움패가 제일 먼저 도망쳤다. 말도 안 되는 요구를 하며 죽음으로 내몰 것이라고 생각했다. 하지만 이 장수는 달랐다. 병사 한 명 한 명에게 겸손하게 묻고, 자신이 요구하는 것이 아니라 이들이 할 수 있는 방법을 찾았다. 불을 붙이면 폭발하는 기이한 신무기도 가져왔다. 병사들은 신이 나기 시작했다. '이 장수와 함께라면 제대로 싸울 수 있겠구나. 이 장수와 함께라면 우리 능력을 몇 배는 더 발휘할 수 있겠구나. 그동안 왜구로 인해 겪은 고생, 울분을 풀고 복수를 할 수 있겠구나.'

그래도 첫 전투는 무서웠다. 희생도 컸다. 하지만 병사들은 원망하거나 떠나지 않았다. 할 수 있다, 더 잘할 수 있다,

이길 수 있다, 저 악귀들에게 제대로 복수할 수 있다는 믿음
이 생겼다.

일본선이 다가오면 갈고리와 장대로 배를 붙들었다. 뱃
전에 몸을 내밀어야 하는 작업이라 위험하지만, 궁수들이
옆에서 엄호해 주었다. 단도나 도끼로 선체를 찍으며 용감
하게 기어오르는 적도 있다. 저들의 괴성, 도깨비처럼 생긴
면갑, 기묘한 보호장구에 처음에는 놀라 도망치는 병사들
도 있었다. 하지만 이젠 웃으면서 기다렸다가 바로 통나무
로 찍어 내린다.

낚시라고 부르는 신나는 방법도 있었다. 왜구라고 다 칼
잡이는 아니었다. 으쓱대며 멋지게 칼을 휘두를 순간만 노
리는 자들이 있다. 이젠 딱 보면 안다. 이들은 호시탐탐 아
군의 배로 뛰어오를 기회만 노린다. 이때 어설프게 장대로
뱃전을 휘젓는 척한다. 그러면 냉큼 장대를 붙잡고 몸을 튕
겨 배 안으로 뛰어들려고 하는 자들이 있다. 예전에는 한 명
이라도 배 안으로 들어와 긴 왜검을 휘두르면 병사들이 놀
란 토끼처럼 흩어졌다. 지금은 그가 장대를 잡는 순간, 숨어
있던 사람들이 합세해서 번개처럼 장대를 잡아당긴다. 미
끼를 문 물고기처럼 왜병이 딸려 오고, 그 순간 옆에 대기하
던 병사가 창으로 꿰뚫어 버린다.

그들을 해치우면 배 안에 남아 있던 왜구들은 겁을 먹고 아군이 쏘아 대는 화살과 돌, 쇠구슬을 피하려고 우왕좌왕한다. 이때 불붙은 화약통을 들고 있던 병사가 화약통을 던져 넣는다. 화약통이 적선에 떨어지면 장대병은 얼른 갈고리를 풀고 적선을 밀어 버린다. 타이밍이 중요하다. 화약통이 폭발할 만큼 달궈지기 전에 적선을 혼란하게 만들어야 한다. 물살도 미리 잘 봐야 한다. 일본선에서 아군 쪽으로 물길이 잡혀 있으면 화약통을 던져서는 안 된다. 화약통을 실은 배가 아군 배로 다가와 폭발할 수 있다.

싸움이 계속되면서 왜구도 아군의 전술을 익혔다. 그래서 장대 낚시 같은 방법에는 잘 걸려들지 않게 되었다. 그래서 장대 낚시의 목표를 물에 빠져 허우적대는 왜구로 바꿨다. 장대를 가져다 대면 구해 주는 줄 알고 장대를 붙잡는다. 바로 그때 당겨 올리면서 창으로 찌른다. 바로 옆에서 동료가 이 방법으로 죽어 나가도 모른다. 바닷물을 한입만 삼켜도 눈물 콧물에 구토까지 하며 허우적거리느라 무슨 일이 벌어지는지 모르니 말이다.

더 위협적인 왜구의 대응은 대선으로 공격해 오는 경우였다. 아군의 전선보다 더 큰 배로 충돌하면서 더 높은 갑판에서 아래로 뛰어내렸다. 지금까지 써 온 고려군의 모든 전술을 무용하게 만드는 방법이었다.

하지만 정지의 특전대원들도 이제는 손발이 척척 맞는 베테랑이 되어 있었다. 그들 역시 훈련한 대형에 의존하지 않고 맞서 싸웠다. 적이 위에서 내려다보고 있어도 겁먹지 않고 화살로 적을 뱃전에서 쫓아 버렸다. 통나무로 적선을 밀어 방향을 돌리고, 배 안으로 뛰어든 적은 협공으로 해치웠다. 장검이고 뭐고 배 안에서 최고의 무기는 노였다. 방패로 막고, 화살로 엄호하고, 노를 휘둘러 두들겨 패고, 바다로 밀어냈다. 그사이에 화통병은 좀 더 작게 만든 화통을 적선 안으로 던져 넣었다.

관음포 전경

노을이 지자 불타는 배와 전사자의 피로 하늘과 바다가 모두 붉게 물들었다. 하지만 그 어떤 뜨거움도 승리의 감동보다 뜨거울 수 없었다. 병사들은 적이 물러간 빈 바다를 보며 함성을 질렀다. 이 바다와 이 땅은 우리의 것이다. 기다려라. 이제는 우리가 너희 땅으로 쳐들어가 주마.

이 가상 인물의 시점에서 150년 후인 1523년 5월 24일 여수. 전라좌수영이 위치한 여수 남방 초도에서 일본선 1척이 발견되었다. 전라좌수사 정윤겸은 즉시 10척을 인솔하고 초도로 향했다. 초도에서 남도포만호 하홍이 인솔한 병선 5척과 합류했다. 15척의 함대는 계속 일본선을 추적하여 25일 오후 1~3시 사이에 대묵도(완도 남쪽에 위치한 대모도로 추정) 서쪽에서 일본선을 포착했다.

일본선에 전투병만 50여 명이 타고 있었다고 하니 이때 기준에서는 큰 배였다. 조선의 전선인 맹선은 대선이 80명, 중선이 50명 정원이었다. 일본선이 크다고 해도 1 대 15의 싸움이었으므로 조선군은 공격을 개시했다.

1523년 5월 25일, 완도 남쪽 대모도 부근 해상에서 전라좌수영 소속 맹선 15척이 좌우로 갈라지며 한 점을 향해 항진했다. 두 선단이 만나는 지점에 일본선 1척이 정박해 있었다. 갑판에 50여 명쯤 되는 무리가 완전무장을 하고 아군을 노려보고 있었다. 중앙에 눈에 두드러지는 철갑을 입고 부채를 들고 있는 자가 지휘관으로 보였다. "저놈들은 꼭 저렇게 부채를 들고 지휘하더군요. 더운 나라라서 그런가 봅니다. 하긴, 저런 갑옷을 입고 있으니 덥기도 하겠지." 나이 든 사관 한 명이 정윤겸 옆에서 중얼거렸다. 전투 경험이 풍부한 노병처럼 말했지만, 그도 왜구와 전투를 해본 적은 한 번밖에 없었다.

정윤겸은 중종반정 때 3등 공신이 되었다. 그 후 주로 북변에서 근무하다가 갑자기 수군절도사로 발령받았다. 육군 지휘관이 수군 지휘관으로 발령받는 건 조선에서는 특이한 경우가 아니었다. 힘들다고 생각하면 더 힘들고, 호강하려고 마음먹으면 호강할 수도 있는 곳이 수군이었다. 일단 남도의 겨울은 두만강변과는 비교할 수 없을 정도로 포근했다. 먹고 입는 것은 비교 불가다. 물자의 풍족함은 수익과도 직결되는데, 북변에서는 모든 것이 부족했다. 심지어 면포와 종이, 소금도 생산되지 않아서 일상 자체가 쪼들리고 불편했다. 남도에서는 모든 것이 남아돌았다. 정윤겸이 남도 수군절도사로 발령받았다고 하자 가족과 친지들이 더 기뻐했다. "이제 우리도 생활이 피겠구나."

그러나 세상에는 어디를 가도 고생을 달고 사는 사람이 있다. 정윤겸이 부임하자, 그렇게 보기 힘들다던 왜구가 갑자기 준동하기 시작했다. 경계 태세가 발령되고 적선이 출몰했다는 보고에 여러 번 출동해야 했다. 하지만 넓은 바다에서 일본선을 발견하기란 쉽지 않았다. 왜구들은 조선 함대의 순시 경로를 알아서 여우같이 잠복해 피해 가곤 했다. 헛물만 켜다가 이번에 갑작스레 일본선과 조우했다. 중국을 약탈하고 돌아가다가 낙오했거나 전라도 해역을 약탈하려고 노리던 배 같았다.

일본선은 발각되자 바로 달아났다. 조선 수군은 집요하게 쫓았다. 마침내 무슨 이유인지는 모르지만 일본선이 도주를 포기했다. 양측의 거리가 좁혀질수록 전투의 긴장감이 몰려왔지만, 걱정되지는 않았다. 적은 1척이고 아군은 15척이다. 병사 대부분이 실전 경험은 없어도 배를 모는 선원들은 노련한 배꾼이고 물길도 잘 알았다. 병사들도 훈련을 착실히 받아 왔다. 훈련하는 날보다 작업하는 날이 더 많기는 했지만, 사수는 활줄을 당길 줄 알고 전투를 어떻게 해야 하는지 다들 알고 있었다.

"겁먹지 말고 배운 대로 하라. 두려워할 것 없다. 놈들은 우리를 털끝 하나 건드리지 못한다." 진무◇ 박동이 우렁찬 목소리로 병사들을 격려하느라 열심이었다. 일본선이 화살 사정거리 안으로 들어왔다. 왜구와의 전투에서 정석은 백병전은 절대 피하고, 사격으로 제압하는 것이었다. 강력한 조선의 각궁은 일반 사수라도 140m는 거뜬히 사격할 수 있었다. 하지만 정윤겸은 일본선이 사거리 안으로 들어와도 정선 명령을 내리지 않았다.

조선 함대가 점점 더 조여들면서 이젠 왜의 화살 사정거리가 되었다. 왜구는 활이 크고 화살도 길지만 덕분에 힘이 없고 사거리도 짧다. 20~50m 정도가 유효사거리였다. 활이 너무 길어 중앙이 아니라 아랫부분에 화살을 걸어 발사하기 때문에 방패나 방벽 뒤에서 쏘기 어렵다. 아니나 다를까 조선 함대가 겁 없이 자꾸 근접하자 5~6명이 방벽 뒤에서 나와 시위를 당기고는 얼른 방패 뒤로 몸을 숨겼다. 조선의 화살이 무서웠던 모양이지만 교대로 꽤 열심히 활을 쏘았다.

몇 명이 화살에 맞았지만, 위력이 떨어져 갑옷이나 보호구를 뚫지 못했다. 박동이 몸을 돌려 갑옷에 꽂힌 길쭉한 화살을 모두에게 보여 주었다. "봤느냐. 놈들의 화살은 힘

◊ 무관 벼슬의 하나.

이 없다."

이쯤 되자 정윤겸이 사격명령을 내렸다. 기다렸다는 듯이 화포가 불을 뿜었다. 화포는 포탄이 아니라 화살을 발사한다. 동시에 쌔애액 소리를 내며 신기전이 불꽃과 연기로 궤적을 그리며 적선 안으로 날아들었다. 그 뒤로 궁수들이 당긴 화살이 뒤를 이었다.

조선의 병선들이 일본선을 3면으로 포위하고 엄청난 화력을 쏟아부었다. 갑판에서 왜구의 모습이 싹 사라졌다. 중무장을 한 왜구 한 명이 모습을 보였지만 이내 10여 발의 화살이 날아와 박혔다. 갑옷을 어찌나 껴입었는지, 벌집이 되고도 몸을 움직였다. 병사들이 감탄했지만, 부상을 입은 건 확실해 보였다.

정윤겸이 안전거리를 무시하고 근접해서 일제사격을 퍼부은 이유는 단숨에 일본선을 파괴하기 위해서였다. 멀리서 화살만 쏘아서는 배 안에 숨은 왜구를 해치울 수 없다. 화살이 떨어지면 일본선은 달아날 것이다. 일본선은 빠르고 맹선은 느려서 도주하기로 결심하면 따라잡을 수 없다. 왜구가 근접전이 장기라지만, 화포와 쏟아지는 화살 비에 얼굴도 내밀지 못하고 있다. 조선군은 교차 사격과 팀플레이로 일본군의 장기라는 백병전의 기회를 주지 않았다. 그

틈에 다른 함선이 접근해 불화살을 쏘았다. 진화하려고 왜구가 선실에서 나오면 바로 사격을 가해 쫓아 버렸다.

그래도 한 놈이 기어이 단검을 들고 아군 배 안으로 뛰어들었다. 뛰어들자마자 가까이 있는 병사를 공격했는데, 그 병사도 보통이 아니었다. 도망치지 않고 맞붙어 싸워 칼을 빼앗았다. 그 왜구는 작고 몸이 날랬는데, 칼을 빼앗기자 바로 몸을 날려 자기 배의 뱃전을 붙잡고 기어올랐다. 그 순간 진무 박동이 활을 쏘아 등을 맞혔다. 그는 등에 화살을 꽂은 채로 끝내 뱃전을 기어올랐는데, 갑판에 오르자마자 쓰러져 죽었다.

정윤겸은 적선에 배를 더 바짝 붙였고, 이번엔 횃불을 던져 넣었다. 일본선에 불이 제대로 붙었다. 그러자 살아남은 왜구 20여 명이 배를 포기하고 바다로 뛰어들었다. 조선군은 병선을 따르던 작은 배를 풀어 이들을 사냥했다. 이들이 생존자의 전부였다. 나머지 사람들은 배 안에서 화살에 맞거나 불에 타 사망한 것 같았다. 정윤겸은 저항이 멈춘 불타는 배에 밧줄을 걸어 예인하게 했다.

1559년 6월 서해, 전라우수영 관내 해역. 대모도전투 이후 겨우 30년이 지났지만, 해전술이 새로운 영역으로 진화했다. 이날 전라우수사 최희효는 약이 바짝 올라 있었다. 지난 며칠 동안 관내에서 일본선이 여러 번 탐지됐다. 을묘왜변으로 전라도가 초토화되었던 게 불과 4년 전이었다. 최희효는 고려 말 왜구 침입의 역사에 대해 들은 적이 있었다. 왜구가 내륙까지 침입해서 천안과 청주까지 함락했으며, 해변 마을 주민이 모두 달아나 군현이 철폐되고 수령을 파견할 수 없을 정도였다고 했다. 젊은 시절 장래를 촉망받는 무장이었던 최희효는 그런 역사를 들을 때마다 분노하곤 했다. "겨우 해적 떼 따위를 막지 못해 내륙도시까지 함락된다면 그게 나라인가? 내가 그 시절에 태어났더라면…."

그런데 그런 일이 정말로 일어나 버렸다. 을묘왜변은 조선 건국 이래 최대의 침공이자 수치였다. 왜구는 웅천과 거제도를 순식간에 함락하고, 강진에 있던 전라도 병영까지 함락했다. 최희효는 전라우수사로 부임하기 전에 전라도 병마절도사였다. 그곳에서 당시의 상황과 전투에 대해 생생한 증언을 들을 수 있었다. 최희효는 바다에서 왜구를 만나기만 하면 본때를 보여 주겠노라고 단단히 다짐했다.

그런데 얼마 전부터 왜구의 전투력에 변화가 생겼다. 전통적으로 작은 배로 덤벼들던 일본군이 아군 전선보다 더 큰 배를 타고 왔다. 더 놀라운 건 조총이었다. 조선군의 장기는 활이었다. 조선 건국 후에는 화기를 도입해서 화포와 화약의 힘으로 화살을 쏘아 보냈다. 해전에서 포성과 불의 궤적을 그리며 날아가는 화살은 장쾌할 정도였다. 그런데 돌연 일본선에서도 화약의 폭발음이 들렸다. 신기전처럼 불과 연기의 궤적이 보이지도 않았는데, 장수와 병사가 퍽 하고 쓰러졌다. 이런 일은 해전뿐 아니라 육지에서도 발생했다.

나중에 사상자의 상처를 살펴보면서 아군을 쓰러트린 범인을 찾았다. 작고 둥근 탄환이었다. 조선에서는 철로 만든 탄환이라고 해서 철환이라고 불렀다. 눈에 보이지도 않을 뿐더러 위력이 강력해서, 나무 방패를 관통하고 갑옷을 가볍게 뚫었다. 한 군관은 철판을 두 겹으로 두드려 만든 투구를 관통당했다. 다행히 다치지는 않았지만, 투구에 뚫린 구멍을 보며 혀를 내둘렀다.

다행히 그 이전부터 조선군도 철환이란 신무기를 장착하고 있었다. 명종이 즉위한 뒤로 조선군도 철환 제조법을 익혔다. 화포에 화살이 아닌 철환을 가득 넣어 발사했다. 지자총통은 한 번에 200발, 현자총통은 100발을 동시에 발사했다. 이 산탄 공격의 대인 살상력은 화살에 비할 바가 아니었다. 어떤 이는 화포가 이제 제대로 된 무기가 되었다고 좋아했다.

그런데 조금 늦기는 했지만, 일본군도 아군을 향해 철환을 발사하기 시작한 것이다. 작은 배에서 발사한다면 두꺼운 목재로 방어가 되지만, 대선은 더 높은 곳에서 쏘기 때문에 방호가 어려웠다. 명종 대의 정부는 역대 어느 정부보다무능하고 부패했지만, 고려 말 왜구의 발호가 초래한 참화, 그로 인해 고려 왕조가 멸망했다는 교훈까지 잊지는 않고있었다. 전라, 충청, 경상 삼도수군에게 긴급조치가 하달되었다.

- 반드시 참나무로 제작한 방패를 마련하고, 전투 시에는 선체 안쪽에 덧대어 방호력을 높일 것
- 맹선 이외의 새로운 대형 함선을 건조할 것
- 새 전선은 갑판 위에 또 하나의 판옥을 설치해 갑판에서 싸우는 병사를 보호할 것

이 신형 전선을 조선에서는 판옥선이라고 불렀다. 지금최희효가 타고 있는 전선과 만호들이 승선한 주력함이 판옥선이었다. 전례 없이 크고 든든한 모습에 병사들은 감탄했고, 너도나도 갑판 위가 열려 있는 작은 배보다는 크고 선

실이 장갑으로 둘러진 판옥선에 승선하고 싶어 했다. 물론 막상 승선한 병사들은 고개를 절레절레 저었다. 특히 노꾼들이 몸서리를 쳤다. 배가 크고 2중갑판을 설치하다 보니 과하게 무거웠다. 노꾼을 거의 2배를 투입해야 했다. 크고 무거운 배를 더 섬세하게 다뤄야 하니 조종도 몇 배는 더 힘들었다. 당연히 선상 군기는 아주 엄했다. 배는 크지만 승선 인원이 많으니 더 비좁았다. 이중갑판으로 병사들도 선실에 갇히다 보니 덥고 습했다. 더해서 화포라도 발사하면 열기로 숨이 막혔다. 바깥 상황은 볼 수가 없고 무조건 지휘

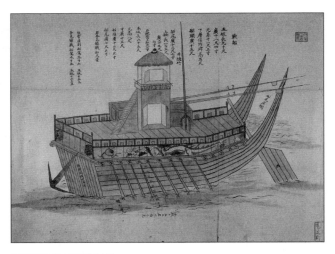

《각선도본》에 그려진 판옥선

관의 명령에 따라 움직여야 했다. 열기와 땀 냄새로 노련한 병사도 뱃멀미하기 일쑤였다. 화약의 유황 연기는 독하다 못해 시력을 뺏고, 들이마시자마자 기절하는 병사도 있었다. 이런 혼란을 극복하는 방법은 더 혹독한 훈련과 군기뿐이었다.

"에헤라, 판옥이 우리를 보호할 줄 알았더니 판옥 덕에 적은 볼 수도 없네. 에헤라, 적도 우리를 보지 못한다고 말하지 마소. 적의 화살이 닿기도 전에 우리는 판옥에 눌려 죽어 간다네." 어떤 영리한 병사가 이런 노래를 지어 불렀다. 노꾼과 병사 들의 애창가가 되었지만, 금세 실컷 두들겨 맞고 금지곡이 되었다.

그러다가 을묘왜변이 터지자 불평이 쑥 들어갔다. 아니, 여전히 불평은 해댔지만 전처럼 진지하지는 않았다. 썩은 목재를 걷어 내고 보수하는 병사들의 표정도 진지해졌다. 전에는 어떡하든 조금이라도 얇고 가벼운 목재를 끼워 넣으려고 했지만, 이제는 조금이라도 두꺼운 판자를 찾고 옹이가 빠진 구멍이 있거나 육질이 부슬부슬해진 곳이 있으면 화를 냈다.

"적선 발견!" 판옥선에 비상경보가 울렸다. 상갑판의 누대에 앉아 있던 최희효는 벌떡 일어났다. 멀리 기이하게 생긴 일본선이 보였다. 실루엣만 봐도 조선배와는 확연히 달랐고, 지금까지 보던 일본선과도 달랐다. 일본선이 커졌다고 했지만 이 배는 유독 더 커 보였다. 장수급이 탄 지휘선이 분명했다. 배 위에는 용을 그린 커다란 깃발이 나부끼고 있었다. 적함은 단 1척이었지만 대담하게 닻을 내리고 멈춰 있었다. 이 1척으로 조선 함대를 상대하겠다는 의도가 분명했다.

유인작전일 수도 있었다. 최희효는 깃발을 흔들어 함대를 좌우로 넓게 포진시켜 좌우 측면을 방호하게 했다. 적함이 1척이라면 중앙 함대만으로 포위해도 충분히 제압할 수 있다.

적의 기함을 잡는다면 엄청난 공이 될 것이다. 최희효는 상갑판을 비우라고 명령하고 전투태세에 돌입했다. 조선군은 3면에서 일본선을 포위할 목적으로 천천히 나아갔다. 조선 화포나 화살은 사거리가 상당히 길지만, 해상에서는 사거리에 의존해서는 안 된다. 최대한 근접해서 일제사격으로 적선을 제압하고 파괴하는 것이 해전의 기술이다. 거의 사선에 근접했는데 적함에서 투석기를 발사했다. 의외였다. 뱃전이 높고 안쪽으로 잘 위장시켜 놓아서 투석기를 발견하지 못했다. 투석이 큰 위협은 아니었지만 충격으로 물살과 조준선이 흔들렸다. 이때 좌우에 있는 배들은 적선이 조준하는 틈을 노려 더 신속하게 접근하든가 발사하든가 해야 했는데, 이 광경을 보고 겁을 먹었는지 주춤거렸다.

일본선은 중국 연안을 전문으로 침공하던 배로 전투 경험이 많았다. 선제공격으로 기선을 제압하고, 조선 전선의 반응을 살폈다. 조선군이 의외의 공격에 주춤하자 순식간에 닻줄을 끊고, 제일 약해 보이는 함선 쪽으로 돌진했다. 최희효는 깜짝 놀랐다. 일본선이 빠르다는 건 익히 알고 있었지만, 파도를 타고 파랑 사이로 움직이는 몸놀림이 기이하고 남달랐다. 사실 최희효는 수군 경험은 별로 없어서 그 정도로 눈썰미가 있지는 않았는데 옆에 있던 늙은 군관이 해준 말이었다.

적선은 한 아군 배에 빠르게 접근하면서 발포했다. 포성과 연기가 한꺼번에 피어올랐다. 철환이 선체를 타격하는 소리가 들리고, 깨어진 판자의 파편이 튀었다. 공격을 받은 배는 반격을 하지 않았다. 외관으로 봐서 큰 타격은 없어 보였다. 판옥을 괜히 설치한 것이 아니다. 그러나 병사들은 반응이 없었다.

대신 바로 옆에 있던 영암의 판옥선이 일본선의 옆으로 진행하며 발사 위치를 잡으려고 했다. 일본선은 전혀 겁먹지 않고 영암선을 향해 선제사격을 가했다. 영암의 배는 철환 세례를 받았지만, 끄떡도 하지 않았다. 곧 속도와 침로를 그대로 유지하며 일본선을 향해 발포했다. "잘한다!" 최희효가 탄성을 지르며 독전기를 빠르게 펄럭였다. "저놈 쪽으로 붙어라! 놓아 보내서는 안 된다."

역전의 기회를 잡았지만 이날 해전은 마음먹은 대로 되지 않았다. 일본선은 처음부터 조류를 잘 알고 계획을 세워 두었던 모양이다. 영암선이 반격을 가하자 미련 없이 배를 돌리더니, 선제공격을 당하고 꾸물거리는 판옥선 쪽으로 이동했다. 그곳에서 물길을 타더니 바로 도주를 시작했다. 조류를 타고 가속이 붙은 일본선을 조선배가 따라잡기란 불가능했다. 영암의 배가 기를 쓰고 노를 저었고 다른 배 두어 척도 합류했지만 거리가 계속 멀어졌다. 선체에 곡선이 많은 일본선은 파랑 사이로 배를 몰아 물길에서 물길로 건너 타는 기술도 귀신같았다.

최희효는 낙담했다. 나중에 공격당한 배를 살펴보니 철환은 영암이 탄 배의 선체와 방패를 뚫지 못했다. 그래서 끄떡없이 대응했던 것이다. 처음 공격을 받은 배는 달랐다. 멀리서 보면 외상이 없어 보였지만 선체와 방패를 순식간에 관통했다. 하필 하갑판의 격군실을 관통해서 노꾼 수 명과 지휘하던 군관이 맞았다. 그중 3명은 즉사였는데, 군관이 즉사자 중에 포함돼 있었다. 노꾼들이 놀라 노를 놓고 엎드렸고, 군관이 전사해서 통제가 되지 않았다. 그 바람에 배가 멈췄고, 일본선에 도주를 허용했던 것이다. 상황을 복기해 보니 처음부터 노꾼을 노리고 발포한 것이 분명했다. 하지만 같은 판옥선인데, 왜 이 배는 관통되고 영암선은 관통되지 않았는지는 도무지 이해할 수 없었다. 혹 선체와 방패의 자재에 이상이 있나 살펴보았지만, 자재와 규격은 동일했다.

그 비밀은 조총의 구경이었다. 조총은 개인화기 수준에서 바주카포 수준까지 다양한 구경이 있었다. 드라마에 자주 등장하는 일반 병사들의 조총은 구경이 11~12.5mm였다. 그러나 총신이 긴 저격용 조총도 있었다. 최고 구경으로 거의 화포 수준인 40.3mm, 86.9mm 크기의 총도 있었다.◊

고려, 조선의 수군과 왜의 수군

옛날 용어로 창칼을 맞부딪히면서 싸우는 방식을 단병(短兵), 화살이나 투석같이 거리를 두고 공격하는 방식을 장

◊ 須川薰雄, 《日本の火繩銃1》, 文化堂印刷株式會社, 1989, 17쪽.

병(長兵)이라고 한다. 전통적으로 일본군은 단병에 강했다. 활에 관한 한 세계적인 수준을 자랑하던 조선군의 장기는 장병이었다.

이런 주특기의 차이는 해전에도 반영되었다. 우리와 일본 사이에 대규모 해전이 벌어진 시기는 고려 말 왜구의 침입이 극성해지면서였다. 단병에 자신이 있던 왜구는 작은 쾌속선을 타고 접근해 고려군 전선으로 뛰어들어 백병전을 벌이는 방식을 선호했다. 기록에는 도끼로 배를 찍어 구멍을 냈다는 내용이 있는데, 아마 배의 기동을 늦춰 배에 오르기 쉽게 하려는 의도였을 것이다.

고려군은 적이 배에 오르기 전에 활이나 그 외의 방법으로 적을 제거해야 했다. 적보다 갑판이 높고 큰 배로 좌우에 포진해서 십자화망을 형성하고 사격을 가하면 최고의 전과를 얻을 수 있었다. 하지만 이 전술의 단점은 적보다 병력이 많고, 배가 커야 했다.

14세기, 갑자기 왜구의 규모가 커졌다. 1351년, 인천 앞바다인 풍도 근처에서 벌어진 해전에서 고려가 동원한 전선은 겨우 25척이었다. 전선의 수에서 왜구에게 압도당한 고려군은 싸우지도 못하고 후퇴했다.◇

고려 수군은 제해권을 상실했다. 바다를 **빼앗기자** 왜구는 거침없이 내륙까지 침입해 들어왔다. 육지전이야말로 일본군의 장기였으니 왜구는 승승장구하고 고려는 위기에 빠졌다. 이때 고려를 구한 전술이 최무선의 화기와 정지의 해전술이었다. 화기는 고려군 장병술의 낮은 효율을 개선해 주는 획기적인 무기였다. 그러나 최무선 시대의 화기는 대포를 펑펑 발사해 적함을 박살 내는 그런 무기는 아니었다. 정확히 알려지지 않았지만, 최무선의 화포는 장군전처럼 뱃전을 부수는 대형화살이나 돌로 만든 탄으로 적선을 공격하는 무기였던 것 같다.

폭발해서 적선을 박살 내는 무기는 화포가 아니라 화통이라고 부르는 화약단지였다. 나무통이나 토기에 화약을 담고 불을 붙여서 적선에 던졌다. 현대의 수류탄 같은 방식이지만 폭발 방식이 달랐다. 신관을 격발시켜 폭발시키는 방식이 아니라 화약을 달궈서 폭발시키는 방식이었다. 덕분에 폭발 타이밍을 맞추기가 쉽지 않았지만, 적에게 공포감을 주고 대오를 흐트러뜨리는 데는 효과가 있었다.◆◆

하지만 이런 엉성하고 불안정한 성능에만 의지해서 사납

◆   임용한, 《전쟁과 역사 3-전란의 시대: 고려후기편》, 혜안, 2008, 300쪽.

◆◆ 임용한, 앞의 책, 352~354쪽.

고도 전투에 숙련된 적을 격멸하기는 어렵다. 최무선의 영광에는 정지의 해병대가 큰 역할을 했다. 이 시기에 해병이란 단어는 사용하지 않았지만, 배를 다루는 수군의 기술에 전투부대의 역량을 합쳤다는 점에서 해병대라고 부를 만했다.

정지는 호남 해변과 도서 지역을 돌아다니면서 바다에 익숙한 장정들을 모아 해상전투를 위한 기술과 역량을 갖춘 부대를 조련했다. 다양한 아이디어와 기술도 모았다. 이 중에는 새로운 화약 무기의 효율을 높이기 위한 전술도 있었다. 대표적인 기술이 김잉길이란 병사의 아이디어였다.

화약 무기와 해전술로 무장한 정지의 수군은 승승장구했다. 1383년, 정지 장군의 관음포해전에서는 아군의 2배가 넘는 왜구와 싸워 격멸시켰다.◇ 양측의 전투력이 다시 역전되었다.

고려는 왜구를 격퇴했지만 너무나 큰 내상을 입었고, 고려 왕조가 멸망하는 원인 중 하나가 되었다. 큰 교훈을 얻은 조선은 수군을 양성하는 데 전력을 다했다. 고려는 왜구보

◇ 임용한, 〈고려후기 수군개혁과 전술변화〉, 《군사》 54, 국방부 군사편찬연구소, 2005, 280쪽.

고려 후기 병사 김잉길의 화약 무기 사용 아이디어

1. 두 종류의 장대를 준비한다. 하나는 끝에 갈고리를 달아 적선이 아군 전선에서 멀어지지 않도록 하고, 하나는 밀대 형태로 적이 아군 배로 접근하지 못하게 한다.

2. 이렇게 적함을 붙들어 매고 화통을 던져 넣는다.◊ 이때 충격신관이 없는 화통을 뱃전에 닿자마자 폭발시키는 것은 불가능하므로 화통이 폭발할 때까지 병사들이 엄호해야 한다.

3. 가시가 달린 쇠구슬(질려)을 던져 화통 주변을 보호하거나 화살로 엄호해서 적군이 화통에 접근하지 못하도록 한다. 그러면 적은 배를 포기하고 바다로 뛰어든다. 화통이 폭발하지 않아도(솔직히 불발률도 꽤 높았을 것이다) 적병을 바다에 빠트렸으면 승리다. 원래 해전에서 적병을 죽이는 제일 좋은 방법이 바다에서 허우적거리게 만든 다음, 활이나 창칼로 해치우는 것이다.

◊ 임용한, 앞의 책, 351쪽.

다는 북방 민족을 주적으로 간주했기에, 수군이 있기는 했지만 육군과 분리된 독립된 군대는 아니었다. 14세기 왜구의 침입은 일본이 조선에 대해 군사적 침공을 감행할 정도로 성장했음을 의미했다.

정말 다행스럽게도 14세기의 정치가들은 국제정세에 대한 감각이 있었다. 조선의 국방정책은 북방 민족과 일본이라는 2가지 주적을 가정해야 했다. 조선 건국자들은 육군과 수군이라는 2군 체제를 만들었다. 이런 생각은 고려 말부터 등장했지만, 힘을 가지고 본격적으로 추진한 시기는 조선 건국 이후였다.

15세기 《세종실록지리지》의 기록을 따르면 조선 전체 병력은 9만 6,259명, 이 중에서 수군이 4만 9,337명이다. 수군 병력이 전체 병력의 51.3%였다. 경상, 전라, 충청도만 계산하면 육군이 5,772명, 수군이 3만 5,585명으로 수군이 전체 병력의 무려 78%였다.◆

인구 비율로 봐도 적지 않은 수였다. 경상도의 경우 군역 대상이 되는 남자 인구가 17만 3,759명이었다. 이것은 전

◆ 육군군사연구소 편, 《한국군사사6-조선전기1》, 경인문화사, 2012, 396쪽과 이재룡, 〈조선전기의 수군〉, 《한국사연구》 5, 한국사연구회, 1970, 116쪽 재인용.

체 인구는 아니고, 군역을 부담할 수 있는 경제력이 있는 인구였다. 즉, 노비, 승려, 유랑자 수준의 극빈층은 제외한 숫자다. 이 중에서 수군이 1만 5,934명으로 9% 정도다. 당시 보인(군역을 지지 않는 사람)들에게 세금이나 노동력을 지원받는 구조를 감안하면 결코 적지 않은 비율이다.

15세기 후반부터 조선의 군사 체제는 많이 와해됐지만, 조선은 표준적인 수군 전력을 유지하기 위해서 상당한 노력을 기울였다. 육군이든 수군이든 실록의 기록만 보면 우리는 언제나 좋지 않은, 심지어는 망하기 직전이 아닌가 하는 인상을 받을 수밖에 없는데, 역사는 언제나 문제가 되는 부분을 지적하는 데 열심이라는 점을 감안해야 한다.

부패와 부조리는 늘고 수군 자원은 줄어 갔지만 억지로라도 수군 병력을 유지했다. 수명이 짧아서 빠르게 썩는 병선을 계속 건조했고, 왜구 방어를 위한 해역 감시와 기동훈련을 유지했다.

여기서 수군과 육군의 결정적인 차이를 알 필요가 있다. 육군은 훈련이 형식적으로 행해지기 쉽다. 오늘날 예비군에게 통지서를 보내 소집점검을 하고 명부를 관리하듯이, 조선도 훈련 소집을 했다. 그런데 농사로 바쁜 아버지와 형을 대신해서 어린아이가 나오는 등 대역이 성행하고, 대충

제식훈련만 하고 끝나는 등 형식화돼 갔다. 진짜 훈련을 시킨다고 해도 농부가 짧은 기간에 검술이나 창술을 제대로 익히기는 힘들다. 전문군인, 기병, 무사를 키우려면 별도의 특별한 노력과 훈련이 필요했다.

수군도 도망자가 늘고 대립이 성행하는 상태는 비슷했다. 하지만 배를 타면 최소한 노를 젓든지 뱃멀미를 버티는 단련이라도 해야 한다. 육지에서는 도망갈 곳이나 빠져나갈 곳이 있지만, 배에서는 빠져나갈 곳이 없다. 누군가가 실수하면 참혹한 결과를 초래할 수 있다.

이런 구조라, 과거에는 어느 국가든 수군이 군기가 셌다. 그냥 센 정도가 아니라 무섭게 셌다. 대역이든 소년이든 일단 배에 태우면 육군의 제식훈련과 달리 어떻게든 진짜 훈련이 되었다.

더 중요한 것은 기간요원이다. 실전이 없는 시대라 육군은 소대장, 중대장이 총도 쏘지 못하고 지도도 보지 못하는 서생이어도, 부사관도 요령 부리는 것 외에는 할 줄 아는 일이 없어도 유지될 수 있었다. 물론 여진족과 대치 중인 양계 지역 등은 절대 그렇지 않았다. 하지만 수군은 최소한 선장, 항해사, 기관사, 조타수, 노꾼이 없으면 함선이 전복되거나 충돌한다. 덕분에 수군은 최소한의 기간요원이 필수였고 그들의 전문성이 유지될 수 있었으며 조직력 또한 훨씬 우수했다.

수군의 전투력을 상승시킨 요인이 하나 더 있다. 조선은 소총은 만들지 못했지만, 화포 개량에는 열심이었다. 세종 때까지 화포의 포탄은 석탄이거나 화살이었다. 그래서 이 화살을 한 번에 여러 발 발사하거나 뱃전을 뚫고 돛대를 부러트릴 수 있도록 더 크고 위력적인 대형화살을 만드는 데 노력을 기울였다. 그러다가 16세기 중종 무렵에 획기적인 신소재가 등장했다. 바로 탄환이다.

1510년에 삼포왜란이 발발했다. 왜란은 상징적인 사건이었고 사실 15세기 말부터 왜구의 동태가 심상치 않게 변해 갔다. 정부는 수군 전력 강화 방안을 모색했는데, 이 무렵에 또 하나 불길한 소문이 도착했다. 당시 일본 해적들은 명나라 해적과 결탁해서 멀리 동남아시아 지역에서까지 활약했는데, 명나라 해적들로부터 화포를 습득했다는 소문이었다.◊ 왜구를 상대하는 조선군 최대 무기가 화포였으니 이 소식은 충격이었다. 이에 조선도 명에서 신기술을 수입하려고 노력했다. 그래서 조선이 주목한 신무기가 바로 철

◊ 허선도, 《조선시대 화약병기사 연구》, 일조각, 1994, 187쪽.

환, 즉 철로 만든 콩알만 한 탄환과 산탄 공격이었다.

1545년, 마침 제주도에 표류한 중국인 중에 무기 기술자가 있었던 모양이다. 정부는 이름이 알려지지 않은 이 중국인 기술자로부터 철환 제조법을 얻어 내라는 명령을 내렸다. 이때까지 조선이 철환 제조기술을 몰랐던 것인지, 이미 제조하고 있는데 중국 기술자에게 더 좋은 제조법이나 기술 자문을 얻으려고 한 것인지는 알 수 없다.

어쨌든 16세기 중반부터 조선의 화포는 수십 발의 산탄을 동시에 발사하는 엄청난 살상 무기로 탈바꿈한다. 우리는 화포라고 하면 커다란 포탄 구멍을 남기는 대포를 연상하는데(실제 그동안 많은 드라마에서 화포를 대포로 묘사했다), 그런 대포가 등장하려면 아직은 시간이 필요했다. 임진왜란 때 사용된 위력적인 발사체는 장군전이나 산탄이었다. 화살 2~4개를 발사하는 화포와 탄환 50~100개를 발사하는 화포의 살상력은 비교 불가다.

일본이 가고시마 앞바다에 있는 다네가시마에 표류한 포르투갈 선원에게 화승총이란 물건을 얻은 때가 2년 전인 1543년이었다. 총과 대포는 비슷해 보여도 원리가 다른 무기인데, 이때는 둘 다 둥근 탄환을 발사한다는 점에서 같았다. 조선과 일본이 비슷한 시기에 서로 탄환이라는 발사체에 주목하고 있었다는 점은 흥미롭다. 서로 다른 방법으로 발사되는 이 검은 철환은 임진왜란 시기, 육지와 바다에서 전혀 다른 결과를 가져오게 된다.

조선 수군의 또 하나의 비밀병기는 판옥선이었다. 일본 선의 대형화와 화기 사용에 대항해서 조선군은 갑판 위에 또 하나의 천장을 설치해서 과거의 병선을 장갑선으로 개조했다. 상부의 하중이 가중되므로 선체는 더 넓고 커져야 했고, 덕분에 우람한 전선이 탄생했다.

일본의 침공 위험이 가중되자, 1591년에 전라좌도 수군 절도사로 부임한 이순신은 더 튼튼하고 일본군이 등선하기 어렵게 판옥선을 개조한 거북선을 만들었다. 임진왜란 하루 전인 4월 12일에 거북선은 천자총통, 지자총통, 현자총통으로 발포훈련을 했다. 이렇게 14세기 이후 칼을 갈며 2세기를 달려온 양측의 수군이 다시 격돌했다.

왜구에서 일본군으로

16세기까지 일본 수군에서는 2가지를 개량했다. 첫째는 화기 도입이다. 조총이 도입되자 당연히 해전에서도 사용했다. 일본 수군에 화포가 없었다는 것도 오해다. 후술하겠지만, 일본군은 함선의 사정 때문에 화포 사용에 제한이 많았다. 그래서 조총이 활을 대신한 주력 무기로 자리 잡았다. 근접전에서 유용한 무기였던 화통도 센고쿠 시대(전국 시대) 해전에 도입되었다. 하지만 역시 주력 무기는 조총이었다. 조총은 조선군에게 절대 열세이던 원거리 전투의 불균형을 완화해 주는 비밀병기였다.

두 번째는 전선의 대형화다. 장병을 주무기로 하는 조선 수군의 전술은 일본군보다 큰 군함에서 높은 뱃전을 성벽처럼 사용하며 위에서 아래로 내려다보고 공격해야 유리하다. 만약 일본군의 군함이 조선함보다 크고 높다면 장병 전술의 위력이 급격히 줄어들고 만다.

1555년 을묘왜변 때 일본군은 조총과 조선 함선보다 더 큰 배라는 신무기를 모두 동원했다. 다행이라면 조총은 아직 물량이 부족했고, 대형 배역시 마찬가지였다는 점이다.

거북선, 돌진하다

1차 출정

 이순신의 좌수영 함대는 전선(판옥선) 24척, 협선 15척,
포작선 46척으로 구성됐다. 협선은 승선 인원이 5명 정도
인 작은 배다. 협선은 물에 빠진 적을 죽이거나 사로잡고,
기습을 노리는 적의 소형선을 공격하는 등 쓸모가 많았다.
포작선은 어선인데, 전투보다는 보급물자 수송이나 여러
잡무에 사용하는 배였다. 협선이나 포작선은 기본 구조나
형태 면에서 큰 차이가 없었겠지만, 포작선은 더 작고 규격
이 일정하지 않고 선체도 약하고 엉성했을 것이다.《쇄미
록》◆에 따르면, 조선시대 어업은 바다로 나가는 것보다 만
안쪽이나 해안에 어살을 설치하고 그 안에 들어온 물고기
를 건지거나 포획하는 경우가 더 많았다.

직책	직위	성명
중위장	방답첨사	이순신
좌부장	낙안군수	신호
전부장	흥영현감	배흥립
중부장	광양현감	어영담
유군장	발포임시만호	나대용
우부장	보성군수	김득광
후부장	녹도만호	정운
좌척후장	여도권관	김인영
우척후장	사도첨사	김완
한후장	좌수영군관 급제	최대성
참퇴장	좌수영군관 급제	배응록
돌격장	좌수영군관	이언량

전라좌수영 지휘 편제

1592년 5월 4일 해 질 무렵, 이순신 함대는 고성 소비포에 정박했다. 여기서부터는 경상도 해역이었다. 다음 날 새벽에 다시 출항한 함대는 당포에서 정지했다. 원균의 함대와 만나기로 약속한 곳이 당포였다. 원균은 약속을 어기고 다음 날인 5일에야 도착했다.

◆ 선비 오희문이 한양을 떠난 1591년 11월 27일부터 도성으로 돌아온 다음 날인 1601년 2월 27일까지 임진왜란, 정유재란을 피해 떠돌아다니면서 지낸 과정을 기록한 일기.

원균이 먼저 판옥선 1척을 타고 도착했다. 5일과 6일에 각각 판옥선 1척과 판옥선 2척, 협선 2척이 따로따로 도착했는데, 배마다 기효근, 김승룡, 이여념, 이영남, 우치적, 이운룡 등 경상우수영의 장수들이 함께 타고 있었다. 이순신은 기가 막혔다. 1명당 판옥선 수 척씩은 인솔하고 와야 할 만호들이 판옥선 1척에 몇 명씩 옹기종기 앉아서 도착하는 꼴이라니….

경상우수영 함대는 겨우 판옥선 4척. 원균이 미웠지만, 그래도 경상도 장수들은 귀했다. 이억기 함대도 놔두고 온 참이라 단 1척의 지원군이라도 아쉬웠기 때문이 아니었다. 그보다는 경상도의 수로 안내인 때문이었다. 이순신 휘하 어영담이 경상도 수로에 빠삭했어도 혼자서 모든 배를 안내할 수는 없으니, 우수영 장수들과 병사들이 필요했다. 또 우치적, 이영남은 이순신도 총애했던 훌륭한 장수들이었다.

7일, 조선 함대는 동진을 계속했다. 목표는 일본선이 모여 있다는 가덕도였다. 그런데 함대는 육지와 거제도 사이를 통과하는 빠른 길을 놔두고, 거제도 남쪽으로 빙 돌아서 진행했다. 이 경로는 멀기도 하지만, 물살도 세다. 그런데도 이렇게 돌아간 이유는 이미 경상도는 일본군에게 점령당해서 양쪽 육지에서 탐지되거나 협공을 받을 수도 있고, 좁은 수로에 있을 적의 매복을 우려했기 때문인 듯하다.

점심 무렵, 함대는 옥포로 향하고 있었다. 그때 전방에 있던 김인영과 김완의 척후선에서 신기전이 솟았다. 적을 발견했다는 신호였다. 지세로 봐서 적이 옥포만 안쪽에 정박하고 있음이 틀림없었다. 이순신은 즉시 예하 지휘관들에게 지령을 내렸다. "함부로 움직이지 말고 태산처럼 침착하라."

이때 각 배에 어떤 방법으로 신호를 보냈는지는 알 수 없다. 목소리가 들릴 만큼 가까이 붙어서 항해하면서 소리로 전달했을까? 협선을 전령처럼 사용했을까? 우리의 전사 기록은 이런 상세한 부분의 묘사가 너무 소홀해서 안타깝다. 하지만 "태산처럼 침착하라"라는 이 한마디가 중요한 시사점을 던져 준다. 이순신은 옥포만의 중앙을 기준으로 견고한 횡대 대형을 형성하고 진군했다. 현재 한국 최대의 조선소가 있는 옥포만은 직사각형 형태로 안쪽으로 깊숙이 들어가는 만이다. 물론 현재의 지형은 간척으로 엄청나게 왜곡되었다.

2022년, 옥포 수변공원에서 시행한 시민 축제에 연사로 초빙받아서 간 적이 있다. 공원 난간을 붙잡고 옥포해전의 전황을 열심히 그려 보았는데, 사실 그 자리는 예전에는 바

현재의 옥포만

옥포대첩 기념탑

다였다. 과거 옥포만의 절반 정도가 지금은 육지가 되어 있다. 당시의 포구와 마을은 공원 자리보다 훨씬 더 안쪽인 산 기슭 아래에 자리 잡고 있었다. 즉, 조선 함대가 진행해야 하는 거리가 지금 시야에 보이는 바다보다 훨씬 길었다.

포구에는 일본선 50여 척이 닻을 내리고 있었고, 마을에는 연기가 자욱했다. 이들은 기장현을 공격한 뒤 부산에서 휴식을 취하다가 약탈을 위해 출항한 부대였다.◆ 일본군은 부산진 상륙 후 초고속으로 서울을 향해 진격했기에 약탈하지 않은 고을이 사방에 남아 있었다. 약탈로 한몫 잡기에는 배를 몰고 다니는 수군만큼 유리한 병종이 없다. 이들은 김해부에 상륙해 마음껏 약탈하고 5~6일 쉬었다가 7일 새벽에 율포에서 출항해서 옥포에 상륙했다. 옥포에서도 정찰선 하나 띄우지 않고 아침에 상륙해서 오전에 마을을 약탈하며 즐기고 있을 때, 조선군이 나타났다. 절묘한 타이밍이었다.

일본군은 갑자기 나타난 조선 함대를 보고 혼비백산했다. 중앙에는 기함인 듯한 큰 배가 있었는데, 선체 사면으로

◆ 이순신이 옥포해전 중에 일본선에서 구출한 14세의 부산 소녀 윤백련의 증언에 기초했다.(《이충무공전서》 권2, 1~237쪽)

색채와 그림으로 화려한 장막을 두르고 있었다. 깃발도 무수히 꽂혀 있었는데, 모두가 비단으로 만든 깃발이었다. 일본군 함대의 지휘관은 도요토미의 총애를 받는 '2만 석의 다이묘', 도도 다카토라(藤堂高虎)였다.

화려한 기함과 대선이 10척 이상 있기는 했지만 나머지 일본선은 판옥선보다 작은 배였다. 구축함과 어뢰정의 대결이었다. 그런데 크기보다 중요한 사실은 일본군 함대가 전투준비가 전혀 안 돼 있었다는 것이다.

적 함선이 비어 있다. 이럴 때 '표범처럼' 빠르게 달려들어 빈 배를 사냥해야 할까? 아니면 '태산처럼' 위풍당당하게 대형을 펼쳐 접근하면서 적을 위압하는 것이 좋을까? 이순신의 선택은 '태산'이었다. 맹장, 용장이라면 '표범'을 선택했어야 하지 않을까? 이순신은 왜 '태산'을 택했을까?

장병술로 싸우는 조선군에겐 대형과 협력이 중요하다. 단병 전투라고 대형과 협력이 중요하지 않다는 건 아니지만, 조선의 팀플레이는 단위와 규모가 크다. 조선함은 일본선보다 느려서 기습의 속도가 떨어진다. 표범처럼 돌진해서 기세를 올려도, 난전이 되면 조선군의 희생도 커진다. 반면에 조선군이 위풍당당하게 전진하며 압박하면 일본선 중에는 병사들이 다 돌아오기를 기다리지 않고 먼저 달아나려 들거나 다른 배에 오르는 자들도 생길 것이다. 일본군 함대는 분열하고 흩어질 테고, 적정 인원을 채우지 못한 배들은 전투력이 뚝 떨어질 것이다.

이런 일이 실제로 발생했다. 뭍으로 나간 일본군이 배로다 복귀하지도 못했는데, 6척의 함선이 탈출을 시도했다. 이들은 조선 함대가 중앙으로 밀고 들어오는 것을 보고, 해안가에 바짝 붙어서 전속력으로 노를 저었다.

일본선에서는 결단을 내려야 했다. 모두 노에 달려들어 속도에 생명을 걸 것인가? 아니면 돌파 전투를 대비해 전투병의 체력을 보존할 것인가? 그들의 고민을 조선군이 해결해 주었다. 조선 병선이 길을 막고, 좌우에서 공격해 들어왔던 것이다. 일본군은 기를 쓰고 총과 활을 쏘며 조선군의 접근을 막았다. 평소라면 어떻게든 접근했겠지만, 지금은 탈출로를 열어야 했다. 좁은 공간으로 빠져나가기 위해 배에 실은 물건은 닥치는 대로 버렸다. 그러나 퇴로가 열리지 않았고, 조선군의 사격과 포격은 더 맹렬했다. 던질 물건도 남지 않자 생존자들은 바다로 뛰어들었다. 이들을 해치우면서 병사들의 사기와 자신감이 급상승했다.

바다에서 첫 실전이었지만, 전황을 이해하고 적의 대응을 예상해서 한 수 앞을 내다보는 전술로 전투를 주도하는 능력 면에서 이순신은 경지에 오른 능력을 보여 주었다. 전투를 아는 사람은 이를 알고 감격했다. "우리 좌수사는 수준이 다르다!"

측면에서 교전이 벌어지는 상황에서도 나머지 함대는 동요하지 않고 질서 있게 접근했다. 장수들은 각자 적선을 노

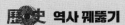

역사 꿰뚫기

옥포전투, 승리의 비결

옥포전투의 진행 상황을 보면 이순신은 실전경험이 많지 않은데도 전장의 생리와 병사들의 전투심리에 통달해 있었다. 이것이 이순신을 세기의 명장으로 만든 진정한 비결이다. 탈주하던 일본선이 격멸당하는 광경을 목격하자 일본군은 갈등에 빠졌다. 배로 달려가 배를 사수할 것인가? 해전을 포기하고 육지로 달아나야 할까? 지휘관이 병사들을 통제할 상황도 아니었고 병사들은 두 무리로 나뉘었다.

일본군이 정박 상태에서 기습을 당한 상황이라 조선군이 쉽게 승리했을지 모른다. 아무리 강훈으로 단련된 병사도 첫 전투에서는 반쯤 공황 상태에 빠진다. 승리하고 생환한 병사는 기뻐하지만, 전투에서 정확히 어떤 일이 있었는지는 하나도 기억을 못 하는 경우가 허다하다.

그래도 첫 전투에서 생존한 병사는 다음 전투에서 생존확률이 10배는 상승한다. 아무리 공황상태라도 급격한 흥분상태에서 이성을 잃고 싸워서는 안 된다. 전투 중에도 병사는 보고 듣고 생각할 수 있어야 한다. 그래야만 최강의 군대가 될 자격이 있다.

리고 공격해 들어갔다. 총통과 화살, 편전을 우박처럼 퍼부었다. 일본군은 대부분 저항할 엄두도 못 내다가 사상자가 많아지자, 물로 뛰어들거나 배에서 내려 산으로 도망쳤다. 조선군이 배를 점거하고 수색한 뒤에 불태웠다.

이순신의 부하 장수들은 빠짐없이 전과를 올렸다. 흥양현감 배홍립과 군관 나대용은 일본 대선 2척씩을 격파했다. 제일 용맹하다는 정운이 의외로 대선을 놓치고 중선 2척만 잡았는데, 수군 대형 뒤쪽에 위치하는 후위장을 맡았던 탓인 듯하다. 이 전투 후에 정운은 분명 다음에는 선봉에 세워 달라고 목소리를 높였을 것이다.

이날 조선군은 일본선 26척을 제압하고 파괴했다. 이 중 5척은 원균 부대의 전과였다. 5척이 대선인지 소선인지는 알려지지 않았지만, 겨우 판옥선 3척뿐인 경상우도 함대의 전과로서는 봐줄 만한 것이었다.

옥포전투는 1~2시간 내로 끝났던 것 같다. 다들 흥분과 기쁨이 뒤범벅되어 있는데, 옥포의 일본선을 탐지했던 우척후장 사도첨사 김완과 좌척후장 여도권관 김인영이 또다시 왜의 대선 5척을 발견했다. "이기는 병사는 지치지 않는다." 조선 함대는 바로 추격을 개시했다. 보통 이런 경우 조선배가 따라잡는 경우가 드문데, 이날은 조류를 제대로 탔는지 지금의 진해 앞바다에서 대선을 붙잡았다. 진해의 웅천은 일본에 개항해 준 3포 중의 하나이고, 임진왜란 중에는 일본군의 가장 크고 중요한 사령부였던 웅천왜성을 지었던 곳이다. 이 배는 웅천포구까지만 들어갔으면 살 수 있다고 생각했을 텐데, 탈출 성공 직전에 조선군이 공격을 퍼부었다.

김완, 방답첨사 이순신, 광양현감 어영담, 그리고 이순신의 군관이며 외사촌이던 변존서와 군관 송희립, 김효성 등이 함께 대선 1척씩을 잡아 모두 4척의 대선과 소선 1척을 파괴했다.

5월 8일, 거제도 북단을 돌아 여수 쪽으로 항로를 잡은 함대는 고성의 적진포에서 대선과 중선 13척이 고성의 적진포 해안에 정박해 있는 것을 발견했다. 이번에도 일본군은 약탈에 정신이 팔려 조선 함대의 존재를 알아차리지 못했다. 더욱이 조선군이 동쪽에서 오리라고는 생각도 못 했던 것 같다.◆

◆ 보통 누선은 일본의 아타케부네(安宅船, 안택선), 대선·중선은 세키부네(官船, 관선), 소선은 고바야부네(小早船, 소조선)를 의미한다. 다만 아타케부네도 대선이라고 기록하는 경우가 있고 세키부네의 크기도 제각각이었다. 이 책에서는 조선 측 기록에 따라 누선, 대선, 중선, 소선으로 적었다.

일본군은 전날 적진포에 도착해서 약탈하고, 밤에는 소를 잡아 잔치까지 벌였던 참이었다. 이날은 새로운 약탈지를 찾아 병력 절반이 하선해서 고성 쪽 내륙으로 진출한 상태였다.

앞에서 조선군은 전시에도 붓이 더 바쁘다고 부정적으로 말했지만, 그것이 조선군의 중요한 장점이기도 했다. 모든 부서가 수직·수평적으로 즉각 정보를 공유하도록 강제해, 이 사례의 일본군처럼 소통의 부재가 발생하지 않았다. 군에서 행정은 늘 쓸데없는 문서 놀음이라고 비난받지만, 이런 결정적인 역할도 했다.

조선군이 본 육지의 일본군은 고성으로 간 병력이 아니라 배를 지키려고 남아 있던 절반일 가능성이 큰데, 일부가 하선해서 쉬고 있었던 듯하다. 함선 수가 절반도 되지 않고 전투준비조차 되어 있지 않던 일본군은 배를 포기하고 산으로 올라갔다. 일부는 저항했지만, 조선군은 손쉽게 일본선을 공략했다. 첨사 이순신, 김완, 낙안군수 신호 등이 대선을 1척씩 잡았다. 전날 중선 2척만 잡았던 정운도 드디어 대선을 잡아 첫날의 한을 풀었다.

조선군은 3번의 전투를 치르면서 마주친 일본 함대를 모두 격파했고 단 1척의 전선도 잃지 않았다. 피해라고는 병사 1명이 왼쪽 팔에 화살을 맞은 게 전부였다. 부상병 2명이 더 있었는데, 이들은 좌우영 함대가 나포한 일본선을 뺏으려고 원균이 아군에게 발사한 화살에 맞은 것이었다.

진정한 대승리였다. 일본군의 머리는 단 2급만을 얻었는데, 이는 모든 장병이 전과를 올리기보다는 승리에 몰입한 탓이었다. 약탈선을 다시 나포했으니 노획물도 엄청났다. 곡식만 300섬이었고, 각종 무기에 김해부의 관리 명부와 군대 편성 장부까지 있었다. 병사들의 불안감은 순식간에 오만에 가까운 자신감으로 바뀌었다.

반면 일본군은 조선군이 경상도로 쳐들어오리라고는 꿈에도 생각지 못했다. 일본군이 정찰을 소홀했음은 물론이고, 이순신이 거제 남쪽으로 우회한 것도 신의 한 수였다. 덕분에 일본군 3개 함대 중 2개 함대가 해안에 정박한 상태에서 속수무책으로 당했다. 조선 수군에게 첫 전투로서 이보다 훌륭한 실전경험은 없었다.

첫 출진에서 모든 장병이 눈부신 활약을 보였지만, 게으르고 전투준비 엉망에 명령 불복종까지 자행했던 김완의 활약은 발군이었다. 누구보다도 정열적이고 용감하게 움직이며 2번이나 적을 먼저 탐지해 냈고, 전투가 벌어질 때마다 사자처럼 달려들어 3번의 전투에서 모두 적의 대선을 잡았다. 김완은 전쟁영화에서 흔히 등장하는 전형적인 실전형 지휘관으로 보인다. 특수부대 전사에 군기를 무시하고, 서류와 행정이라면 질색하고, 검열이나 평가에서는 늘 하등인 그런 부류 말이다. 명령 불복종에 허위 보고 사건이 있은 지 한 달도 안 돼 임진왜란이 발발했기에 망정이지, 일본군이 몇 달 늦게 침공했으면 이순신은 김완을 쫓아냈을지도 모른다. 자존심이 강한 이순신은 단 한 번도 자신이 김완을 잘못 보았다거나 김완의 특별함을 칭찬하는 글을 남기진 않았지만, 김완을 대하는 태도는 확실히 변했다.

도망칠지도 모른다고 걱정했던 낙안군수 신호는 옥포해전 때 적의 기함인 사령선으로 달려들어 왜장의 칼과 갑옷, 의복 등을 노획했다. 이 부대의 사령관은 도도 다카토라와 호리우치 우지요시(堀內氏善)였는데, 아마 둘 중 하나의 물건이었을 것이다.

신호는 합포해전 때는 전과를 올리지 못했지만 8일의 적진포전투에서는 다시 대선을 잡았다. 이날 신호와 낙안 부대는 맹활약해서 휘하의 장병들이 대선 1척을 또 잡았다. 이순신은 다시는 신호를 걱정하지 않았다. 사람의 재능을 알아보는 것이 이렇게 어렵다.

총집결

이순신이 첫 출전에서 귀환한 후에도 이억기의 함대는 소식이 없었다. 이순신은 전갈을 보내 6월 3일까지는 전라 좌수영까지 꼭 와 달라고 했다. 그런데 5월 27일 원균으로 부터 일본군 함대가 사천 곤양까지 밀어닥쳐 노량으로 후퇴한다는 급보가 왔다. 이순신 함대가 등장하자, 일본 수군도 전투태세를 갖추고 조선 함대를 찾아 출진한 것이 틀림 없었다. 이순신은 이억기에게 기다리지 못해 미안하다는 공문을 보내고 서둘러 경상도로 출격했다. 지난번과는 사뭇 다른 자세였다. 지난번은 조선군이 주도권을 잡고 전투 준비가 안 된 일본군을 일방적으로 공격했지만, 이번에는 사정이 다르다. 일본군 함대가 싸우려고 다가오고 있다. 그렇다면 유리한 위치와 수역을 먼저 점거해야 한다. 또 후속 부대가 계속 집결하기 전에 적 함대를 각개격파해야 한다. 이순신이 과감한 지휘관이냐, 신중한 지휘관이냐는 질문은 우문이다. 상황에 맞는 적절한 태도가 명장의 조건이다.

5월 29일, 2차 출진 때 병력은 판옥선 29척이었다. 그사이에 5척이 늘었다. 부속한 소형선들도 있었겠지만 기록에는 없다. 현재의 남해대교 일대인 노량에서 원균의 3척이 합류해서 전선은 총 32척이 되었다.

이번 출전에서 우척후장은 전처럼 김완이 맡았다. 좌척후장은 녹도만호 정운이었다. 예상대로 정운이 "후위는 더 이상 못한다. 앞으로 보내 달라"라고 난리를 부렸음에 틀림 없다. 그러고 보니 이상하다. 첫 출전에서 이순신은 왜 제일 믿는 장수인 정운에게 후위를 맡겼을까? 첫 출전이었으니, 아군의 능력도 적의 능력도 모른다. 전쟁에서는 돌발 상황이 발생할 수 있다. 행여나 아군이 배후나 측면에서 습격당하거나 후퇴해야 할 상황이 발생한다면 후위장이 수습해 주어야 한다. 도망병, 이탈병이 발생할 가능성도 염두에 두었던 것 같다. 하지만 가장 중요한 이유는 후위에 강한 예비대를 두기 위해서였다. 후위부대는 뒷수습이나 하는 부대가 아니라 실상은 예비대다. 조지 S. 패튼은 "예비대는 반드시 가장 강력한 부대로 편성해야 한다"라고 강조했다. 승리하든 후퇴하든 전투의 가장 중요한 순간, 결정적인 순간에 그 지점에 있어야 하는 부대가 예비대인 것이다. 정운이 이런 전술의 원리를 몰랐을 리는 없지만 "가장 중요한 자리는 나보다 젊고 유능한 장수에게 맡겨 달라. 내가 나이가 많으니 젊은 장수를 대신해서 최전방에 나가서 싸우다가 죽겠다"라며 우겼을 것이다.

정운이 척후가 되어 전방으로 나가자, 전위는 이순신, 중위는 권준에게 맡겼다. 다들 싫어하는 보직이지만, 그럼에도 믿을 만한 장수가 맡아야 하는 후위에는 배홍립을 보냈다. 양 측면 날개로 포진하는 별도장은 이몽구와 정운에게 좌척후장을 뺏긴 여도권관 김인영이 맡았다.

사천으로 가는 중에 진주 곤양에서 나온 일본선 1척을 발견했다. 전위의 이순신과 경상도 남해현령 기효근이 추격했는데, 이순신의 표현을 빌리면 "일본선의 속도는 아군 배와 비교하면 나는 듯이 빨랐다." 그 배는 사천포구로 도주하더니, 포구에 도착하자 모두 하선해서 달아났다. 나포에는 실패했지만 그 일본선이 길잡이가 되어 주었다. 원균이 말한 함대가 사천에 정박 중이었다.

이번에도 일본군은 배를 정박시키고 육지에 내려와 있었지만, 옥포나 적진포 때와는 상황이 달랐다. 곤양의 일본선이 사천으로 들어오면서 경보를 발령했던 모양이다. 그 이전에 이들은 약탈부대가 아니어서 전투에 대비하고 있었다. 사천도 지금은 지형이 많이 변했는데, 조선시대에는 포구로 들어가는 진입로가 좁고 깊었다. 입구 양쪽으로 산이 7~8리나 뻗어 있어서 포구로 진입하는 선박을 공격하기 유리했다. 일본군은 포구를 감제(瞰制, 높은 지점에서 관측하거나 사격하여 적을 통제하는 것)할 수 있는 고지에 진을 치고 대기 중이었다. 육안으로 보기에 병력이 400여 명은 되어 보였다.

조선군은 과감하게 강행 진입을 시도했다. 언제나처럼 1차적 목표는 적의 전선이었다. 산 위의 진지에서 일본군의 총알과 화살이 쏟아졌다. 조선군은 대응 사격으로 적의 화력을 제압하면서 포구로 진입하려고 했다. 그러나 진입로는 좁고 적은 높은 곳에 있어서 대응 사격이 쉽지 않았다. 조총과 일본 활이 사거리가 짧다고 하지만, 사거리 200m가 넘는 대구경 소총도 있고 총구를 내려서 쏠 땐 사거리가 문제가 아니라서 조선군은 적군 화력을 제압하는 데 실패했다.

적의 사격이 거센 데다가 썰물 때라 수위가 낮아져 판옥선이 해안으로 접근할 수가 없었다. 이순신은 적을 바다로 끌어내서 싸우기로 하고 배를 돌려 후퇴했다. 일본군은 환호성을 올리며 절반 정도인 200여 명이 진에서 나왔다. 그러나 조선군의 유인작전에 걸려들지 않았다. 진을 나온 200여 명은 절반 정도는 승선해서 사격 준비를 하고, 나머지는 산을 좀 더 내려와 조선 함대와 거리를 좁혔다.

날은 저물어 가는데 진퇴양난이었다. 이대로 전투가 끝나면 조선 수군의 첫 패전으로 기록될 것이다. 아군의 사기가 떨어지는 것이 문제가 아니라 적의 사기가 올라가는 것이 더 큰 문제였다. 적도 지난 패전 이후 조선군의 전술을 연구하고 대응 전술을 마련한 것이 틀림없다. 그들은 대응 전술이 성공적이었다고 자평하고, 자신감을 가지고 더 적극적으로 나올 것이다.

이때 조수가 썰물에서 밀물로 바뀌었다. 이순신은 옥포 해전 때는 사용하지 못했던 비장의 무기인 거북선을 투입했다. '조선 함 중에선 최강의 방탄력을 가진 거북선을 투입해서 적의 사격을 거북선으로 유도한다. 거북선을 포함해서 다른 판옥선들이 다시 제압사격을 한다.' 처음 교전 때 거북선을 투입하지 않은 이유는 역시 조수 때문이었을 것이다.

교전 초반에 자신감을 얻은 일본군이 진지에서 나와 배와 언덕 아래에 포진한 것도 큰 도움이 되었다. 제압하기 힘든 산에서 쏘는 화력이 절반으로 줄었다. 배와 언덕 아래의 적은 사격하기도 쉽다. 거북선이 미끼였지만 특이하고 강인해 보이는 모습에 놀란 적군은 예상대로 거북선에 더 집중해서 사격을 퍼부었다.

그래도 쉽지 않은 전투였다. 진지 밖으로 나온 덕에 일본군의 공세도 더 강력해졌다. 총알이 비처럼 쏟아지며, 거북선과 판옥선의 외판을 난타했다. 일부는 장갑을 뚫고 들어왔다. 탄환이 이순신의 왼쪽 어깨를 맞히고 등을 뚫고 나갔다. 나대용도 총에 맞았고, 이설은 화살에 맞았다. 처음 겪는 격전이었지만, 조선군은 굴하지 않았다. 공격 목표는 해안의 일본선이었다. 판옥선이 접근해 함선의 수비대를 몰아냈다. 언덕 아래 포진했던 적들도 언덕 위로 후퇴했다. 마침내 조선의 병선이 해변에 도달했다. 정박해 있는 대선 전부를 파괴했다.

사천해전은 거북선이 참전한 첫 전투였을 뿐 아니라, 강대 강으로 맞붙은 첫 진짜 전투였다. 일본군의 공격은 1차 출정 때에 비할 바가 아니었다. 조선군은 고전했지만 장수들이 앞장서서 분전하면서 총알을 뚫고 전진했다.

날이 어두웠기에 조선 함대는 철수했다. 일본배는 대부분 태웠지만 작은 배 몇 척은 일부러 남겨 두었다. 일본군 패잔병이 타고 도주하면 바다에서 공격하려는 미끼였다. 그날 저녁, 원균이 이 미끼를 자신에게 넘기라고 요청했다. 밤에 바다를 수색해 빠져 죽은 일본군의 수급을 건지고, 탈주하는 일본군도 잡겠다고 했다. 이순신은 원균의 체면을 생각해 거절할 수 없었다. 원균은 머리 3개만 얻었을 뿐, 일본군은 미끼를 물지 않고 육지로 도주했다. 원균은 소형선을 태워 버리고 돌아왔다.

조선과 일본의 전선

거북선 VS 일본선

조선의 배

조선은 건국 후에 육군과 수군을 이원화하고, 수군을 정규군으로 편성했다. 그렇다면 전선도 전면전에 맞게 개조해야 했다.

초기의 주력함은 맹선이었다. 맹선은 크기의 차이가 있었을 뿐 모양이나 구조는 비슷했다. 대선은 수군 80명, 중선은 60명, 소선은 30명이 정원이었다. 맹선 외에도 속도와 기동을 중시하는 비거도선이란 소형선이 있었지만 주력은 맹선이었다. 발견된 그림이나 실제 선박이 없어서 서해나 남해에서 침몰한 배가 발견되기 전에는 모양, 크기, 노의 개수 등 기본적인 제원조차 알 수 없다.

다만 기록을 통해 2가지 특징은 알 수 있다.◇ 첫째는 바닥이 평평한 평저선이라는 것이다. 현대의 배처럼 바닥이 뾰족한 형태를 첨저선이라고 한다. 평저선은 이후 판옥선, 거북선에까지 일관된 조선 선박의 특징이다. 목재로 첨저선을 만들려면 두 개의 판자를 선체 중앙에서 결합해야 한다. 하중을 받으면 이 접합 부분이 갈라진다. 평저선은 굳이 목재를 중간에서 접합하지 않아도 된다. 양측의 선체 프레임과 결합하므로 첨저선보다 많은 짐을 실을 수 있다.

조선에서 배로 수송하는 가장 중요한 화물은 곡식이었다. 특히 쌀의 비중이 높았다. 조선 조정은 전국의 조세를 곡물로 거둬서 강과 해로로 수송했다. 맹선은 군함이지만 늘 전쟁이 일어나는 것은 아니다. 게다가 목선은 수명이 짧고 물에 오래 닿으면 썩거나 물러지기 때문에, 사용하지 않을 때는 육지로 끌어 올려서 건조해야 한다. 조선은 군함의 활용도를 높이기 위해 가을이 되면 조세를 나르는 조운선으로 운용했다. 조운선을 움직이는 병사도 결국은 군역 대상자를 징발해서 써야 하니 일석이조였다. 쌀은 다른 곡물, 특히 밀과 비교하면 엄청나게 무거운 곡물이다. 조선배는 크기에 비해 곡물 적재량이 탁월했다. 조선 후기에는 적재

◆ 이하 조선의 맹선과 판옥선에 대해서는 다음 저서를 참조했다. 김재근, 《한국의 배》, 서울대학교 출판부, 1994. 김성준, 《한국항해선박사》, 혜안, 2021.

량 800~1,000석을 자랑하는, 믿기 어려운 배도 등장했다.

곡식을 수송하려면 바다뿐 아니라 강을 항해해야 한다. 서울만 해도 마포나루와 용산강이 중요한 하역장이었다. 수심이 깊은 강이라도 계속 모래톱이 쌓이고 곡물을 하역하려면 육지에 가깝게 배를 대야 하는데, 평저선은 바다와 강을 넘나들기에 편리했다.

대신에 속도가 느리고, 조류와 파도가 강할 때는 첨저선에 비해 운항도 힘들고 안정성도 떨어진다. 또 조류가 세고 너울이 크고 깊은 외양에서는 항해하기 힘들다. 그래도 전투선이라면 속도가 중요한데 왜 첨저선을 개발하지 않았을까? 일단은 조운선을 겸용하다 보니 적재량이란 장점을 포기하기 힘들었을 것이다. 게다가 첨저선은 제작이 어렵고 제작비용이 많이 든다. 특히 평저선은 나무못으로도 충분한데, 첨저선은 쇠못을 사용해야 한다.

시도가 없었던 건 아니다. 1434년(세종 16), 오키나와에서 온 기술자를 고용해서 첨저선을 제작해 본 적이 있다. 쇠못이 들어간 수량을 기록해 놓은 것을 보면 쇠못 사용량에 충격을 받은 듯하다.◆

◆ 《세종실록》 65권, 9월 23일.

고비용을 상쇄하는 방법은 해외무역이다. 그러나 조선은 국가정책으로 해외무역을 금지했다. 그러니 수익은 마땅찮은데 제작비는 비싼 첨저선은 유용하지 않았다. 그렇다고 해도 평저선이 해전에서 쓸모가 없거나 치명적으로 불리하다면 첨저선을 개발했겠지만, 평저선에도 상당한 장점이 있었다.

일단 조선 수군의 주전투법은 백병전이 아닌 사격이다. 사격전은 적을 내려보아야 하고, 높은 방벽을 요구한다. 작고 빠른 배보다는 적보다 갑판이 높고 큰 배가 적당하다. 바람과 노의 힘으로 가는 무동력선이 높고 크면 기동력 떨어지는 건 당연하다.

전략적 목표도 침공이 아니라 해역 방어다. 방어가 목적이라고 해서 공격을 하지 않는 건 아니지만, 원양에 나갈 이유도, 원양에서 싸울 이유도 없다. 주전장이 될 바다는 비교적 잔잔한 내해였다. 특히 거제도 서쪽 바다는 다도해로, 파도는 잔잔하고 좁은 수로가 많다. 기동력으로 적을 교란하기보다는 자리를 선점하고 대형으로 방어하는 편이 유리하다.

평저선의 결정적인 장점이 화포다. 화포는 반동을 일으키는데, 첨저선인 일본 전선들은 반동을 이기지 못하고 전복된다. 흔히 잘못 알고 있는 것처럼 일본이 조총만 사용하고 화포는 몰랐던 것이 아니다. 일본배의 특성상 화포를, 그것도 다량으로 장착하기 힘들었을 뿐이다. 그래서 소형 화포를 소수만 장착하거나, 심지어는 반동을 줄이기 위해 작은 화포를 매달아서 사용하기도 했다. 조선 전선은 평저선이라 반동을 받아도 미끄러지기만 하고 쉽게 전복되지 않는다. 게다가 폭도 넓어서 다량의 화포를 측면에 장착할 수 있다. 이것이 해전에서 압도적인 화력 차이를 만들었던 결정적인 요인이다.

맹선의 두 번째 특징은 상갑판이 노출되어 있었다는 것이다. 맹선은 격군과 사수의 공간이 상하로 나뉘어 있지 않았다. 사수들은 뱃전에 방패를 세우고 격군들 옆에서 싸웠다. 그런데 16세기가 되면 일본군이 전선의 크기를 키워 조선배를 내려다보고 싸우는 상황이 벌어졌다. 여기에 조총까지 사용하자 승조원을 보호하기 위해 상갑판에도 지붕을 씌우는데 이것이 판옥선이다.

판옥선은 조선의 주력 전선이자 대형선이었다. 18세기 말에 간행된 《각선도본》에 의하면, 길이는 약 20m 내외, 노는 좌우에 각각 8자루씩 총 16자루, 탑승 인원은 160명 정도로 추정된다.◇ 판옥선의 노는 크고 무거워서 하나당 격군 4~5명을 배치했다.

판옥선은 전형적인 선체 하부에 사각형의 나무상자를 얹었다고 생각하면 된다. 이 상자 같은 판옥 안에는 격군이 타고, 상자 위, 즉 갑판에는 화포를 설치하고 전투원인 사수와 포수가 위치한다. 판옥선의 목적은 격군을 보호하는 것도 있지만, 갑판을 높여서 높은 곳에 사수가 위치하게 하려는 의도도 있었다.

단점은 필요 병력이었다. 격군의 수를 정확히 알 수는 없지만 격군과 사수를 합해 약 140명 이상이 탑승했다. 임진왜란 중에 사수와 격군에게는 급료를 지급했지만 이순신은 만성적인 병력 부족에 시달렸다.

거북선은 이 판옥선의 방탄력과 방어력을 극대화한 전선이다. 임진왜란 당시 거북선은 한쪽에 6개의 총구가 있었다. 후기에는 선체가 커져서 총구가 8개로 늘었다. 현재 남아 있는 거북선 도면은 후기의 것으로 총구가 8개이고, 총구 하나당 노 하나로 8축이다. 이를 역산하면 임진왜란 당시의 거북선도 노가 6축일 것이다.

판옥선을 토대로 했지만, 임진왜란 시기의 거북선은 판

◇　김정준, 《한국항해선박사》, 혜안, 67~68쪽.

옥선을 약간 축소한 형태였다. 적의 포화를 맞으며 선두에서 돌진하는 역할이라 작고 날렵한 형태가 적당했을 것이다. 그러나 장갑을 강화하다 보니 무거워져서 격군과 사수가 대형 판옥선과 맞먹는 최소 125명 이상이 필요했다.◇

거북선에 관한 치열한 논쟁이 2가지 있다. 말도 안 되는 '잠수함설'까지 하면 3가지다. 1960~1970년대에는 잠수함설이 굉장히 인기였다. 필자도 중학생 시절에 교실에서 친구들이 논쟁을 벌이던 기억이 난다. 잠수함설은 추억으로 묻고, 남은 2가지는 '철갑선설'과 내부구조, 즉 '2층, 3층설'

歷●史 역사 다시 보기

거북선은 이순신의 창작품이다?

거북선은 이순신의 창작품이 아니다. 거북선은 조선 초에 이미 만들어졌다. 14세기에 진행된 왜구와의 전투에서 조선군의 오래된 과제는 왜구의 선내 진입을 차단하는 것이었다. 그때 처음으로 거북선을 만들어 태종이 보는 앞에서 임진강에서 모의 전투까지 했다. 거북선의 크기나 모습은 알려지지 않았는데, '거북선(귀선)'이란 명칭을 보면 왜구의 등선백병전을 저지하기 위해 거북이 등과 유사한 장갑을 씌운 것이 분명하다.

◇ 병력과 배의 제원은 실록에서 발췌했다.

에 관한 논쟁이다.

철갑선설에는 수식어가 하나 붙는데 '세계 최초의 철갑선'이란 타이틀이다. 이는 거북선 충격 전술의 근거가 되었다. 일단 철갑선이라고 해도 정말 세계 최초인지는 명확하지 않다. 세계 최초의 철갑선이 선박사(船泊史)에서 그렇게 큰 의미가 있을지도 의문이다.

선박사에서 획기적인 변화라면 증기기관과 철선의 등장이다. 철선과 철갑선은 의미가 다르다. 선박 전문가가 철갑선도 선박사에서 큰 의미가 있다고 한다면, 필자는 비전문가이니 할 말이 없다. 그러나 '세계 최초'라는 타이틀에 우리가 너무 오랫동안 매몰되어 있었던 것은 사실이다.

거북선에 철갑이 없던 것은 아니다. 총구에는 여닫는 문이 있는데 이 문의 겉면에 철판을 붙였다. 판옥선이든 거북선이든 방탄력을 보강하기 위해 참나무 방패를 덧대는데, 이 방패에 철판을 대기도 했다. 그렇다면 '거북선의 등인 상판 장갑에도 철판을 붙이지 않았을까?'라고 생각할 수는 있다. 상판 목재에 철판을 댄 것도 철갑선이라고 한다면 할 말은 없다.

기록에는 상판 장갑이 판자라고 명확히 적혀 있다. 그런데 갑판 전체를 철판 혹은 철판을 붙인 판자로 덮었다면 분명하게 언급이 있었을 것이다. 《난중일기》에는 거북선에 사용할 돛을 마련했단 기록도 있다. 그만큼 이순신도 거북선에 대한 기대와 애착이 컸다고 보인다. 철은 돛보다 비싸고 중요한 자재였다. 방어시설에 사용할 쇠사슬용 철을 조달한 것에 관련된 기록도 있다. 그런데 거북선에 사용한 철에 대한 언급이 전혀 없었다.

또 일본군이 뛰어드는 것을 방지하기 위해 거북선 등에 창과 못을 박았다고 했는데, 철판을 덮었다면 철판에 구멍을 내는 복잡한 공정이 필요하다. 현대의 기술이라면 아주 쉽겠지만, 당시에는 쉽지 않았다. 다만 특별한 전투를 앞두고, 판자의 방탄력을 보충하기 위해 특별히 판자 위에 철판을 덧대는 작업을 하거나 후대에 그런 작업을 추가했을 수는 있다. 그러나 판자를 대신해서 철판을 사용한 철갑선은 분명히 아니었다.

2층, 3층설은 거북선의 내부를 어떻게 구성하고, 격군, 사수, 포수를 어떻게 배치하느냐 하는 문제다. 사실 이는 판옥선에도 해당하는데, 판옥선이 2층이라고 할 때 아래층에 격군을, 상층에 사수를 배치했을 것이라고 생각하기 쉽다. 그런데 수면 아래로 내려가는 선창에서는 노를 저을 수 없다. 판옥선이나 거북선의 그림을 봐도 노가 수면 위의 높은 위치에 있다. 그렇다면 하갑판은 창고나 선실이고 격군과 사수가 함께 상갑판에 위치해야 한다. 여기에 화포까지 더해지면 대혼잡이 발생한다.

판옥선의 2층 갑판 위는 평평하다. 여기에 선실도 세웠다. 전투 때는 이곳에 방패를 설치하고 사수도 배치했을 것이다. 그런데 화포까지 여기에 배치했을까? 1층에는 격군만 배치하고 2층 열린 공간에 전투병을 배치한다면 구분은 확실한데, 화포가 너무 높은 공간에 위치한다.

이런 고민의 흔적이 실제 거북선에 재현됐다. 오픈된 판옥선의 2층 갑판 위에 다시 갑판을 씌우거나 갑판을 거북

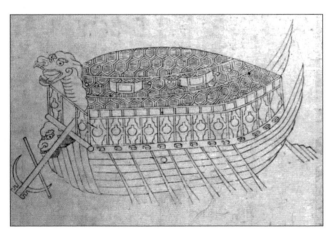

《이충무공행록》의 전라좌수영 거북선

110

등 형태로 개량하고, 창과 못을 박아 일본군이 뛰어들지 못하게 한 것이다. 중앙에는 십자로 길을 냈다. 창과 못 위에 짚과 돗자리를 덮어 일본군이 뛰어들다가 찔려 죽었다고 하는데, 믿기는 어려운 이야기다.

거북선은 대형 판옥선보다는 조금 작지만 무게 때문에 사수와 격군이 최소 125명 이상 필요했다. 그러면 선체 안이 더 비좁아진다. 그러다 보니 격군과 포수를 완전히 구분하기 위해 내부가 3층이었을 것이라는 견해가 대두된 건데, 3층설의 약점은 비좁지는 않지만 한 층의 높이가 너무 낮아져 불편하다는 것이다. 그렇다고 충간 높이를 키우면 전체 선고가 너무 높아 전복될 위험이 커진다.

2층설과 3층설은 당대의 논쟁이 아니고 후대 학자들의 논쟁이다. 2층이든 3층이든 거북선은 성공적으로 운용되었다. 우리가 확실히 알 수 있는 진실은 '무적의 거북선'을 위해 거북선 승무원들은 마치 유보트 승무원들처럼 그 어떤 배보다 힘든 고통을 겪어야 했다는 사실이다.

일본의 배
일본의 전선은 아타케부네, 세키부네, 고바야부네의 3종으로 구분한다. 가장 보편적인 전투함은 세키부네다. 첨저선인 세키부네는 현대인에게 가장 익숙한 배 모양이다. 전면부가 뾰쪽하고, 선체는 폭이 좁고 첨저선인 동시에, 측면에서 보면 선수에서 선미 사이가 살짝 휘어져 들려 있어서 날렵하다. 크기는 다양해서, 길이가 10~20m 사이였을 것으로 보인다. 노의 장착수도 배에 따라 다른데, 조선보다 작은 노를 밀식으로 배치해서 30~60정까지도 장착했다. 노는 보통 1명이 젓지만, 2명이 저을 수도 있었다.

선체 위에 선실을 올리고 선실에는 총구를 냈다. 전투병은 총구와 선실 천장, 즉 노출된 갑판에서도 사격을 하고 화통을 던졌다. 이렇게 보면 판옥선과 비슷해 보이지만, 선체 자체가 낮고 폭이 좁아서 판옥선과 만나면 아래에서 위로 사격해야 했다. 폭이 좁아 수용인원도 적다. 작은 배는 40~50명 정도, 최대 승선 인원은 100명 내외였을 것이다. 결정적인 단점은 조선의 판옥선, 거북선처럼 측면에 화포를 포진할 수 없다는 것이다.

고바야부네는 세키부네를 그대로 축소한 소형선으로, 노의 수도 세키부네의 절반 이하였다.

아타케부네는 대형선으로 대장급 장수들이 탔다. 하지만 대장들도 어떨 때는 세키부네에 타서 전투를 지휘했다. 임진년에 조선의 판옥선에 고전하자 아타케부네를 최대한 늘려

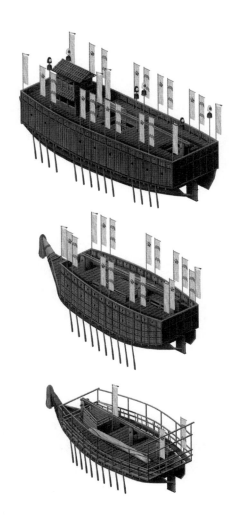

일본선 3종 (위에서부터 아타케부네, 세키부네, 고바야부네)

건조했는데, 전투에 결정적인 영향을 끼친 것 같지는 않다.

조선배와 일본배를 비교할 때 논란이 되는 부분이 속도다. 이순신도 그렇게 말했고, 실록에서는 한결같이 일본배가 빠르다고 지적한다. 조류가 배의 진행과 역방향인 경우에는 더욱 따라가기 힘들었다. 선체 구조로 보면 납득할 수밖에 없다.

여기에 반론도 제기되었다. 조선배도 빠를 때는 상당히 빨라서 일본인을 놀라게 했다. 해전에서 도망치는 일본선을 쫓아 따라잡은 일도 있다. 역풍이 불 때는 오히려 일본배보다 빠르다는 의견도 있다. 이것은 주로 돛의 수와 구조에 따른 것인데, 1개의 돛을 사용하는 일본배보다 2개의 돛을 사용하는 조선배의 적응력이 높다는 주장이다. 이 부분은 실측으로도 어느 정도 증명되었다. 조류, 파도 등 다양한 요건이 복합적으로 작용했으므로, 실전에서의 속도는 상황에 따라 다르다.◈

이런 사실을 기반으로 양측 배의 속도는 차이가 없거나 비슷하다는 주장이 있다. 필자는 잘못된 유추이자 결론이라고 생각한다. 오늘날의 자동차도 도로 환경과 운전자의

◈ 김성준, 《한국항해선박사》, 혜안, 279~326쪽.

실력에 따라 3기통 차로 6기통 차를 따라잡을 수 있다. 하물며 무동력선은 환경의 영향을 많이 받는다. 조류와 바람에 익숙하지 않다거나 격군이 끼니를 거르고 지쳐 있거나 노가 부족하다면 속도는 절반으로 줄어들 수도 있다. 그러므로 배의 상황은 보편적으로 설명해야 한다. 다만 실전에서는 다양한 변수가 있기 때문에 '적선이 구조적으로 아군보다 빠르니 추격은 불가능하다'라고 전제해서는 안 된다.

일본 전선은 가벼운 삼나무를 사용하고, 첨저형에 유선형 선체를 지녔다. 이런 구조적 특징은 파도가 일거나 바다가 거친 상태에서 조선배보다 적응력이 좋고, 기민함을 유지할 수 있었다. 전문가는 이런 표현이 옳지 않다고 할 것이다. '파도가 인다', '바다가 거칠다'도 추상적인 표현이며, 실제 측정에서는 다양한 상황에 따라 다양한 조합이 발생한다. 따라서 현상적으로만 설명하자면 '한려수도 밖으로 나갔을 때, 거제를 지나 대양에서 오는 풍파와 조우했을 때, 조선 전선은 평소의 능력을 발휘할 수 없는 악조건에 처할 가능성이 높다'라고 하는 것이 좋겠다.

검은 땅, 붉은 바다

조선 청년, 일본군이 되다

붉은빛이 수평선 위로 번지면서 여기저기 섬의 윤곽이 검게 드러났다. 덕룡은 불안한 눈길로 검은 덩어리를 응시했다. 그는 태어난 뒤로 쭉 바닷가에 살았지만, 이곳의 풍경은 자신이 살던 바닷가와 너무 달랐다. 섬 그림자가 너무 많고 복잡했다. 그리고 무서웠다. 당장이라도 저 그림자 뒤에서 판옥선이 튀어나와 화포를 발사할 것 같았다.

그는 옆에 있는 친구 철구를 보았다. 철구도 넋이 나간 듯했다.

"니 여가 어딘 줄 알겠나?"

◆ 6장 전체는 일부 상상력을 가미해 창작했다.

"낸들 알겠나? 서쪽으로 역시 왔으니 전라도 땅 아니겠나. 그나저나 경치 끝내주는구먼⋯."

"미친놈, 시방 경치가 눈구녕에 들어오냐? 근데 이놈들 정말 정신이 있는 거여, 없는 거여?"

"왜놈들?"

"어디가 땅인지 어디가 바단지, 니는 알겠나? 이러다 기습이라도 당하면 어쩔겨? 아, 근데 왜놈들이 전쟁 잘하는 거 맞나? 헛소문 아냐? 난 이놈들 태평한 거 하며, 당췌 믿음이 안 간다."

"하이고, 장수 났네⋯. 얌마, 이놈들이 멍청했으면 우리 군대가 그렇게 하루 만에 박살이 났겠냐?"

덕룡과 철구는 울산 근처 바닷가에 살았다. 덕룡의 아비는 경상좌수영 소속 수군이었다. 가진 땅이라고는 손바닥만 해서 소작도 못 하고 온갖 노동을 하며 살았다. 그는 수군 정병의 보인◆이었는데, 그 정병이 보포◆◆도 받지 않고 도리어 자신이 면포 2필을 줄 테니 훈련에 대신 나가 달라

◆   군에 직접 복무하지 않는 병역 의무자. 정병 1명에 대하여 2~4명씩 배당하여, 실제로 복무하는 대신 베나 무명 따위를 나라에 바쳤다.

◆◆   보인이 정병에게 바치는 면포로 보통 2~4필. 정병 입장에서는 매월 면포 1필을 받는 셈이었다.

고 했다. 아비는 솔깃해서 배를 탔다가 첫 훈련 때 바다에서 실종됐다. 들리는 말로는 처음 타는 배에 적응을 못 해서 시름시름 앓다가 병사했다고도 하고, 전염병에 걸린 것 같아 겁에 질린 동료들이 밤에 몰래 바다에 던졌다고도 했다.

아버지가 죽자, 어머니는 그 길로 동네 지주의 집으로 달려가 통곡하면서 아들을 그 집 노비로 넣어 달라고 통사정을 했다. 수군은 세습제여서, 아비가 죽으면 아들이 역을 이어받아야 했다. 덕룡은 외아들이고 아래로 2살 어린 여동생이 있었다. 수군 역을 피하는 제일 좋은 방법이 남의 집 노비가 되는 것이었다. 진짜 노비가 되는 게 아니고 문서 위조로 노비로 위장하는 것이었다(이것을 투탁이라고 한다). 주인은 요즘 단속이 심해서 곤란하다고 난색을 표했지만, 덕룡네 사정을 딱하게 여긴 향리가 주선해 준 덕에 역에서 빠질 수 있었다.

어미는 한없이 고마워했지만, 덕룡은 찜찜했다. 여동생 억대는 얼굴이 반반하다고 소문이 자자했다. 자기가 봐도 신기했다. 온 가족이 얼굴이 볼품이 없는데, 억대만 달랐다. 주인과 향리가 억대에게 눈독을 들인다는 소문이 자자했다. 어미는 못 들은 척 한마디도 하지 않았다.

위장 노비라고 하지만, 나라에 세금을 내지 않는 만큼 주

인가에 매년 사례를 해야 했다. 명목만 다르지 노비 신공◇
이나 마찬가지였다. 관에 신고하지 않도록 주인과 향리에
게 잘 보여야 하니, 제사나 잔치가 있을 때마다 그 집에 가
서 일도 했다. 이러니 노비나 다름이 없었다. 투탁으로 시작
했다가 진짜 노비가 된 집도 여럿 있었다. 노비가 될 수 없
다고 도망쳐 버린 집도 있지만, 양인이 된다고 나아질 것도
없고 노비 생활이 더 낫다고 하는 사람도 있었다.

　제일 어이없는 경우가 관에 찾아가 자기가 위장 노비라
고 자수하고 소송까지 걸어 양인 신분이 되었다가, 군역 몇
번 지고는 주인에게 찾아와 다시 노비로 받아 달라고 사정
하는 경우였다. 철구네 외삼촌이 그랬는데, 향리에게 뇌물
까지 잔뜩 써서 간신히 다시 노비가 되었다. 그런데 다음 해
에 왜변이 나면서 불법 기피자 일제 단속령이 떨어졌다. 서
울에서 관리가 직접 내려와 샅샅이 뒤져 기피자들을 적발
해 냈다. 철구네 외삼촌은 재산은 재산대로 잃고 관에 끌려
가 매까지 얻어맞은 후 결국 수군으로 복귀되었다. 여기서
만 끝났어도 다행인데, 다음 해에 악질 사례로 뽑혀서 제일
고되다는 어디 섬지방의 수군으로 강제 충역되었다.

◇ 노비가 군역과 부역 대신에 삼베나 무명, 모시, 쌀, 돈 따위로 납부하는 세.

"그래, 니 삼촌은 어찌 되셨나?" 덕룡이 물었다.

"몰러. 그 동네로 이사 간 뒤로는 감감무소식이래."

외삼촌 사건 뒤로 철구네는 피역을 감히 생각지도 않고 꼬박꼬박 역을 졌다. 철구는 활 솜씨가 제법이어서 사수로 뽑혔다. 어느 날 철구는 편전을 들고 와 덕룡에게 보여 주었다.

"이게 애기살이란 건데, 이름과 달리 무서운 무기야. 왜 놈들이 제일 무서워하는 게 이거라드라."

"이 조그만 화살이 뭐가 무섭다는 말이고? 어디 맞아도 죽기나 하겠나?"

"모리는 소리! 이게 작고 가벼운 대신 겁나게 빨라서 갑옷도 그냥 뚫는다. 뭣보다 날아갈 때 소리도 잘 안 나고 보이지도 않는다 아이가. 왜놈들이 창칼 쓰는 솜씨는 귀신같아서 날아오는 화살도 다 쳐 내는데, 이건 손도 못 쓴단다. 그리고 이게 또 쏘는 재미가 직인다 아이가!"

난리가 나자 덕룡과 철구는 가족, 주민과 함께 산으로 도망쳤다가 그만 왜놈에게 잡히고 말았다. 왜놈들은 장정을 골라 손을 뒤로 묶고 꿇어 앉혀 놓았다. 그중에서 높아 보이는 자가 나오더니, 어디서 구했는지 편전을 들고 뭐라고 소리쳤다. 눈치로 보니 사용법을 아는 자를 찾는 것 같았다.

아무도 나서지 않았다. 그가 한 사람을 붙들더니 눈앞에서 편전을 흔들었다. 그 사람이 도리질을 하자, 바로 칼을 들어 내리쳤다. 그 사람이 뒤로 넘어지며 갈라진 몸에서 쏟아져 나온 내장이 덕룡과 철구에게 튀었다. 철구가 벌떡 일어나며 소리쳤다. "저, 쏠 줄 압니다! 다룰 줄 압니다." 왜놈이 껄껄 웃으며 철구를 끌어내더니 활과 편전을 주며 쏘아 보라고 했다. 철구가 덕룡을 보았다. "쟤도 할 줄 알아요. 잘 쏴요." 왜놈은 조선말을 몰랐지만 눈치로 알아들은 모양이었다. 그는 덕룡도 끌어냈다.

덕룡과 철구는 뽑혀 나와 왜놈의 배에 태워졌다. 놈들은 갑옷은 주지 않고 이상한 무늬가 그려진 두건과 머리 하나 들어갈 만한 구멍이 뚫린 천을 한 장 주고 머리를 집어넣어 목에 걸치라고 했다. 무기로는 활과 화살 10발씩을 주었다. 그제야 자신들을 왜병으로 만들어 조선군과 싸우게 하려는 속셈임을 알았다. 배에는 왜병이 30명, 조선인이 10명이었다. 왜병은 창과 조총을 들었고, 궁수는 모두 조선인이었다. 이들은 조선인들은 창병과 조총병 사이에 배치했다. 일본군은 조총병도 칼이나 단도를 찼는데, 조선인에게는 활만 주었다. 화살도 평소에는 주지 않고 훈련 때와 전투 때만 지급했다.

덕룡과 철구는 섬이 없는 동해안에서 자라서 남해 다도 해의 풍경은 외국처럼 낯설었다. 좁고 복잡한 바다를 왜인들이 자기 나라 해역인 것처럼 거침없이 항해하는 게 이상했다. "조선 놈이 길잡이를 봐주고 있는 거 아니겠나. 쳐죽일 놈." 철구가 침을 퉤 뱉었다.

덕룡이 뱃전에 몸을 기대고 힘없이 중얼거렸다. "하모 니는 뭐고, 내는 뭐고?"

"몰라, 이놈아."

덕룡의 여동생 억대는 왜장의 침소에 끌려와 있었다. 덕룡이 타고 있는 배 바로 옆, 3층 누각을 설치한 커다란 배가 사령선이었다. 억대는 이 배에 있었는데, 오빠가 바로 옆의 전투선에 있다는 사실을 몰랐다. 그건 덕룡도 마찬가지였다.

산에서 일본군에게 잡힌 순간, 일본군은 남자와 여자를 분리하고 젊은 여자와 나이 든 여인을 분리했다. 억대는 처음에 오빠와 헤어진 다음에 어머니와도 헤어졌다. 그다음에 있었던 일은 생각하기도 싫다. 바닷가로 끌려와 바로 선창에 갇혔는데, 어떤 이가 들어오더니 자기와 '모리'라는 다른 소녀를 골라냈다. 씻기고 몸단장을 시키더니 현란한 색깔의 깃발과 휘장이 걸린 으리으리한 막사로 데려갔다.

왜장은 30대쯤 되어 보이는 사내로 다른 사람들보다 키도 크고, 어깨는 딱 벌어지고, 몸은 돌처럼 단단했다. 자기 몸에 자부심이 있는지 부하들 앞에서도 근육 자랑질을 곧잘 했다. 왜장은 억대와 모리가 마음에 들었는지, 측실처럼 곁에 두고 데리고 다녔다.

왜장의 총애를 받으니 삶이 호사스럽게 바뀌었다. 왜장은 나이는 젊은데 사치를 무척 좋아하는 사람 같았다. 무장을 하지 않을 때는 금관을 쓰고 황금빛 광채가 나는 옷을 입었다. 사령선에도 붉은 비단 휘장을 두르고 깃발에 황(黃)자를 썼는데, 두 소녀는 글을 몰랐다. 의복, 의자, 침구 모두 색채가 강렬한 비단이었다. 두 소녀는 만져 보는 것은 고사하고 본 적도 없는 비단에 놀랐다.

억대와 모리는 잠시 이 사람이 왕이 아닌가 착각했을 정도였다. 남들이 부러워할 것 같지만, 겉보기에만 그럴 뿐 두 소녀는 불안해서 견딜 수가 없었다. 왜장은 성격이 급하고 잔혹했다. 누선◆을 타고 바다로 나선 뒤로는 점점 더 무서워졌다. 매일 아침 여러 배들의 지휘관들이 승선해서 보고를 하는데, 말은 알아들을 수 없었지만 분위기가 살벌했고

◆ 다락이 있는 배. 여기서는 아타케부네를 의미한다.

부하들은 모두 극도로 조심했다.

다만 비슷한 연배로 보이는 장수 하나가 있었는데, 그 사람에게만은 예의를 갖추었다. 그의 옷은 왜장처럼 화려하지 않지만 더 강인하고 다부져 보였다. 부하들도 왜장보다는 점잖게 대해 주었다.

어느 날 한 부하가 말대답을 했다. 왜장은 화를 버럭 내더니 그를 바로 끌고 나가 처형해 버렸다. 하루는 배에서 병사 몇 명이 끌려와 처형당했다. 갑판은 피로 물들었다. "저놈들, 저러다가 싸우기도 전에 지들끼리 다 죽겠다." 모리가 고소하다는 듯이 중얼거렸다.

억대는 벌벌 떨다가도 모리의 당찬 소리에 깜짝깜짝 놀라곤 했다. 모리는 눈앞에서 부모가 살해되었다고 했다. 모리가 다시 중얼거렸다. "우리도 언제 죽을지 몰라." 그때 문득 며칠 전 처형당한 지휘관이 기억났다. 죽기 전날 배에서 잔치가 있었는데, 왜장과 서슴없이 농을 하며 진탕 놀던 사람이었다. 잠시나마 비단과 편안한 생활에 혹했던 자신이 바보 같았다. "니 말 맞다. 우린 복날을 기다리는 개 신세야. 언제 죽을지 몰라." 말을 마치자 머릿속이 어질어질하고 속이 메스꺼워졌다. 어머니는 살아 계실까? 오빠는?

적인가 아군인가

새벽 공기가 푸르스름하게 물들어 갈 무렵, 섬인지 땅인지 모를 모퉁이를 돌아가자 갑자기 작은 포구가 나타났다. 덕룡과 철구는 '억' 소리를 낼 뻔했다. 불빛이 보이고, 몇몇 초가에서는 하얀 연기가 오르고 있었다. '어이쿠! 이 사람들 피난도 안 간 거야?' 말이 새어 나오는 걸 간신히 참았다. 둘 사이에 있는 왜병이 히죽히죽 웃으며 덕룡의 표정을 살폈다. 덕룡과 철구는 감정을 드러내지 않으려고 이를 악물었다. 가슴속에 있는 입이 똑같은 외침을 반복했다. '이 바보들, 바보들!' 마을 사람들은 일본선 함대의 접근을 까마득히 모르는 듯했다.

"아니, 전쟁이 터진 지 한 달이 넘었는데 탐망꾼도 안 세웠나…."

어느새 작은 배들이 함대 앞으로 튀어 나갔다. 정말 저런 행동 하나는 끝내주게 재빠르다. 배가 해변에 닿을 때쯤 마을에서 개 짖는 소리와 비명이 동시에 울렸다. 덕룡과 철구는 두 눈을 질끈 감았다. 그러나 감시의 눈초리를 의식하니 눈도 감기지 않았다. 가슴속으로만 감을 수밖에 없었다.

초가에 불이 붙고, 약탈이 시작되었다. 왜병들은 어느새 절반 이상이 마을로 내려갔다. 조선인 절반도 하선시켰는데, 마을 약탈에는 가담시키지 않고 배를 붙들고 짐을 나르게 하기 위해서였다. 덕룡과 철구는 하선하지 말고 배를 지키라는 명령을 받았다.

그들이 탄 전선은 2명의 대장 중 1명이 탄 제일 큰 누선 옆에 붙었다. 얼마나 사치스러운지 붉은 비단 휘장이 뱃전에서 늘어져 펄럭거렸다. 가까이서 보니 해풍에 찢기고 바랬는데 아깝지도 않은 모양이었다. 저거 하나만 뜯어 가도 큰 집 한 채는 사겠다는 생각이 들었다. 배가 바로 옆에 있는 탓에 뱃전에 가려 사령관이 있는 누각은 보이지 않았다. 철구가 항해 중에 누각에 흰옷을 입은 여자가 있는 걸 얼핏 보았는데, 아무래도 포로로 잡은 조선 여자 같다고 귀띔해 주었다. 하지만 그 여자가 여동생인 억대인 줄은 생각도 못 했다.

갑판에 있는데 아침 식사가 나왔다. 팥이 들어간 쌀밥이었다. 밥은 맛있는데, 양이 너무 적었다. 억지로 왜의 병사가 된 이후로 견디기 힘든 일 중 하나가 배고픔이었다. 처음에는 일부러 밥을 적게 준다고 생각했는데, 적들도 똑같이 소식했다. 그렇게 적게 먹으면서 일할 때는 바지런히 움직이는 게 믿기지 않았다. "저놈들, 인간 맞나?"

아침을 먹고 한 식경이 지났을 무렵, 망대에 있던 병사가 찢어질 듯한 고함을 질렀다. 배에 있던 왜병들이 벌떡 일어나 바다 쪽 갑판으로 달려갔다. 누구는 하늘을 향해 조총을 발사하고, 누구는 기름을 먹은 솜뭉치에 불을 붙여 하늘로 날렸다. 조선 수군함대였다. 방방 뛰도록 반가워야 하는데, 다리가 후들후들 떨리고 속이 토할 것 같았다. "젠장, 젠장, 제기랄, 제기랄…." 철구는 계속 같은 소리만 반복했다. 자신의 손을 보니 화살을 쥔 채 덜덜 떨고 있었다.

조선 함대는 거침없이 다가왔다. 왜군 함대는 대선 9척에 중·소선을 합쳐 12척인데, 조선 함대는 전선 수도 2배에, 배들이 다 컸다. 왜장의 사령선 정도만 크기가 비슷해 보였다. 조총병이 난간 앞으로 달려가고, 그 뒤에 조선인 사수들이 섰다. 투구를 벗고 머리에 두건을 두른 도요키라는 장교가 눈알이 튀어나올 듯 눈을 부라리며 장검을 빼 들고 소리를 질렀다. 무슨 말인지 모르겠지만, 제대로 싸우지 않으면 베겠다는 뜻이 분명했다.

조선 함대는 포구가 좁은 탓에 거의 종대로 다가오고 있었다.

"수가 많아도 저렇게 오면 불리할 텐데…. 아니, 지금 내가 뭘 걱정하는 거야? 내가 죽을 판인데…."

아직 스물도 되지 않았지만 살면서 이렇게 미칠 것 같은 순간은 처음이었다. 내가 여기서 나라를 위해 죽어야 하나? 살기 위해서 싸워야 하나? 조선 수군 병사에게 바다에 던져져 죽은 아버지, 여동생을 탐내던 늙은 지주와 향리 영감, 행방불명된 어머니와 여동생, 난도질당해서 죽던 마을 노인들의 모습이 눈앞을 스쳤다. '내가 이런 놈의 나라를 위해 죽어야 하나? 아니면 저 짐승 같은 놈들과 한편이 되어야 하나?'

"샤게키 요우이(사격 준비)!" 이 말은 알아들었다. 몇 번 훈련을 해서 익숙하다. 화살을 시위에 걸었다. 다음은 하늘을 향해 조준하고, 시위를 반쯤 잡아당긴다. 한 호흡, 두 호흡… 호흡을 정렬하고 "우테(발사)!"라는 구령에 시위를 당겼다가 놓는다. 그 순간 반역자가 된다. 돌이킬 수 없다. 이마에 땀이 줄줄 흐르면서 시야가 흐릿해졌다. 그때 거대하고 이상한 물체가 눈앞을 채웠다. 거대한 거북이, 아니, 거북 모양을 한 전선이었다. 저런 배는 처음 보았다. 선수에 용머리를 달고 있는 배가 똑바로 다가왔다. 왜장도 당황한 모양이었다. 몇 번이고 사수와 거북선을 쳐다보며 눈대중을 하더니 결심이 선 듯 칼을 들었다. "요우…이(준비)!"

순간 엄청난 굉음이 울리더니 철환이 비 오듯 쏟아졌다. 철환이 배의 방벽과 선실, 갑판을 때리고 튀면서 타다타탁

하는 소리가 났다. 거의 동시에 사방에서 비명이 터졌다. 덕룡은 얼떨결에 뒤로 넘어졌다. 용머리 입에서 불꽃과 포연이 솟아오르는 걸 얼핏 본 것 같았다. 그 순간 드러누워 하늘로 향한 눈 위에서 총탄이 날아다니고 하얀 연기가 안개처럼 피어올랐다. 사령선에서 발포한 모양이다. 덕룡의 배는 아수라장인데, 왜장의 배는 달랐다. 잠시 후에 사령선이 다시 일제사격을 토했다. 하지만 소리가 퍼져 나가기도 전에 몇 배는 더 굉장한 포성에 묻혔다. 쇳조각과 나무 파편이 눈앞에서 조각조각 튀었다.

그제야 몸을 일으킨 덕룡은 두 손 두 발로 엉금엉금 기었다. 손에 들었던 활은 어디 있는지 모르겠고, 손바닥에는 끈적끈적한 것이 잡혔다. 화약 연기로 눈이 쓰라리고 눈물이 솟아 제대로 보이질 않았다. 간신히 초점을 잡고 보니 철구가 머리를 관통당해 쓰러져 있었다.

철구의 몸을 잡고 흔드는데 누가 뒤에서 목덜미를 잡고 잡아끌었다. 무서운 힘이었다. 질질 끌려 반대편 난간까지 왔다. 몸을 일으켜 보니 자신을 끌고 온 사람은 도요키였다. 그도 부상을 입었는지 몸이 피투성이였다. 양옆에서 왜병들이 무기를 내던지고 물로 뛰어들고 있었다. "어? 이자가 나를 구해 준 건가?" 그렇게 생각하는 찰나 도요키가 칼을 뒤로 빼더니 몸을 휘돌리며 덕룡을 베려고 했다. 하지만 베는 속도가 평소 같지 않았다. 덕룡을 반사적으로 허리를 뒤로 젖혔는데, 몸이 난간에 걸리며 그대로 뒤집혀 물로 떨어졌다.

몸이 바닷속으로 쑥 들어갔다가 나왔다. 덕룡은 수영을 잘하지 못했다. 입을 꽉 다물고 허우적거리는데, 바닷물이 시뻘겋게 변했다. 피였다. 자신의 피. 도요키의 칼질이 절반만 빗나갔다. 배가 한 치 정도 갈라져 움직일 때마다 핏덩어리가 물컹물컹 비어져 나오고 온몸이 뜨거웠다. 정신이 흐려지고 있었다.

"죽는구나…." 덕룡은 남의 일처럼 중얼거렸다. 아버지, 어머니, 철구의 이름을 불렀다. 그 소리가 남의 목소리처럼 들리더니 그 소리마저 아득하게 멀어져 갔다. 덕룡은 천천히 가라앉고 있었다. 상처의 아픔보다 숨 막힘의 고통이 먼저 찾아왔다. 손발은 달려 있기라도 한 건지 힘이 느껴지지 않았다. 덕룡은 숨을 쉬기 위해 입을 벌리고 말았다. 물속인 줄 뻔히 알면서도….

"아악!"

모리가 두 손으로 귀를 막고 비명을 지르며 고개를 처박았다. 조선군이 발사한 탄환이 누각을 닥치는 대로 꿰뚫었다. 당찬 척해 봐야 열다섯의 소녀였다. 억대는 두 팔로 머리를 감싸며 엎드렸다. 얼핏 고개를 들어 왜장을 보았더니, 그는 놀랄 정도로 침착했다. 갑옷을 입고 의자에 꼿꼿하게 앉아 있었다. 손에 부채를 들고 이리저리 명령을 내리는데, 목소리는 우렁찼지만 부하들에게 소리칠 때보다는 차분했다.

총성과 포성이 정신없이 뒤엉키더니 누각 아래서 비명이 들렸다. 탄환과 함께 화살이 날아와 벽에 거침없이 박혔다. 다시 왜장을 슬쩍 보았는데, 그는 변함없이 침착했다. 자세만 보면 일본군이 이기고 있는 것 같았다. 하지만 그 순간 억대는 조선 사람들의 고함을 똑똑히 들었다. 틀림없다! 조선군이 이기고 있었다. 그때 '캉!' 하고 쇠가 깨지는 소리가 나며 왜장의 투구가 벗겨졌다. 이마에 두른 두건에서 피가 배어 나왔다. 그래도 왜장은 태연했다. 감탄스러웠다. '사람이 어찌 저러나?' 억대는 화살과 탄환에 대한 두려움도 잊고 그를 쳐다보았다. 조금 이상했다. 겉으로는 태연하지만 동작이 어색했다. 팔을 천천히 들면서 손가락으로 아래를 가리켰다. 순간 화살이 날아와 왜장의 가슴에 박혔다. 화살이 얼마나 강력했는지, 왜장의 몸이 뒤로 넘어가더니 비명을 지르며 떨어졌다.

"됐다. 저놈 잡아라!" 바로 아래에서 조선말이 똑똑히 들렸다. 잠시 후 조선 무장이 누각 안으로 뛰어들었다. 소녀들은 그가 누군지 몰랐다. 그는 경상우수영 소속의 소비포권관 이영남이었다. 억대가 모리를 껴안고 소리쳤다. "죽이지 마세요! 저흰 조선인이에요. 억지로 잡혀서 끌려온 거예요!"

이영남이 팔을 휘둘러 흥분한 병사들을 제지했다. "그래, 그래. 알고 있다. 안심하거라." 이영남은 잠시 말을 끊었다가 쉰 듯한 목소리로 말했다.

"욕봤지? 미안하구나…."

도쿠이 미치유키(得居通幸)

당포해전의 왜장 도쿠이 미치유키는 구루시마 영주의 맏아들이었다. 구루시마는 일본의 본토인 혼슈와 남쪽 시코쿠 사이에 있는 작은 섬이다. 혼슈와 시코쿠를 징검다리처럼 연결하는 군도가 2개 있는데, 그중 하나가 구루시마다. 작은 섬이지만 수로 교통의 요지이고 물살이 빠르기로 소문난 곳이다. 지정학적 위치가 유능한 수군이나 해적이 활약하기 딱 좋은 곳이다. 오다 노부나가(織田信長)가 교토를 평정하자 남은 강적이 서부의 패자 모리가(家)였다. 모리는 영토도 컸고 휘하에 훌륭한 무장도 많았지만, 제일 난제가 수군이었다. 수군이 약했던 오다 노부나가는 고전했는데, 모리의 수군 주력인 무라카미 수군에 속했던 도쿠이가 영리하게도 노부나가에게 귀순했다. 이후 모리가와 대적하면서 서부 지역과 규슈 정벌에 공을 세웠다. 그 공로로 규슈 제1의 도시 후쿠오카와 제2의 도시 구마모토 중간에 위치한 에라를 영지로 받았다. 봉록은 3,000석이었다.

작은 영주지만 규슈는 해적의 본산이라 해적이나 밀무역으로 인한 부수입이 꽤 많았을 것이다. 도쿠이가 금관을 쓰고 중국 황제의 흉내를 내며 사치를 한 것, 조선 함대의 출현에도 당당하게 맞서는 객기를 부린 것은 이런 배경과 관련이 있다.

이 함대에는 도쿠이와 동갑내기인 가메이 고레노리(龜井玆矩)라는 장수가 있었다. 그는 창술에 뛰어났다. 조선군은 도요토미가 가메이 고레노리에게 하사한 부채를 노획했다. 그래서 권준이 죽인 장수가 가메이라고 오해했는데, 가메이는 이때 육지에 있었던 모양이다. 기록에 따르면, 그는 살아서 도주했고 이후로도 계속 종군하며 정유재란에 참전했다. 일본으로 돌아간 뒤 세키가하라전투에서는 승자인 도쿠가와 이에야스(德川家康) 편에 가담해 도쿠가와 막부에서 3만 8,000석의 영주가 되었다.

당포해전, 당항포해전

남해에서 온 승전보

6월 2일 아침, 사천해전 다음 날. 고성 사량에 정박해 있는데 척후선이 당포에 일본선이 있다고 보고했다. 이순신은 바로 출동해서 2시간 후에 당포에 도착하자마자 공격을 개시했다. 일본선은 모두 12척이고 그중 9척이 대선이었다. 이순신은 왜장이 크고 화려한 누선에 앉아 지휘하는 것을 보고, 적장을 목표로 거북선에 돌격하라고 지시했다. 왜병은 상륙해서 약탈하고 있으니, 대장선만 격파하면 적은 무너진다고 판단했다. 거북선이 바로 돌진해서 누선을 제압했고, 순천부사 권준이 누선으로 돌입해 적장을 활로 쏘았다. 왜장이 갑판으로 떨어지자 사도첨사 김완의 군관인 흥양(현재 고흥) 출신 진무성이 달려가 머리를 벴다.

두 번째 출정

당포해전에서 승리한 이순신의 다음 목표는 고성이었다. 고성을 탈환하려면 고성 동쪽의 포구들과 거제와 창원 사이에 수역, 거제 서쪽 지역 포구를 장악해야 했다. 그런데 거제, 창원 사이의 수역은 넓다. 반면 통영에서 거제 사이의 회랑에는 섬들이 많아서 충분히 경계하며 통과해야 한다. 병사들도 지쳐 있었고, 모든 상황이 20여 척의 좌수영 함대만으로 해결하기에는 무리였다.

이순신이 고성 공격의 필요성과 병력 부족으로 고민하던 차, 드디어 6월 4일 오후 늦게 이억기가 25척의 전선과 함께 도착했다.

> 정오에 우수사가 여러 장수들을 거느리고 돛을 올리고서 왔다. 장병들이 기뻐서 날뛰지 않는 이가 없었다.
>
> ―《난중일기》, 1592년 6월 4일

합세한 전라도 함대는 통영과 미리도 사이의 좁은 수로, 지금은 해저터널이 뚫려 있는 착량에서 밤을 지새우며 고성-거제 진격을 상의했다.

다음 날, 거제에 살던 향화왜인(조선으로 귀화한 왜인) 김모 등 7~8명이 조각배를 타고 와 일본군이 당항포에 있다는 첩보를 전했다. 조선이 닫힌 나라 같지만, 의외로 조선에 귀화해서 사는 여진족이나 일본인이 꽤 있었다. 이들은 우연히 조선 함대를 만나 귀화한 것이 아니라 사전에 정찰 임무를 맡은 사람들로 보인다. 김모는 일본인이었으니 말도 통하고 속이기도 쉬웠을 것이다.

당항포는 전략적으로 중요한 곳이었다. 고성은 닻 모양으로 튀어나와 있고, 그 닻의 맨 아래 뾰족한 부분이 통영이다. 고성이라는 닻의 우측 날개 쪽에 있는 포구가 당항포였다. 일본군이 해로를 이용해 당항포에 상륙하면 닻의 목이 잘리고, 고성반도와 통영은 고립된다. 그렇게 되면 고성을 공격하기 쉬운 건 물론이고, 진주, 함안으로 올라갈 수 있다. 진주가 함락되면 호남이 위험하다. 또 통영과 거제 사이는 좁은 수로인데, 고성과 통영을 잃으면 좁은 해협을 통과하기도 어렵고 거제도도 잃는다.

이 모든 지역의 안전을 확보하려면 당항포에서 일본군을 몰아내야 했다. 그러나 당항포로 진입하려면 회랑 같은 좁은 수로로 한참 들어가야 한다(지금은 간척사업으로 더 좁아졌다). 그곳에서는 판옥선같이 큰 배로는 팀 전술을 전개하기가 어렵다.

歷史 역사 꿰뚫기

이순신이 바다 공간에 민감했던 이유

이순신의 해전 보고서를 읽다 보면 "판옥선이 큰데 수로가 좁다"라는 이야기가 자주 나온다. 아무리 작고 좁다고 해도 바다는 바다다. 판옥선이 크다고 해도 현대 기준으로 보면 작은 배다. 웬만한 저수지에 나란히 띄워도 충분할 것 같은데, 왜 이렇게 공간을 걱정했던 걸까?

3가지 이유가 있다. 첫째, 엔진이 없는 옛날 배는 현대의 배처럼 정밀하게 조종할 수 없었다. 파도와 조류의 영향도 많이 받았다. 노가 있지만 유원지에서 보트를 젓는 것과 바다에서 배를 움직이는 건 완전히 다르다. 전투 중에는 더 격렬하고 위험하게 기동해야 한다. 그래서 넓고 충분한 공간이 필요했다. 게다가 판옥선은 충돌하면 심하게 부서진다. 평저선이라 전복될 위험도 크다.

마지막으로 바다가 넓어 보여도 수면 아래 지형은 다양하다. 암초, 모래밭, 급류가 흐르는 곳도 있다. 해도도 없고, 물밑 지형을 살필 도구도 제대로 없던 시대다. 이런 연유로 이순신은 바다를 매우 면밀히 살폈다.

이순신이 망설이는데, 멀리 진해 벌판에 1,000여 명의 조선 기병이 보였다. 함안군수 유숭인의 병력이었다. 전갈을 보내 당항포의 지형을 자문했더니, 들어가는 수로의 폭은 10리로 판옥선이 활동할 만큼 넓다고 했다.

그가 준 정보에 따라 당항포로 진입하니 적의 대선 9척, 중선 4척, 소선 13척이 정박해 있었다. 함대의 돛과 깃발이

전부 흑색이었다. 조선군은 바로 전투에 돌입했다. 당항포 전투는 조선 수군의 전술 능력이 교과서적으로 발휘된 전투였다. 거북선이 돌격해서 적을 동요시키고, 총탄을 맞으며 대응 사격을 한다. 그 뒤로 판옥선이 들어가 팀별로 사냥감을 잡는다. 화포와 화살 공격으로 제압사격을 하며 적함에 접근한다. 화공으로 태우기도 하지만, 적병이 사격에 거의 쓰러지거나 배를 포기하고 도주하면 승선해서 나포한다. 승선해서 잔존병력을 죽이고, 포로를 구하고, 전리품을 거두고 불태운다.

좌우익 협공으로 공격하기도 하지만, 이 당시 화포는 장전 속도가 느리고 한번 발사하면 화포를 식혀야 했다. 그래서 여러 척이 번갈아 발사한다. 이런 식으로 싸웠기 때문에 공간이 많이 필요했다.

서로 충돌을 피하며 배를 사격 위치로 집어넣고 빼는 것이 결코 쉬운 일이 아니다. 서로 교체하다가 노와 노가 충돌하면 격군의 갈비뼈, 어깨뼈 정도는 단숨에 부러진다.

조선 수군은 노련하게 움직였다. 벌써 이런 전투만 5번이 넘었다. 이순신은 들어올 때 당항포 회랑 입구에 전선 4척을 매복시켜 놓았다. '적을 유인한다면 포위해 섬멸할 수 있다. 바다에서 섬멸해야 적병까지 해치울 수 있다. 배는 또 만들면 되니, 배만 파괴해서는 적의 전력을 약화시킬 수 없다.' 그런데 지금까지 해전에서 적선은 파괴했지만 병사는 많이 해치우지 못했다. 정박한 함선들을 공격하면 병사는 하선해서 도주해 버리기 때문이다. 그래서 이순신은 유인작전을 쓰기로 했다.

우리가 거짓으로 군대를 물리면서 포위를 풀고 진에서 물러나는 것처럼 하게 되면 적들이 필시 그 틈을 타서 배를 옮길 것이다. 그때 좌우에서 쫓아 공격하면 거의 섬멸할 수 있다.

조선군이 후퇴하자 과연 일본군이 쫓아오기 시작했다. 대장선인 3층 누선이 검은 돛을 2개나 올리고 중앙 선두에 서고 다른 배들이 좌우로 날개처럼 벌렸다. 회랑을 벗어나자 매복했던 전선이 뒤를 끊었다. 도주하던 조선 함대는 즉시 방향을 돌려 3면을 막았다. 적은 완전히 포위되었다. 돌격장 이기남이 거북선을 몰고 대장선으로 돌진했다. 근접 포격으로 누각까지 파괴했다. 다른 배들은 화전으로 돛과 뱃전에 늘어놓은 휘장을 쏘았다. 돛과 휘장에 불이 붙자 불길이 번지면서 대장선을 삼켰다. 누각에 있던 왜장은 도쿠이 미치유키처럼 누군가의 화살에 맞아 배 아래로 떨어져 죽었다.

당항포해전은 대승리로 끝났다. 유인작전이 가장 멋지게 성공한 사례였다. 그런데 이 유인작전에는 의문이 있다. 조선군의 전선 수는 일본군의 2배였다. 일방적으로 몰아치던 조선군이 갑자기 물러선다고 왜적이 속았다? 아니면 처음 포구 전투 때 일본군의 저항이 격렬해서 조선군이 유인작전을 썼는데, 보고서에서는 불리했던 전황을 숨긴 것일까?

이 비밀은 우연히 조우한 유숭인 부대에 있다. 일본군 입장에선 지금까지 육지에서는 조선군이 없다시피 하고 주요 기지를 일본군이 점령하고 있었으므로 배를 포기하고 육지로 도주하면 살 수 있었다. 그러나 당항포의 일본군 일부는 약탈을 감행하며 진해로 들어갔다가 유숭인 부대의 공격에 성을 버리고 당항포로 돌아온 참이었다.◆ 그때 조선 함대가 출현해 바닷길까지 막아 버린 것이다.

패잔병을 섬멸하는 데 특화된 병종이 기병이다. 육로가

◆ 포로가 되었던 동래의 소년 억만의 증언. 〈당포에서 일본군을 격파한 보고〉, 《이충무공전서》, 256쪽.

막힌 이상, 일본군 함대는 유인작전인 줄 알면서도 이판사판으로 돌파 작전을 감행할 수밖에 없었다. 일본군 사령선이 돛을 두 개나 올리고 달려 나온 것도 강행 돌파의 증거다. 전투에서 돛을 올리는 건 금기다. 돛은 화공의 먹잇감이다. 실제로 그렇게 되었다. 그럼에도 돛을 올리고 추격해 온 이유는 일본군의 목적이 추격이 아니라 도주였기 때문이다.

한편 당항포의 모든 일본군이 승선한 건 아니었다. 일부는 육지에 남아 있었다. 방답첨사 이순신이 일부러 배 1척을 남기고 바다에 매복했다. 무려 100여 명이 그 배에 타고 탈출을 시도했다. 사천에서는 이 미끼에 적들이 걸려들지 않았다. 당항포의 일본군이 어리석었을 수도 있지만, 이 역시 육로가 차단되었을 가능성이 크다는 방증이다.

첨사 이순신은 화포, 화살, 대발화(종이로 화약을 싼 폭탄) 등 사격 무기를 총동원해 공격하고, 도망치지 못하도록 갈고리◊를 걸었다.

왜병들은 모두 물로 뛰어들었는데, 20대 중반으로 보이는 왜장은 8명의 부하를 이끌고 배에서 물러서지 않았다. 첨사 이순신은 그의 침착함과 투지에 감탄했지만, 활시위

◊ 무기의 이름은 '요구금(要拘金)'으로, 끌어당기는 쇠로 만든 갈고리라는 뜻이다.

를 당겨 사살했다. 왜장은 영화에 등장하는 일본 사무라이처럼 화살 10여 발을 맞고도 끝까지 버티다가 외마디 비명을 지르며 물에 떨어졌다. 부하 8명도 모두 사살했다. 이순신은 이들의 시신을 건져 목을 베었다.

바다에서 포위섬멸전을 벌였으므로 얻은 수급이 역대급으로 많았다. 낮에 얻은 것이 43급, 밤에 얻은 것이 8급이었다. 하지만 이순신은 수급을 얻기 위해 바다를 뒤지는 하이에나 짓은 하지 않았다. 전투가 우선이고 전투가 끝나면 휴식하고 다음 전투를 준비해야 했다. 대신 그날 밤바다에 원균과 기효근 등 우수영 배들이 나타났다. 이들은 바다를 뒤져 수급 50여 급을 얻었다.

사기가 오른 조선 함대는 부산 쪽으로 진군했다. 7일 영등포 앞바다에서 대선 5척과 중선 2척을 섬멸했다. 가덕도와 다대포 앞, 몰운대에 이르자 일본군들은 전투를 회피했다. 이날부터 바다에서 일본선이 싹 사라졌다. 작전 일수도 이미 초과했다. 조선군은 귀환할 수밖에 없었다.

숨 고르기

1, 2차 출전에서 일본군 함대는 무참하게 속수무책으로 당했다. 자만심과 약탈에 눈이 어두웠던 탓도 있지만, 조선

군의 전술과 전력에 무지했고 경계도 소홀했다. 그러나 약간의 대응법은 찾아냈다. '육지로 피하면 함선은 잃어도 병사는 보존할 수 있다. 병사보다는 함선 전력을 복구하기가 쉽다.'

더 좋은 방법은 회피와 도주다. 조선 함대가 추격해서 따라잡은 경우가 있긴 하지만, 그 배가 물길에 서툴렀거나 다른 사정이 있었던 것 같다. 정상적인 상황이면 충분히 도망칠 수 있다. 이순신도 장계에서 "일본선은 나는 듯이 빨라서 추격할 수 없다"라고 했다.

다른 항구로 이동하거나 멀찍이 숨어 버리는 방법은 더 효과적이었다. 조선 함대가 해로를 차단하고, 육군의 보급선이 위협을 받는다고 해도 잠깐만 견디면 된다. 조선 함대는 바다에서 오래 머무를 수 없어서 1차 출전 기간이 1주일, 2차 출전 때가 11일이었다.

조선 수군이 해상에서 장기간 작전하기란 불가능했다. 식량과 화약 같은 보급 문제도 있고, 앞서 판옥선을 설명할 때 말한 것처럼 배의 내구성 문제도 있다. 장병의 피로도도 문제였다. 조금만 무리하면 병이 돌거나 전염병이 발생할 수 있다. 내부는 습하고 공간은 좁고, 매일매일 바다에서 썩어 가는 목선은 바이러스 양성소다. 시간이 갈수록 장병들의 저항력은 떨어지고 바이러스는 강력해진다.

몇 가지 과제도 남겼지만, 1, 2차 출전의 승리는 임진왜란의 판도를 바꾸는 엄청난 사건이었다. 선조는 옥포해전의 승전 보고를 5월 23일에 받았다. 류성룡은 《징비록》에서 이 소식을 듣고 임금과 신하들이 감격해서 통곡했다고 했다. 이 직전에 고니시 유키나가(小西行長)가 선조에게 사절을 보내 "육군에 이어 수군 10만이 증원될 예정이다. 조선 임금은 이제 어디로 가실 예정인가?"라고 협박했다. 그 수군이 이순신에게 꺾였다. 승리다운 승리도 처음이지만, 전략적 의미로 봐도 감격하지 않을 수가 없었다.

그러나 실록에 이런 분위기 묘사는 없고 "품계를 올려 표창하라고 했다"라고 아주 간결하게 기록됐다. 이유는 잘 모르겠지만, 당시 조정 관료들에게 수군의 승리는 먼 곳에서 벌어진 일인 데다 당장은 임진강 방어선도 무너지고 평양성의 안위도 위태로운 상황이라 해전 기사는 짧았다.

2차 출전의 보고는 7월 초쯤 도착했다. 8월에 선조는 종합적인 포상을 내렸다. 옥포해전의 공으로 이순신은 지헌대부(정2품 하계), 이억기와 원균은 가선대부(종2품 하계)로 승진했다. 정부도 해전의 승리에 이순신의 역할이 주도적이었음을 인정한 것이다. 그런데 이억기와 원균의 공도 동

급으로 취급한 것은 이억기 입장에서도 화날 만한 일이었다. 그러나 이런 평가는 이후에도 지속된다.◆

이순신 부하들도 포상을 받았다. 배흥립과 어영담은 통정대부, 정운과 김완은 절충장군에 내섬시정 임명, 이몽구와 이응화는 훈련원 첨정 임명, 이기남은 훈련원 판관, 김인영 등 3명은 훈련원 주부, 변존서 등 14명은 부장(部將)으로 임명했다.

그런데 이것이 전부였을까? 좌수영 수군만 5,000명 이상이 배를 타고 싸웠다. 후방에서 군수물자를 관리하고, 수송하고, 무기와 선박 제조에 애쓴 사람들의 공도 결코 적지 않다. 전쟁사를 보다 보면 전투부대와 전투에서 세운 공로에만 주목하는 경향이 있다. 조선시대는 군공 포상제도 자체가 그러했다.

물론 사병에 대한 포상이 없었다고 할 수는 없다. 임진왜란 때는 '공명첩'이라는 제도가 있었는데 지휘관이 백지 위

◆ 조선의 품계는 1품에서 9품까지인데 각 품마다 정종의 구분이 있고, 정헌대부, 자헌대부 같은 품계에 붙는 산계가 있다. 산계는 문관에게 주는 문산계, 무반에게 주는 무산계가 있으며 1~6품은 품계마다 산계가 2개씩 있다. 그중 높은 것을 상계, 낮은 것을 하계라고 한다. 예를 들어 종2품에는 상계가 가의대부, 하계가 가선대부다. 단, 무산계는 3품까지만 있어서 무반으로 큰공을 세운 사람은 2품부터는 문산계를 받았다. 이순신, 이억기, 원균이 받은 산계는 모두 문산계다.

임장을 가지고 있다가 사병이나 군수물자 지원에 공이 있는 사람에게 관직을 적어 수여하는 제도였다. 상당히 많은 사람이 이 수혜를 입었다. 다만 그 포상이 충분했거나 적절했는지 과소했는지는 알 수가 없다. 실록은 이런 내용은 세세히 기록하지 않는다.

서쪽을 바라보며
오열할 뿐입니다◇

도망칠 결심

그해 6월, 조선 수군이 남해안의 일본 함대를 소탕하는 동안에도 일본 육군은 승승장구하고 있었다. 6월 14일, 선봉장 고니시 유키나가는 평양성에 입성했다. 그날 선조는 이미 영변에 있었다. 평양성의 방어를 믿을 수 없었던 선조는 신하들의 만류에도 불구하고 11일에 평양을 탈출해 의주로 향했다. 우리는 선조의 도주를 비난하지만, 피난길에 나선 선조도 화가 나 있었다. 누구도 믿을 수 없고, 누구의 말도 신뢰할 수 없었다. 배반을 의심해서가 아니라 능력의 문제였다. 전쟁과 패전으로 잃어버린 것이 많았지만 그중

◇ 《선조실록》 39권, 1593년 6월 16일, 경략 송응창에게 보낸 자문에서 발췌.

하나가 신하들의 능력에 대한 신뢰였다.

　이번에도 그렇다. 5월에 이순신의 승전 보고를 받았다. 신하들이 기뻐 날뛰었다. 누구는 왜적이 곧 물러나게 생겼다고 했다. 선조는 기가 막혔다. 수군이 잘해 준 건 고맙지만, 남해에 있는 수군이 북쪽으로 600km 떨어진 평양으로 다가오는 일본군을 습격할 수는 없다.

　누구는 여진족과의 전투로 단련된 평안도와 함경도의 정예병을 믿으라고 한다. 누구는 신립과 이일은 패배했지만◆ 초야에 숨어 있는 애국지사와 숨은 능력자가 곧 구름처럼 일어날 것이라고 한다. 더 화가 났다. 북방의 정예군? 정말 있다고 해도 일본군을 막을 규모가 되지 않는다. 신립과 이일은 천하의 명장이고 그들이면 충분하다고 말했던 사람들이 저들이다. 막상 상대해 보니 일본군은 수준이 달랐다. 저들은 수십 년간 전쟁과 훈련을 거치며 준비했다. 지금 백성을 모집해서 훈련시킨다고 해도 시간이 걸린다. 당장 저들의 진군을 누가 막겠는가?

　초야의 애국지사, 숨은 인재? 지금껏 인재 발굴에 소홀한

◆ 두 사람 모두 북방에서 이탕개의 난을 격퇴하는 등 명장이었지만 임진왜란 때 충주 탄금대전투에서 패했다. 신립은 패배 후 자결했다.

적이 없다. 인사철마다 숨은 인재를 발굴하라고 자신을 달달 볶던 신하들이다. 그렇게 인재가 많다면 그동안 찾지 않고 뭘 했나? 아니, 인재를 보는 눈이나 있나? 신립과 이일을 천하 명장이라고 치켜세우던 저들, 이순신을 전라좌수사로 임명할 때도 안 된다고 막아서던 자들이 신하들이었다. 녹둔도 사건 때 이순신의 재능을 알아보고, 패장으로 강하게 처벌해야 한다는 여론을 누르고 보호한 사람이 자신이었다. 이순신을 전라좌수사로 특채할 때 자신이 내세운 이유도 인재 부족이었다. 그때 너희들 뭐라고 했느냐? 아무리 인재가 없다고 해도 이런 인사는 안 된다고 했다. 그따위 생각으로 사니 이 땅의 인재가 발굴되지 않고, 전쟁이 터져도 믿고 맡길 사람이 없는 것 아니냐?

선조는 속으로 울분을 터트렸다. 신하들 앞에서는 이런 말을 발설할 수도, 그런 표정도 지을 수가 없었다. 그랬다가는 당장 "군주는 그러시면 안 된다. 제왕은 아랫사람에게 신뢰를 거두어서는 안 된다." 같은 헛소리나 하겠지.

선조가 이렇게 속으로 포효한 이유는 이미 도망갈 결정을 내렸기 때문이었다. 일본군을 막으려면 대규모 정규군이 있어야 한다. 그런 군대를 보내 줄 나라는 명나라밖에 없다. 답은 파천뿐이다.

선조는 한 가지 결심을 더 한다. 명나라 망명이다. 평양성을 떠난 지 3일, 일본군은 자신이 잡힐 때까지 추격할 것이다. 일본군만 무서운 것이 아니다. 궁을 떠난 왕은 모래사장에 나온 물고기처럼 취약하다. 어떤 일이 벌어질지 모른다. '이런 말을 하면 또 신하의 충심을 불신해서는 안 된다고 말하겠지.' 선조의 대답은 이렇다. 충성심은 믿어도 말과 능력은 못 믿겠다.

14일, 선조는 영변에서 망명 요청문을 작성하게 하고, 파병 요청도 했다. 그 글에서 선조는 "저는 다만 서쪽을 바라보며 오열할 뿐입니다"라고 썼다. 세자인 광해군은 강계(평안북도 북동부에 있던 군)로 보내 국내에 남아 항전을 주도하게 했다. 선조가 망명했다는 소문이 나면 백성들이 저항을 포기할 수도 있고, 누군가가 반란을 일으켜 왕이 되거나 일본과 결탁하거나 일본이 새 왕을 옹립할 수도 있었다. 이를 방지하려는 방안이었다.

일본군의 사정

이런 상황이니, 이순신의 승리는 선조에게 작은 위로일 뿐이었다. 오히려 불길함을 느낀 사람은 나고야의 도요토미 히데요시였다. 임진왜란 동안 도요토미가 조선의 실정을 얼마나 정확히 알고 있었는지는 미스터리에 속한다. 왜 장들은 공적은 과장하고, 피해는 축소하거나 감췄다. 불길한 징후, 비관적 전망은 금기였다. 그렇다고 해도 전사한 왜 장도 있으니 수군의 패전 자체를 감출 수는 없었다.

도요토미가 수군의 패전이 초래할 사태를 예견했는지는 알 수 없지만, 바닷길을 뚫지 못하면 군량 수송에 애를 먹을 것이다. 조선 정복이 실패하지는 않는다고 해도 전쟁 수행에 고통을 줄 것은 분명하다. 낙관적인 방심으로 고통을 방치했다가 치명적인 상태에 도달하는 경우를 그는 전국 동란 동안 무수히 보았다. 그의 주군 오다 노부나가는 생전에 작은 불길함도 용납하지 않았다. 그것이 과해서 천하를 자신에게 넘겨주었지만, 그런 용의주도함이 노부나가의 성공 비결이었던 건 분명하다. 게다가 조선 수군의 저항은 작은 불길함이 아니었다. 도요토미는 전력을 집중해서 조선 수군을 일거에 격멸하라는 강력한 지시를 하달했다.

도요토미의 명령이었든지 현지 지휘관들의 판단이었든지, 조선에 있는 왜장들은 좀 더 현실적인 전략을 구상했다. 3개월간 전쟁을 치르면서 일본군 지휘부는 조선을 정복하려면 호남을 획득해야 한다는 사실을 깨달았다.

전쟁 직후 일본군은 서울을 점령하고 선조를 추격하기

바빠서 고니시는 평안도로 갔다. 가토 기요마사(加藤淸正)는 고니시와 급을 맞추느라 함경도로 올라갔다. 덕분에 호남을 방치하는 실수를 저질렀다. 가토가 함경도가 아니라 호남으로 들어갔다면 전쟁은 어떻게 되었을까? 육지가 점령되면 전라도 수군도 바다에서 버틸 수 없다. 고니시가 평양까지 점령했다면 수군도 의주까지 철수해야 했을 것이다. 그 긴 여정을 항해하다 보면 상당수의 전선을 잃을 수도 있었다.

세상일이 뜻대로 되는 법은 없다. 전쟁 같은 급박하고 격렬한 대사를 치르다 보면 '아! 그때 이렇게 했어야 했는데…'라는 후회와 미련이 남는 일이 무수히 생긴다. 하지만 장수는 그런 일에 집착해서는 안 된다. 그 미련의 더미 속에 앞으로의 모든 일을 망칠 시한폭탄이 숨어 있는 경우가 종종 있다. 장수는 그것은 탐지하고 발견해야 한다. 쉽게 눈에 띄지 않아도 노련한 장수는 뭔가 불길함을 느낀다. 이 이상한 불길함만큼 판단하기 어려운 것도 없다. '내가 무엇을 놓친 것일까? 그저 전쟁 피로가 몰려와 내가 예민해진 것일까?'

사실 왜장들은 꽤 구체적으로 한 가지 실수를 절감했다. 군량이었다. 성공의 기쁨이 절정에 달했던 서울 입성 때에,

그들은 군량 문제와 자기들의 전략적 허점을 발견했다.

　이때 일본군 내에서는 대병력에 소요되는 식량부족 문제가 거론되기 시작했다. 왜냐하면 이미 14만 명가량의 병력이 조선에 와 있었는데, 조선의 농민들은 전쟁에 겁을 먹고 파종을 하지 않았다. (수확기에 접어든) 보리는 제때 베지 않아 (밭에서) 썩고 있었다. 또 조선인들은 많은 군량을 불태워 버렸다. 그리고 서울 점령을 알리는 사자가 관백에게 출발할 때까지 일본군이 점령한 곳은 겨우 3개 도(경상, 충청, 경기)뿐으로 아직 점령하지 못한 도가 다섯 군데나 남아 있었다.◆

　이 기록에서 직접적으로 거론하지는 않지만, 군량 문제와 조선 점령계획에 허점이 있음을 암시하고 있다. 군량 부족은 2가지 요인에서 기인한다. 첫째는 위 인용문에서 말한 대로 조선 현지에서 조달할 군량이 부족한 것이다. 두 번째는 군량 수송이 잘 안 되거나 수송에 비용이 너무 많이 드

◆ 국립진주박물관, 장원철·오만 옮김, 《임진왜란과 도요토미 히데요시》, 부키, 2003, 218쪽.

는 경우다. 이 두 번째 요인을 야기한 예상치 못한 사태가 이순신의 승리로 인한 바닷길 봉쇄였다.

고니시와 가토는 서울에서 추후 전략을 두고 논의했다. 서울 입성의 영광을 고니시에게 빼앗긴 가토는 화가 나서 자신은 이제부터 중국 정복에 매진하겠다고 했다. 고니시는 무모한 계획이라고 만류했다.

> 그런 대원정을 시행하려면 우선 식량 및 군수품을 (착실히) 준비해야 한다. 그런 준비가 없다면 전군이 도중에 기력이 쇠하여 고립무원의 지경에 빠져 죽을 것이 명백하다. 내 계획으로는 서울은 바다 가까이 위치하고 강을 1리 정도 거슬러 올라가면 다다를 수 있기 때문에 해상으로 식량을 수송하고, 부근을 흐르는 강을 통해서 서쪽으로부터 서울을 포위하는 것이 적절하다고 하겠다. (…) 그것이 관백(정무를 총괄하는 일본의 관직명)께서 명령하신 계획이기도 하다.◊

조선 전역의 허점을 중국 정복을 운운하며 감추고 있지만, 서울까지 해로로 군량 수송이 되지 않으면 차후의 진격

◊ 국립진주박물관, 앞의 책, 219~220쪽.

에 심각한 위험이 초래한다는 점을 지적하고 있다. 실제로 고니시는 평양 점령 후 더 이상 진격하지 못했으며, 명나라 이여송의 군대가 공격했을 때 평양성 방어에 충분한 병력도 확보하지 못했다. 가토도 함경도까지 성공적으로 진격한 것 같지만 소수 부대를 남기고 빠르게 철수해야 했고, 가토의 잔존부대는 '고립무원에서 전멸'의 위기를 가까스로 벗어났다.

즉, 일본군의 위기는 승리의 정점을 찍은 것처럼 보이던 5월에 이미 시작되고 있었다. 핵심은 이순신의 보급로 차단으로 인한 군량 문제였다. 그렇다면 결론도 간단해지는데, 호남을 정복해야 안정적인 식량 생산지와 군량 수송로를 확보할 수 있었다.

음력 6월, 일본군은 호남을 향해 육상과 해상에서 동시에 공세를 편다. 육지든 바다든 어느 한쪽만 성공해도 이순신 함대를 소멸시키거나 몰아낼 수 있었다. 이렇게 해서 임진왜란의 분기점이라고 할 수 있는 전투가 동시에 벌어진다. 이치, 웅치에서의 전투를 포함한 금산전투와 한산해전이다.

09 한산대첩

학익진을 펼쳐라

삐걱대는 일본군

2차 출정에서 돌아온 뒤로 조선 수군은 자신감이 충만했다. 그러나 육지의 정세, 전쟁의 전황은 여전히 불리했다. 이순신은 자만하지 않고 전선의 정비, 군수물자의 마련에 힘을 기울였다. 아니나 다를까 열흘도 지나지 않아 일본군이 금산 지역으로 몰려들고 있다는 첩보가 들어왔다. 일본군이 본격적으로 호남을 공략하려는 의도가 분명했다. 그렇다면 과연 육군만 움직일까? 이순신은 정보망을 동원해서 일본 수군의 동태를 탐문했다. 예상했던 대로 일본 수군의 움직임이 활발해졌다.

경상도에 있는 왜적의 정세를 탐문해 보니 가덕, 거제 등

지에서 왜선이 10여 척, 혹은 30여 척이 수시로 출몰한다고
하였습니다.

이순신은 이억기에게 연락해 출전 날짜를 잡았다. 이 장
계에 원균의 활동은 빠져 있다. 일본군의 동태를 파악하기
에는 경상우수영의 위치가 더 좋았는데, 원균이 어떤 기여
를 했는지는 알 수 없다.

양력 7월 4일에 이억기가 좌수영에 도착했다. 5일에 회
의를 하고, 6일에 함께 출병했다. 7일에 노량에서 원균과
만났다. 원균의 함대도 7척으로 늘어나 있었다.

그날 연합함대는 당포에 정박했고 미륵도에 있던 목자
김천손이 달려와 일본선 70여 척이 오후 미시(1~3시)에 영
등포 앞바다에서 나와 견내량에 정박했다고 보고했다. 이
김천손이 자원해서 정보를 알려 준 애국자였는지, 미리 배
치한 정보원이었는지는 불명이다. 장계에는 "난을 피해서
산에 올라와 있던 사람"이라고 쓰여 있어 우연히 적을 발견
한 애국자로 여겨지기도 한다. 그러나 김천손의 보고가 자
발적 애국이었다면 우리 땅에서 벌이는 전쟁에서 조선군이
감시원도 없이 삼도수군을 움직이고 있다는 얘기가 된다.
말이 안 된다.

통영의 미륵산에는 지금 정상까지 케이블카가 설치되어 있다. 정상에 오르면 멀리 영등포 쪽에서 한산도 앞바다까지 견내량 수로가 완벽하게 보인다. 다만 이 정도 전망을 확보하려면 수직 바위 절벽을 올라야 한다. 게다가 영등포진에서 견내량까지 거리는 20km가 넘는다. 조선군이 새벽에 출항해서 저물 때까지 강행군을 해서 하루 종일 이동하는 거리가 길어야 60km 정도다. 일본군 함대가 오후 2시 전후로 출항해서 20km 이상을 이동했다면 김천손은 최소 5시간 이상은 위치를 이탈하지 않고 적선을 감시해야 했다. 자발적 애국심으로 할 수 있는 일이기는 하지만, 그렇게 보기에는 또 하나 문제가 있다.

전쟁터에서는 무수한 첩보가 들어온다. 일과를 포기하고 적의 동태를 알리기 위해 찾아오는 애국자가 1명뿐이라고 할 수는 없다. 그러나 군대는 절대로 자원봉사자의 첩보를 함부로 신뢰하지 않는다. 적에게 매수된 사람, 놀라고 흥분해서 위치나 이동 방향, 규모를 착오하는 사람도 많다. 그래서 훈련되고 조직적인 감시원의 편성이 필요한 것이다.

이날 수군 군영으로 뛰어온 감시원도 김천손만은 아니었을 것이다. 그가 일본선의 행로를 정확히 알고 있다는 건, 여러 감시원의 보고를 종합한 감시원장의 지시를 받고 찾아온 전령일 수도 있다는 뜻이다. 그러면 왜 장계에서는 굳이 "난을 피해서 산에 있던"이란 표현을 했던 것일까? 조선 시대는 이동의 자유가 있던 시기가 아니다. 특히 '목자'처럼 나라에서 정한 역을 수행해야 하는 사람은 근무지 이탈이 탈영과 똑같은 범죄였다. 그러므로 김천손이 왜 자기 직무를 수행하지 않고 거기에 있었는지 설명해야 했다.

또한 미륵산으로 피난민들이 모여 있었다면 피난민들도 적의 동태를 감시해야 했다. 포로가 되었다가 구출된 사람들의 진술이나 임진왜란을 겪은 사람들의 수기를 보면, 감시인이나 정찰조직 없이 무턱대고 산속이나 골짜기로 들어가거나 반대로 피신처에서 나오다가 왜병을 만나 학살당하거나 포로가 되는 경우를 종종 볼 수 있다. 현명한 사람은 감시 시스템을 조직, 운영해 향리 등을 통해 관과 접촉하고, 관도 이들을 잘 활용했을 가능성이 크다.

8일 이른 아침에 와키자카의 정찰조(대선 1척, 중선 1척)가 조선 함대와 조우했다. 그들은 조선 함대를 발견하자마자 진로를 틀어 본대로 달아났다. 그들을 쫓아간 조선 함대는 손쉽게 일본군 함대를 발견했다.

이 함대는 와키자카 야스하루(脇坂安治)의 함대로 대선 36척, 중선 24척, 소선 13척으로 구성되어 있었다. 와키자카 야스하루 함대는 당시 일본 수군의 최강 전력이었다. 그는 히데요시 휘하에서 꽤 쏠쏠하게 활약한 중견 무장이었다. 도요토미가 아케치 미쓰히데(明智光秀)를 격파한 뒤 노부나가의 후계 자리를 두고 시즈카타케에서 시바타 가쓰이에(柴田勝家)와 최후 결전을 벌일 때, 이 전투에서 맹활약한 도요토미의 측근 7명을 '시즈카타케의 칠본창(七本槍)'이라고 불렀는데, 이 칠본창 중 한 명이었다. 그는 전투를 과감하게 지휘했다.

도요토미는 와키자카를 꽤 총애했다. 도요토미는 일본 서부 효고현에서 히로시마 일대를 지배하던 모리 모토나리 가문을 복속시킨 다음 1585년경에 와카자카에게 아와지시마를 영지로 하사했다. 아와지시마는 고베시 앞에 있는 섬으로 일본 본토와 시코쿠시마를 연결하는 다리 같은 역할을 한다.

본토와 시코쿠 사이에는 좁은 해협이 있다. 규슈 쪽에서 히로시마, 히메지, 오사카를 지나 도쿄까지 본토 남부 해안선으로 따라 진행하는 수로는 일본 물류의 동맥과도 같은 가장 중요한 해상 운송로다.

지금도 오사카에서 교토, 시코쿠로 이어지는 바다에는 화물선이 가득하고, 해안에는 거대한 공업단지가 형성되어

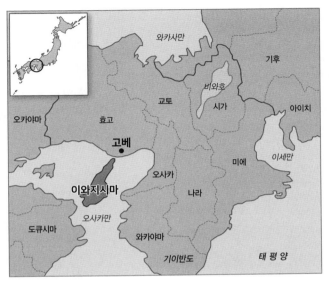

아와지시마 위치

있다. 이 수로의 중앙을 보호하는 섬이 시코쿠다. 이 시코쿠와 본토를 연결하는 지점이 시코쿠의 동쪽과 서쪽 끝에 있는데, 마치 징검다리처럼 군도가 본토와 이어진다.

당포해전에서 조선군에게 살해된 도쿠이 미치유키의 출신지인 구루시마가 서쪽 끝에 있는 징검다리 군도 지역이고, 아와지시마가 동쪽 지점이다. 단, 아와지시마는 구루시마와 비교도 되지 않게 크다.

이 두 개의 군도가 본토와 시코쿠시마 사이의 좁은 해협에서 톨게이트 역할을 한다. 다시 말하면 해적들이 설치기에 최적의 장소다. 모리가의 수군, 임진왜란 때 일본 수군의 주력 중 하나였던 무라카미 수군이 이곳에서 양성된 전력이다.

와키자카를 아와지시마에 보낸 이유는 장기적으로는 모리가의 수군세력을 흡수하고, 단기적으로는 다음 해인 1586년의 규슈 정벌에 대비하기 위해서였던 것 같다. 이때부터 와키자카는 히데요시 휘하에서 가장 강력한 수군 전력이 되었다.

와키자카는 임진왜란 때는 초기부터 참전해서 육지와 바다 양쪽에서 인상적인 활약을 펼쳤다. 용인전투◆에서 서울로 향하던 전라, 충청, 경상도 연합군을 격파할 때 최초의 공격을 펼쳐 승기를 잡은 사람이 와키자카였다.

일본 수군이 조선 수군에게 무참하게 패배했고, 이것이 핑크빛 전망이 가득하던 전황에 심각한 장애로 작용할지 모른다는 불길함을 느낀 도요토미는 수군 전력을 집결해서

◆ 1592년 7월 13일 경기도 용인에서 이광과 윤선각 등이 이끄는 약 7~8만 남도근왕군이 겨우 1,600명의 일본군에게 크게 패한 전투. 와키자카 야스하루, 와키자카 사효에, 마나베 사마노조, 와타나베 시치에몬 모두 이 전투에 참여했다.

일본 무장들은 해적 출신?

구키 요시타카(九鬼嘉隆)는 오사카 남부 구마노 해적 출신으로 오다 노부나가 휘하에서 활약했다. 가토 요시아키(加藤嘉明)는 입지전적 인물로 히데요시 밑에서 무장으로 성장했다. 그도 칠본창 중 한 명으로 와키자카처럼 시코쿠, 규슈 정벌 때 아와지 수군을 이끌면서 수군장이 되었다. 결국 도요토미가 보낸 3명 중에 바다에서 잔뼈가 굵은 사람은 제일 연장자인 가토뿐이었다.

무라카미 수군, 구마노 수군은 모두 해적집단이 모태였다. 다만 강도 같은 해적은 아니었다. 봉건시대에는 어느 영토를 지나든 관세나 통행세를 물어야 했다. 일본 수군의 주력선인 세키부네(關船, 관선)에 기이한 이름이 붙은 이유가 통행세나 관리비를 징수할 목적으로 만들었기 때문이라는 설이 있다. 당연히 거부하거나 도망치는 배를 단속, 추적하는 기능도 있었다.

이 해적 수군들은 바다 영지를 관리하는 집단이었다. 아마도 육지 병사들보다 거칠고 관리도 엄격하게 되지 않았겠지만, 기본적으로 육지 다이묘의 군대와 차이가 없었다. 다만 경비 임무가 주력이고, 여차하면 해적으로 돌변해서 상선이나 털던 배들이라 정규군으로서의 훈련이나 체계를 갖추지 못했다. 육군은 전국시대를 거치면서 영지의 관군(關軍)에서 대규모 회전을 감당하는 정규군대로 성장했지만, 전국시대에 수전은 그렇게 대규모로 이루어지지 않았고 결정적인 전투도 별로 없었다. 규슈 정벌 때도 병사를 태우고 목적지까지 호위하는 것이 주 임무였다. 전투방식도 육군과 같이 백병전 위주였다. 조총이 도입된 이후 무장에도 큰 차이가 없었다. 배에 육군 병력을 실어서 해상에서 싸우고, 수군이 땅에 내리면 바로 육군이 되었다.

조선 수군을 격멸하라는 강력한 지시를 하달했다. 도요토미의 엄명으로 와키자카 야스하루, 구키 요시타카, 가토 요시아키의 함대가 부산에 집결했다.

일본 연합함대는 서서히 서진을 계속했다. 그러나 일본 수군도 통합지휘관이 없었다. 조선 수군과 일본 수군을 다 합쳐 1만 명이 넘는 대군이 대해전을 벌이는데, 양측 다 통합지휘관이 없다는 사실은 기이한 우연이었다. 하지만 조선군은 이순신이라는 훌륭한 지휘관 덕분에 좌수영 함대가 워낙 차별적인 전투력을 구축하고 있어서 다른 수영도 이순신을 존중하고 따를 수밖에 없었다. 선을 넘는 단독행동을 했다간 정부의 강력한 처벌을 피할 수 없었다.

하지만 일본 수군은 그렇지 않았다. 나이와 경력에서 구키 요시아키가 앞서 있었다. 와키자카는 무장으로서 능력도 나쁘지 않았지만, 상황판단과 처세술의 달인이었다. 꽤 출세했지만 아직은 중급 이하의 영주에 불과했던 그는 조선으로 출병할 때 상당한 야심을 품었던 것 같다. 전국시대의 동란이 끝나고 평화기가 찾아온 일본에서는 그가 더 이상 성장하기 힘들 것처럼 보였다. 그런 그에게 조선 침공은 새로운 기회였다. 와키자카는 조선에 온 장수 중에서 제일 적극적이었다.

그런데 그에게 엄청난 기회가 왔다. 승승장구하던 일본 군이 어쩌면 수렁에 빠지고 전략 자체를 수정해야 할 상황이 닥쳤는데, 그 장벽을 부수는 사명이 자신에게 맡겨졌다. 고니시도, 가토도 할 수 없는 특별한 사명이었다. 절호의 기회가 아니고 무엇인가? 흥분한 와키자카는 자신이 단독으로 조선 함대를 상대해서 공을 독차지하겠다는 야심을 드러냈다. 조선 함대를 격파하고 제해권을 가져온다면 조선 원정에서 최고 공로자는 자신이 될 것이다. 서열과 총애, 번의 규모를 따지면 형식적으로는 고니시나 가토가 1위의 영광을 안겠지만, 자신에게도 실질적인 보상이 따르리라. 전국시대가 끝나고 전국에 대한 통제권이 강화되면 해적들도 좋았던 시대가 끝난다. 섬인 아와지시마 따위보다는 더 번듯하고 중요한 도시를 차지하고 다이묘가 될 수도 있을 터였다. 그래야만 했다.

　와키자카는 단독 출전이 위험하다는 생각은 하지 않았을까? 와키자카의 생각은 이랬던 것 같다. 우선 연합함대가 함께 움직여도 견내량은 좁아서 함대가 나란히 전개할 수 없다. 결국 누군가가 앞에서 전투를 벌여야 한다. 그렇다면 단독으로 출전하는 것과 마찬가지 상황이 된다. 일본군의 전술적 특징도 해전이든 육전이든 결국은 백병전이다. 좁은 바다든 넓은 바다든 돌진해서 적의 중앙에서 백병전을 펼치면 승리할 수 있고, 실은 그것이 유일한 승리법이다.

용인전투에서의 경험이 이런 자신감을 부추겼을 수도 있다. '조선군은 백병전을 무서워한다. 돌진해서 강타하면 지켜보던 병사들은 말린 과자처럼 부서질 것이다.' 다른 2명의 장수는 이런 와키자카의 생각에 반대했을 수 있다. '조선 수군은 강하다. 돌격 전술을 위험하다.' 와키자카는 이런 신중론에 반대해서 단독 출전을 감행했을까? '내가 앞서 가면 따라오지 않을 수 없으리라.' 하지만 그렇다고 해도 그의 기저에 '공을 셋이서 나누기 싫다'라는 욕심과 자만심이 있었다는 점은 분명하다. 그렇지 않다면 그 이후의 행동을 설명할 수 없다.

섬멸하라

훌륭한 장수는 적의 대형, 행진, 움직임만 봐도 적군의 수준을 안다. 더 노련한 장수는 적의 각오와 행동반응까지도 예측할 수 있다. 물론 적이 모습을 드러내지 않아 어디를 향하고 있는지 모를 때는 이런 예측이 어렵다. 하지만 적을 마주했을 때는 다르다. 이순신은 견내량에서 일본선의 동향을 포착했을 때부터 이번에는 일본군이 적극적인 공세로 나올 것이라고 예상했던 것이 틀림없다. 그 증거가 이제부터 벌어지는 장면에 있다.

우연히 조우한 일본선 2척을 추격하기 위해 이순신은 5~6척의 판옥선을 보냈다. 정박해 있던 일본선들은 추격해오는 판옥선을 보자 즉시 출동했다. 5~6척의 판옥선을 보고 유인작전에 걸렸다기보다는 자신들이 찾던 조선 수군 주력과 만났다고 판단하고 반응한 것이 틀림없다. 와키자카를 비롯해 함대 전체가 공세로 나왔기 때문이다.

추격하던 판옥선은 즉시 선수를 돌렸다. 일본군은 망설이지 않고 견내량을 통과해 넓은 해역까지 계속 쫓아왔다. 그동안 일본군의 반응에 공세를 확신한 조선 함대는 학익대형으로 전개하고 기다리고 있었다.

'학익진'은 학의 날개처럼 반원형을 그리며 좌우로 넓게 전개하는 진형이다. 모양대로 펼치면 될 것 같지만 바다에서는 이런 대형을 펼치는 것도, 유지하는 것도 쉬운 일이 아니다. 호수처럼 보이는 바다도 수면 아래로는 강력한 조류가 흐른다. 아무리 잔잔해 보여도 바다가 지닌 질량은 어마어마하다. 55척의 전선을 횡대로 배치하려면 바다의 물길을 잘 알고, 사전에 충분한 준비가 있지 않으면 불가능하다. 적과 대적하는데 진의 일부가 조류에 밀려 구멍이 났다고 생각해 보라. 이는 구멍 난 댐과 같다.

그렇다면 조선군이 왜 학익진을 펼쳤을까? 사천, 당포해전에서 조선군은 좁은 포구에 정박해 있는 일본선을 공략할 때 화살, 신기전, 철환(화포) 사격으로 적의 사격을 제압하며 접근했다. 장군전도 발사해 배를 기동 불능으로 만들고 적의 사기를 꺾는 전략이었다.

이때 가장 효과적인 화력 투사 방식이 2척 이상의 전선이 십자화망을 형성하고, 뒤의 함선이 근접하는 함선을 엄호하면서 거리를 좁혀 가는 것이다. 녹도만호 정운은 총통으로 대선 2척을 속까지 꿰뚫었다. 그러자 여러 배들이 협공해서 대선을 불태우고 왜적의 머리 3개를 베었다. 적선의 속까지 꿰뚫은 것은 분명 지자총통으로 발사한 장군전이었을 것이다. 정운은 이런 협공 방식으로 한산해전에서 대선 2척을 해치웠다.

조선 전선이 일본선에 접근할수록 그만큼 화력도 정확하고 강해진다. 충분히 근접하면 갈고리로 적함을 잡아 완전히 꼼짝하지 못하게 만든다. 조선의 화력에 압도당한 왜병은 엎드려 고개를 들지 못하거나 선실이나 갑판 아래로 숨거나 도주한다. 다른 전선의 엄호를 받으면서 근접한 전선은 일본군의 저항 방식을 보고 화공을 하거나 적함으로 뛰어든다. 화공이라고 하면 불화살이 떠오르는데, 사전에 돛이나 휘장 같은 곳에 인화물질이 충분히 펼쳐져 있다면 모를까, 원거리에서 불화살만으로 화공은 쉽지 않다. 근접전에서 준비된 화구, 인화물질을 함께 투척해야 가능하다.

이런 전술의 모태는 고려시대 정지가 이미 마련했다. 이후 철환을 개발하면서 더욱 정교하고 강력해졌다. 여기서 빼놓을 수 없는 전술적 혁신이 판옥선이다. 판옥선은 장갑선이다. 판옥선을 개발한 이유가 일본군도 화포와 조총을 사용하게 되면서 탄환 공격을 방어하기 위한 것이라고 알려져 있다. 그런데 실제 조선군의 전투방식을 보면 판옥선의 장갑에 또 하나의 중요한 기능이 있다. 해상에서의 사격은 정밀할 수가 없다. 산탄 공격을 하는 화포의 경우는 자칫하면 철환을 아군 배에 퍼부을 수도 있다. 실제 그런 사례가 발견되지 않는 건 그만큼 조선 수군이 잘 조련되고, 정밀하게 전술을 개발했기 때문이라고 생각된다. 예를 들어 선두의 배가 적함에 근접하면 후위의 배는 화포보다는 화살이나 신기전을 사용하는 것이다. 당연히 판옥의 장갑도 도움이 되었고, 어찌 보면 필수적이었다.

다시 전투 현장으로 돌아오면 조선군은 신중하게 접근해서 적을 충분히 무력화한 다음 화공을 펼치거나 적선으로 진입했다. 이것은 그동안의 해전에서 조선군의 희생이 극소한 동시에 획득한 수급이 적었다는 사실이 증명한다. 배에 남아서 저항하는 왜병이 많은 상태에서 적선으로 진입하면 수급을 충분히 얻을 수 있었다. 어떤 전투에서든 수급이나 전리품에 욕심을 내면 공격이 약화되고, 심하면 전열이 무너져 역습을 허용한다. 그래서 고대부터 전리품에 대한 탐욕을 억제하는 것이 훌륭한 군대의 조건이었다. 따라서 수급이 적은 것은 이순신이 애초에 수급을 노리지 말고 오직 전투에 집중하라고 명령한 덕분이기도 하지만, 조선군 전술상 배에서 저항하는 일본군이 적고 육지나 바다로 도주하는 왜병이 많을 것이라는 상황을 예측했기에 이순신이 더욱 단단히 경고했을 가능성이 크다.

하지만 강력하게 저항하는 경우가 없지는 않다. 특히 적의 대장선, 지휘관이 탄 배들이 그랬다. 당포에서 도쿠이는 조선군이 함내에 진입할 때까지 누각 의자에서 움직이지 않았다. 조선군에게도 적의 대장선은 제압 1순위였다. 바로 이때 거북선을 투입한다. 거북선이 돌진해서 근접하고, 후방에서 혹은 후방의 좌우에서 판옥선이 엄호사격을 한다. 당포해전에서 적의 누선을 공격할 때도 바로 이런 방식으로 싸웠다.

전투방식의 원리는 같다고 해도, 이번 한산에서의 싸움에서는 전투 병력과 선원을 완충하고 바다 위에서 기동하는 적 함대를 상대해야 한다. 지금까지와는 완전히 다른 상황이다. 더 중요한 목표가 있다. 적의 병력을 섬멸해야 한다. 그래야 수군의 전략적 가치를 제고하고 선조의 불안감을 잠재울 수 있다. 또한 일본군의 전략과 전쟁의 향방을 바꾸어 버릴 수도 있을 것이다.

　지금까지 대다수의 매체에서 한산해전의 과정을 유인-매복-섬멸로 그렸다. 전체 전황을 이렇게 이해한 건 이순신의 장계 자체가 그런 느낌을 주기 때문이었다.

　먼저 판옥선 5~6척으로 선봉의 왜적을 쫓아가 공격할 기세를 보이도록 하자 여러 배의 왜적들도 일제히 돛을 올리고 쫓아왔습니다. 그때 우리 배가 일부러 물러나서 돌아오니 왜적들은 끝까지 쫓아 와서 바다 한가운데까지 나왔습니다. 이때 다시 여러 장수에게 학익진을 이루어 일제 진격하라고 명령을 내리자 각각 지자, 현자 등 각종 총통을 쏘아 먼저 적선 2~3척을 깨트렸습니다. 그러자 배에 탄 왜적들은 기가 꺾여 도망가기 시작했습니다.

하지만 유인 전술을 썼다고 해도 그다음 전략 단계에 매복은 없다. 학익진 전개 그리고 추격과 섬멸이다.

와키자카의 기록에 의하면 이렇다. 조선군 4~5척이 해협으로 들어왔다. 와키자카는 싸움을 걸었는데, 아마도 조선군의 화포와 화살 때문에 배에 오르지는 못하고, 조총으로 사격전을 벌인 것 같다. 1시간 정도 교전하자 조선군이 배를 돌려 달아나기 시작했다. 와키자카는 바로 추격했다. 무려 12km 정도를 추격했다. 넓은 곳으로 나가자 도주하던 배가 돌아섰고, 사방에서 조선 전선이 출현해 와키자카 함대를 포위했다.

여기서 좁은 견내량 수로와 넓은 바다라는 조합이 중요하다. 이것은 육전에서도 쓰는 방법인데, 협곡을 통과하는 적을 공격하는 데는 2가지 방법이 있다. 첫째는 영화 같은 곳에 자주 나오듯이 협곡 위에 복병을 두었다가 적을 협곡에 가두고 공격하는 방법이다. 대단히 강력한 방법이지만, 적의 정찰대의 눈을 피해 계곡 위에 매복하기가 어렵다. 적의 사령관이나 특정한 주력부대를 공격하는 데는 효과적이지만, 협곡 안에 대병력을 가두기가 쉽지 않다.

시각적으로 덜 멋있고 극적이지는 않지만 전술적으로 세련된 방법이 협곡을 지나 넓은 곳으로 나오는 지점에서 양익포위를 하는 방법이다. 협곡을 빠져나온 군대는 최대한 빨리 부채살 형태로 전개하면서 교두보를 확보하려고 한다. 이때 적의 부채살 형태에 대응해서 아군을 반원형으로 포진한다. 내선과 외선이라는 관점에서 보면 외선의 지름과 호가 길다. 따라서 내선에 위치한 적군은 아군과 교전하는 접전지역에서 수적 열세에 놓이고, 좌우에서 협공을 받는다.

　접전지에서의 수적 우세는 전술에서 대단히 중요한 개념이다. 한니발은 칸나에에서 처음에는 적과 평행으로 대치

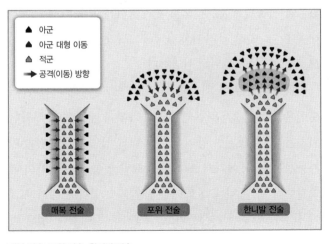

매복 전술, 포위 전술, 한니발 전술

한 뒤 양익은 제 위치에 두고, 중앙이 물러서면서 내선과 외선의 형태를 창출한 다음, 마치 어망을 조여 물고기를 가두듯이 양익에서 조이고 압박해서 로마군을 저항이 불가능한 상태로 만들었다. 이 전술로 칸나에전투는 전쟁사에 길이 남는 섬멸전이 되었다.

한산해전의 2단계는 양익포위와 접전지역의 우세를 구현한 다음, 적을 압박하고 파괴하는 방법이었다. 해변이 아닌 해상에서의 접전인 만큼, 조선 수군도 지금까지 해본 적이 없는 전술적 기동이 필요했다.

바다에서는 한니발의 그물처럼 한꺼번에 모아서 조이는 방식을 사용할 수 없다. 오히려 기병의 전술 형태에 가깝게 해야 한다. 먼저 적의 대형을 끊고, 잘게 나누어 분산시키고, 작은 단위로 포위해 섬멸한다.

대형절단을 위한 최초의 돌진은 거북선의 몫이었다. 이순신은 거북선 2척을 돌격선으로 좌우에 배치했다. 정확한 위치는 알 수 없지만 양익 끝이 아니라 양익의 중앙 부분일 가능성이 크다. 여기서 또 하나 중요한 것이 학익진 안의 학익진이다. 조선 함대가 학익형 반원을 그렸다고 해서 배들이 선수를 맞추며 진행했다고는 생각하기 어렵다. 일단 바다에서 그렇게 진행하기도 어렵지만, 목표로 한 적선을 공격할 때도 좌우 협공을 위한 양익포위가 효과적이기 때문이다.

조선 함대도 만호, 첨사 들이 지휘하는 여러 팀으로 구성되어 있다. 이들은 팀플레이로 적선을 공격했을 것이다. 상상을 가미해서 전황을 그려 보자면 돌격선인 거북선은 앞장서서 돌진해 오는 적선을 노린다. 거북선이 진로를 막고 다른 판옥선이 거북선의 뒤에서 좌우로 전개한다.

이순신의 장계를 보면 제일 먼저 적선을 격파한 것은 거북선이 아니라 권준이 지휘하는 순천부 함대였다. 중앙부 제일 앞에서 돌격해 온 누각을 설치한 일본군의 대선에는 선봉장 격인 장수가 타고 있었다. 전투가 꽤 치열했겠지만, 조선군이 완전히 제압해서 무인선으로 만들어 버렸다. 왜

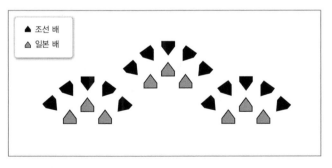

학익진 안의 학익진

장은 배를 포기하지 않고 버티다가 살해되었다.

　권준이 먼저 왜선의 누각이 있는 대선 1척을 깨트려 바다에서 통째로 잡고 왜장을 비롯해 왜적의 머리 10개를 베고, 우리나라 남자 1명을 되찾아 왔습니다.

처음에 충돌했던 일본 대선은 2~3척이었다고 하는데, 이들이 모두 같은 방식으로 제압당했다. 이순신의 장계로 추정해 보면 이 최초의 격돌을 담당했던 장수는 권준과 어영담, 김완이었던 것 같다. 이들의 전과에 왜장을 베었다는 기사가 나온다.

　어영담은 적장을 활로 쏘아 쓰러트렸다. 가까이 가 보니 살아 있어 적장을 묶어서 이순신 앞으로 끌고 왔다. 즉사는 면했지만 부상이 심했다. 말이 통하지 않아 신문을 할 수 없다고 했는데, 통역관이 없었다는 것인지 통역관이 있지만 진술 거부, 사투리, 부상 때문에 말을 제대로 할 수도 없는 상태였다는 건지 분명하지 않다. 개인적으로는 후자일 가능성이 크다고 추측한다.

　왜의 대선 3척이 뭉쳐서 왔는지, 아니면 좌·중·우가 각 제대의 선봉장들이었는지는 알 수 없다. 이 역시 후자일 가능

성이 크다고 생각한다. 그랬기에 선봉대의 침몰이 준 충격
은 엄청났다.

일본선들이 일제히 전의를 상실하고 선수를 돌리기 시작
했다. 하지만 그렇다고 현대의 모터보트처럼 180도로 방향
을 바꾸어 질주할 수는 없다. 일본배가 조선배보다 빠르다
고 하지만 선수를 돌리고, 조류와 바람을 거슬러 도주하기
는 쉽지 않다. "저녁에 역풍이 크게 일어나 견내량 쪽으로
갈 수 없었다"라는 장계의 기록을 보면 바람과 조류는 견내
량에서 한산도 방향으로 향하고 있었고, 조선군은 이를 이
용하고 있었음이 분명하다.

와키자카도 전투가 불리해지자 견내량 안으로 후퇴하려
고 했지만 여의치 않았다고 했다. 조선군이 일본군과 백병
전을 꺼린다고 해서 영화나 드라마에서 자주 묘사하듯이
상당한 거리를 두고 원거리로만 공격하는 건 아니다. 일본
선에 최대한 근접해서 갈고리와 장대로 일본선을 고정하고
공격한다. 이때 아주 효과적인 무기가 화통이었다. 와키자
카는 "호로쿠비야(焙烙火矢, 포락옥)를 던져 넣어 배를 불태
웠다"라고 했다.

일본군은 기를 쓰고 도주하기 시작했다. 이젠 각자도생
이었다. 이곳 지리에 익숙한 일본선이 도망치려는 방향을

보며 예측을 하고 조선군이 앞질러 갔거나, 아예 조선군이 대기하고 있는 곳으로 일본선이 진행했을 수도 있다. 조선 함대는 환호성을 울리며 자신들이 찜한 일본선을 향해 달려갔다. 이순신은 이 순간을 이렇게 묘사했다.

그때 모든 장수들과 병사들 그리고 군관들은 승리한 기세를 타서 펄쩍펄쩍 뛰면서 서로 앞다투어 돌진해 들어가서 화살과 철환을 교대로 쏘아 댔습니다. 그 형세가 마치 바람이 불고 천둥이 치는 것 같았습니다.

일본선들은 대형을 상실하고 뿔뿔이 흩어지기 시작했다. 그들을 향해 조선 전선이 2~3척씩 한꺼번에 덤벼들었다. 한산해전에서 조선 전선은 일본선보다 약 2배 많았으니 거의 모든 일본선이 조선군의 목표가 되었다. 2척 이상이 1척에 달려든다면 모면하는 일본선이 있을 수도 있지만, 이미 전의를 상실한 상태라 저항이 짧고 빠르게 끝나는 경우도 많았을 것이다. 《난중일기》에 적힌 다음 기록은 이런 전황을 보여준다.

배흥립은 대선 1척을 통째로 잡고 왜적의 머리 8개를 베

직위	이름	일본선	왜병
	이순신		수급 5
순천부사	권준	대선 1	수급 10, 조선인 1 탈환
광양현감	어영달	대선 1	왜장 1 생포
사도첨사	김완	대선 1	수급 16(왜장 1 포함)
흥양현감	배홍립	대선 1	수급 8
방답첨사	이순신	대선 3	수급 4
좌돌격장	이기남	대선 1	수급 7
군관	윤사공, 가안책 등	대선 2	수급 6
낙안군수	신호	대선 1	수급 7
녹도만호	정운	대선 2	수급 3, 조선인 2 탈환
여도권관	김인영	대선 1	수급 3
발포만호	황정록	대선 1	수급 2
우별도장	송응민		수급 2
흥양통장	최천보		수급 3
참퇴장	이응화		수급 1
우돌격장	박이량		수급 1
유군 제1영장	손윤문	소선 2	
제5영장	최도전		조선인 3 탈환
기타		대선 20, 중선 17, 소선 5	수급 3

《난중일기》에 기록된 한산해전 전과표 (*익사는 기록하지 않음)

고 많은 왜적을 익사시켰다. 방답첨사 이순신은 대선 1척을 바다 한가운데서 잡고 왜적의 머리 4개를 베었다. 쏘아 죽이는 데만 힘쓰고 머리 베는 데는 힘쓰지 않았다. 이렇게 신속하게 전투를 벌인 결과 추가로 2척을 쫓아가 깨트리고 불태울 수 있었다.

이 기록은 저항을 포기하고 바다로 뛰어든 왜병이 많았음을 말해 준다.

3단계는 이순신이 고대하던 섬멸이다. 완벽하게 포위섬멸했으면 좋겠지만, 누누이 말한 대로 풍향과 조류의 영향을 많이 받는 무동력선으로 바다에서 그물처럼 조이기는 어렵다. 이순신은 대안을 세워 놓았다. 불리하면 육지로 도망치는 일본군의 습성을 역으로 이용해서 섬으로 몰아넣는다. 이곳 해역을 다녀 보면 알지만 해안선이 굴곡져 있고 여러 개의 섬이 있어 좌우, 끝이 한눈에 들어오는 작은 섬이 아닌 이상, 육지와 섬을 구분하기 힘들다. 다급해진 일본군들은 육지처럼 보이는 섬이라면 바다보다는 안전하겠다고 생각해서 상륙할 것이다. 육지라고 착각할 정도로 크고 사람이 살지 않는 섬이 이곳에 있었다. 바로 한산도다.

견내량으로 돌아갈 수 없게 된 일본선들은 뿔뿔이 흩어

졌고, 조선군이 유도한 대로 한산도로 상륙했다. 이순신 장계에는 400여 명, 와키자카는 200여 명이었다고 했다.

조선군은 흩어지고 도주하는 일본선을 쫓아 남김없이 섬멸했다. 견내량으로 돌아가 탈출에 성공한 배는 애초에 접전에 참여하지 않고 뒤에 떨어져 있던 대선 1척, 중선 7척, 소선 6척으로 구성된 소선단이었다. 겁을 먹고 처음부터 도망쳤던 것인지, 보급이나 경계 임무로 뒤에 있었던 것인지는 알 수 없다.

와키자카는 3명의 가신을 거느리고 참전했는데, 그중 와키자카 사효에와 와타나베 시치에몬이 전사했다. 그 외에도 역전의 용사들이 많이 전사했다. 조선군이 패했던 용인전투의 복수전이 한산도 앞바다에서 벌어졌다. 가신 중에 유일한 생존자 마나베 사마노조(真鍋左馬允)는 한산도로 도주한 왜병들 사이에 있었다. 한산도에 상륙하자 어떤 판옥선이 접근해 일본군의 대선을 불태웠다. 마나베는 배를 잃은 것을 자책하며 할복했다.

와키자카는 빠른 배를 타고 있어서 기적적으로 벗어났는데, 정신을 차리고 보니 갑옷에 화살이 박혀 있었다고 한다. 한편 구키와 가토는 급히 견내량으로 왔지만, 전황을 보더니 감히 전투에 참여하지 못하고 안골포로 되돌아갔다. 와키자카의 후위 부대도 전투에 참여하거나 바다로 뛰어든 일본군을 구출할 엄두도 못 내고 있다가 날이 저물자 도주했다(이 선단이 구키나 가토의 부대였을 수도 있다). 조선군이 이 마지막 선단을 추격했지만, 처음부터 거리가 떨어져 있어서 따라잡을 수가 없었다.

대승리였다. 일본군 희생자는 정확히 알 수 없지만, 파괴된 배에 탔던 병사들이 거의 다 죽었다고 본다면 어림잡아 3,000명은 된다고 추산한다.◆ 조선군 희생자는 놀랄 정도로 적었다. 완벽한 섬멸전이자 대승리였다. 이순신은 공을 인정받아 정2품 상계인 정헌대부로 승진했다.

◆ 이민웅, 《임진왜란 해전사》, 청어람미디어, 2004.

10 안골포해전

이순신 장계의 비밀

한산해전에서 승리한 조선 함대는 그날로 견내량으로 진입해서 정박했다. 전투가 끝났다고 영화에서처럼 자리에 털썩 주저앉아 쉴 수 있는 것이 아니다. 무기와 장비를 정리하고, 파손된 배를 수선해야 한다. 함몰된 배가 없다고 해도 적의 총격과 격한 기동으로 선체 곳곳이 깨지고 어긋난다. 목선은 이음새만 살짝 벌어져도 치명적인 피해를 입을 수 있다. 선내도 치우고, 장비도 정리하고 보수해야 한다. 활도 관리해야 한다. 바닷물과 해풍에 젖은 활은 습기를 말리고, 온기를 쐬어 주어야 한다. 피로와 파도에 젖은 병사의 몸도 말려 주지 않으면 멀쩡하던 병사도 다음 날 환자가 된다. 아무리 한여름이라고 해도 바닷가의 밤에는 곧잘 냉기가 몰려온다.

시원한 승리였지만 후위함대를 추격하지 못했다. 와키자카의 만용이 조선군의 대승에 기여한 것일까? 아니면 일본 연합함대를 전면에서 구한 것일까? 답은 알 수 없지만 명백한 사실은 격멸해야 할 적이 남아 있고 조선 수군은 계속 싸워야 한다는 것이었다. 우리가 이름을 알 수 없는 첩보 조직과 정찰선의 활약 덕분에 다음 날인 9일, 구키와 가토의 제2함대가 안골포에 주둔하고 있다는 사실을 알았다. 함대 규모는 약 40척이었다.

섭지 않은 상황이었다. 지금까지 전투 경험과 비교하면 사천해전과 유사한 상황인데, 바로 이 전투에서 이순신과 나대용이 총탄에 맞았다. 안골포는 사천보다도 공격하기에 지형이 더 까다로웠다. 우선 바다가 얕아서 공격할 수 있는 시간이 제한된다. 지금은 바다가 많이 메워졌지만 전체 형태는 보존하고 있는데, 포구는 복주머니 형태로 입구는 좁고 안쪽으로 동그랗게 움푹 들어가 있다. 3면은 가파른 산이 엄호하고 있는데, 동쪽 산지가 포구를 엄호하기에 아주 적절한 지형을 형성하고 있었다. 현재 이곳에는 왜성이 자리 잡고 있지만, 이때는 왜성을 축조하기 이전이었다. 그래도 이곳에 병사를 배치해 두기는 했을 것 같다.

등나무 아래 일곱 구슬◇

1592년 7월 8일 밤 안골포. 구키와 가토는 전투준비를 독려하면서 행방불명된 와키자카에게 있는 대로 욕을 퍼붓고 있었다. 와키자카에게 구키와 가토가 제안했던 계획은 함대를 둘로 나눠서 1함대는 안골포에 포진하고, 2함대는 가덕도에 매복하는 것이었다. 지금까지 경험으로 봤을 때 이순신은 일본군이 포구에 웅거하고 있다고 해서 전투를 회피할 지휘관이 아니다. 신중하면서도 과감하고 집요했다. 일본군 함대가 유인작전에 걸려들지만 않으면 포구에서 오래 버틸 수 있고, 이순신도 공격을 포기하지 않을 것이다.

그렇게 안골포 공격에 매진하게 하고, 격렬한 공방전으로 조선 함대가 피로해졌을 때 가덕도에 숨어 있던 함대가 출동해 조선군을 뒤에서 습격한다. 이때 조선 함대가 안골포만 안으로 들어와 있다면 금상첨화다. 그렇게 되면 조선 함대는 독 안에 든 쥐가 된다.

구키와 가토는 와키자카에게 안골포에서 미끼 역할을 제안했다. 그것이 와키자카를 더 격분하게 만들었다. 반대 상

◇ 구키 요시타카와 가토 요시아키의 가문 문장은 각각 구슬 7개, 등나무다.

황이어도 마찬가지였을 것이다. 누구도 총알받이는 하지 않으려고 했고, 와키자카는 겁쟁이들과는 함께 싸울 수 없다며 회의장을 박차고 나갔다.

이 부분은 필자가 나름대로 일본군이 택할 수 있는 최선의 전술을 구상해 본 것이다. 이 상상이 사실이라고 해도 일본군은 성공할 수 없었다. 안골포에 적 함대가 있다는 첩보를 받은 9일부터 이순신은 일본군의 전술과 이런 만약의 경우까지 모조리 예상했다.

우리가 적의 1함대를 섬멸했으니 남은 함대는 절대로 넓은 바다에서 대결하려고 하지 않을 것이다. 입구가 좁고 3면을 엄호할 수 있는 요새화된 포구를 선택해서 배를 정박시키고 웅거하고 있을 것이다. 우리가 공격하면 지세를 이용해서 강력하게 방어할 수 있고, 전세가 불리하면 육지로 도피한다는 구상이다.

이 기사는 이순신의 장계에서 안골포해전이 끝난 후 경과를 설명하는 부분에서 나온다. 만약 조선군과 일본군의 전날 작전회의가 기록으로 남아 있고 그런 문서나 증언을 충분히 참조한 전기나 회고록 같은 글이 있었다면, 안골포에 적이 있다는 첩보를 받은 9일에 이미 일본군의 대응을 예상하고 작전을 구상했음이 분명히 드러났을 것이다.

장계에도 그 흔적이 있다. 9일에 이순신은 안골포 공격전 각 함대의 대형을 정한다. 이순신의 좌수영 함대는 안골포를 공격하는 위치에 자리를 잡는다. 이억기의 우수영 함대는 안골포를 지나쳐 가덕도 부근에 결진한다. 만약에 있을지 모르는 가덕도의 일본군을 탐지하고 아예 길목을 차단한다. 병력이 절대 부족한 경상우수영 함대는 이순신 함대의 뒤를 따른다. 이순신 함대가 공격을 시작하면 이억기 함대가 안골포로 이동해서 합세한다. 어차피 안골포는 좁아서 좌우수영 함대가 동시에 공격할 수 없다. 이억기 함대가 공격을 개시한 후에 합세해도 별문제가 없다. 이순신은 이때도 만약에 있을지 모를 일본 함대의 습격에 대비해 가덕도와 육지 사이의 수로에 매복을 남겨 뒀다.

이상의 계획은 안골포의 일본군 함대가 안골포에서 꼼짝하지 않을 것이며, 미끼가 되어 가덕도 쪽에서 습격이 이루어질 수 있음을 가정한 것이다. 이순신의 예측은 정확했다. 가덕도에서의 습격이 없었던 이유는 습격을 감행할 함대가 없었기 때문이었다.

이순신은 서두르지 않고, 9일에는 칠천도(현재 거제시 하청면에 위치)에 정박해서 쉬었다. 여기서 안골포까지는 약 10km다. 바로 안골포로 갈 수도 있었지만, 8일간 치러진 전투의 피로가 아직 가시지 않았을 것이고 마산만의 상황에도 대비해야 했다. 칠천도에서 안골포 사이에 마산만이 깊숙이 들어가 있다. 아무리 첩보 조직을 가동했어도 불안 요소를 남길 수는 없었다.

10일, 전투 당일은 새벽 출발이다. 전투는 우연의 신이 지배한다. 바다에서는 야간전투를 감행할 수 없으니 주어진 시간을 최대한 활용해야 한다. 함대는 학익진 대형으로 전진했는데, 이곳은 해역이 넓기도 하고 어디서든 적 함대가 출현할 수 있기에 전투 대형으로 전진했던 것 같다.

이억기 함대는 가덕도 쪽으로 보내고 이순신은 안골포 밖에 포진했다. 포구에는 대선 21척, 중선 15척, 소선 6척이 정박해 있었다. 눈에 띄는 거선 3척은 해변에 접안하지 않고, 선수를 안골포 입구로 향한 채 닻을 내리고 버티고 있었다. 제일 큰 배는 3층 누각이 있었고, 양옆으로 2층 누각이 있는 대선 1척과 누각이 없는 대선이 포진했다. 아마도 3층 대선이 구키, 2층 대선이 가토의 기함이었을 것이다.

만이 좁고 왜의 대선 3척이 서로 협력 방어하는 포진을 하고 있었기 때문에 평소처럼 거북선과 판옥선을 투입해 좌우 협공을 하기가 쉽지 않았다. 조선군이 좌우로 벌리면 조선 전선 역시 일본선에 의해 좌우로 협공을 당하는 형태가 된다. 출진할 때 일본선들은 조선군의 화포 공격에 대비해 방패 뒤에 나무판자 여러 장을 덧대는 장갑 공사를 했다.

게다가 산 위에 포진한 일본군의 공세도 성가셨다. 현재 남아 있는 안골포 왜성은 전투 이후 이듬해에 축성한 것이고, 급조한 진지 수준의 성은 있었을 것이다.◇

성공 가능성은 없어 보였지만, 일단 유인작전을 써 보았다. 예상했던 대로 적은 꼼짝도 하지 않았다. 한산도의 생존자들도 이곳에 있었거나 최소한 한산해전의 양상을 충분히 전달받았을 테니, 만 밖에 포진한 학익진의 무서움도 충분히 숙지했을 것이었다. 이순신은 작전을 바꾸었다. 이제부터 전황은 약간의 상상력이 필요하다. 장계에는 이렇게 기록되어 있다.

형세상 할 수 없이 여러 장수에게 명하여 서로 교대로

◇ 11일에 이순신은 안골포의 포구성에서 일본군의 피를 보았다고 했다. 이 포구성이 안골포 왜성 자리에 있던 진지인지, 안골포 포구에 설치했던 기지인지는 명확하지 않다.

출입하면서 천자, 지자, 현자총통과 여러 가지 총통뿐 아니라 장전, 편전 등을 빗발같이 쏘았다.

"여러 장수가 교대로 출입했다"라는 말의 의미는 무엇일까? 3척의 대선을 동시에 공격하기는 안골포만이 좁고 불리하므로 소수의 함선이 만의 끝을 따라 접근해서 외곽의 일본선을 공격하고 빠져나오기를 반복하면서 외곽부터 차례로 공략했다는 의미로 해석할 수 있다.

아니면 좁은 지형 때문에 적함에 근접할 시 적의 함선 사격과 육지 사격의 십자화망에 갇히므로 한꺼번에 많은 전선을 투입할 수 없다. 따라서 파괴력이 약해지더라도 소수의 전선을 교대로 입구에 투입하고, 장거리 사격으로 소모전을 펼친 것일 수도 있다.

이 2가지를 조합한 방법도 가능하다. 소수의 전선이 교대로 만 안으로 들어가 양익의 대선부터 원거리 사격으로 소모전을 펼치는 것이다. 어떤 방법이었든 시간이 걸렸지만 효과는 있었다. 이억기의 함대가 가세하자 조선군의 사기와 공세는 더욱 높아졌다. 대선에서 저항하던 왜병들이 조선군의 사격에 쓰러졌다. 다만 조선군이 근접하거나 측면, 후방으로 진입하지는 못하므로 일본군들은 소형선을 이용해 사상자를 내리고 병력을 교체했다. 병력이 부족해지자 좌우 양측의 대선을 포기하고 중앙의 3층 누선에 생존 병력을 모았다.

끈질긴 전투와 포성이 날이 저물 때까지 이어졌다. 3층 누선은 오랫동안 저항했지만, 마침내 일본군의 병력이 바닥나기 시작했다. 저녁때가 되자 배를 포기하고 육지로 철수했다. 조선군은 날이 저문 데다가 육지로 상륙하기는 부담스러웠다. 대선은 다 파괴했지만, 정박한 배들을 모조리 파괴하지는 못했다.

육상 기지에서의 저항이 여전히 맹렬했던 것 같다. 이순신은 만약 해변에 있는 배를 모조리 불태워 버리면 왜병들이 육지로 이동하면서 산속에 피난한 조선 백성들이 해를 입을까 우려해 탈출로를 열어 놓았다고 했다. 안골포에서 부산까지 가는 육로는 일본군이 지배하고 있다. 왜병들은 걸어서 이동해야 하므로, 힘들고 약간의 손상은 입겠지만 무사히 철수할 수 있다. 이번 출전의 목적은 왜의 전선이 아니라 병력이다. 전투로 많은 병력을 죽였고, 남은 배들을 남김없이 태우거나 파괴하려면 적의 저격을 견디며 오래 머물러야 한다. 게다가 배를 태워도 어차피 육로로 탈출이 가능한 병력을 압박해서 백성의 희생을 늘릴 필요는 없다고

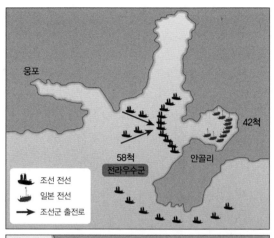

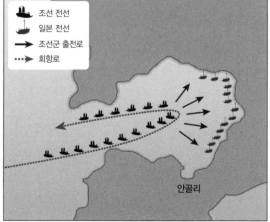

안골포전투

생각한 듯하다.

그렇다고 해도 사천이나 당포에서처럼 소형선을 남겨 둔 다음, 야간에 몰래 탈출하는 일본군을 습격하지 않은 이유는 무엇이었을까? 일단 조선군이 너무 지쳤고, 이곳은 부산과 가까운 데다가 안골포 바깥쪽에는 매복할 지형이 마땅치 않다. 더 결정적인 이유는 무기의 소진이다. 안골포전투에서는 화약과 화살의 소모가 너무 많았다.

한 명 한 명의 생명을 소중히 하는 태도는 당연하지만, 지휘관은 감상적이어서는 안 된다. 진실한 마음에 더해서 전략적 계산이 필요하다. 지금까지 해전의 손실 비율을 보면 조선군 판옥선 1척과 수군 병력은 거의 10배의 일본군 병력과 치환된다. 1명을 희생해서 5명을 해치웠다고 해도 승리가 아니다. 단지 수치상의 승리, 작은 전과를 위해 아군 병사를 희생시키거나 위험을 무릅쓸 수는 없다.

더 중요한 이유가 있다. 조선 병사들이 엄청나게 적은 희생을 치르며 연속해서 대승리를 거둘 수 있었던 비결은 무기와 전술의 우위도 있지만, 병사들의 사기와 자신감도 빼놓을 수 없다. 사기와 자신감을 양성하는 데는 물리적인 승리만이 아니라 지휘관에 대한 신뢰도 대단히 큰 역할을 한다.

지휘관에 대한 신뢰는 '승리를 가져다주는 능력'만으로 얻을 수 없다. 베트남전쟁 중 이아드랑전투(베트남전쟁 중 미군과 북베트남군이 벌인 첫 정규 전투)를 소재로 한 영화 〈위 워 솔저스〉의 실제 모델인 할 무어 중령은 한국전쟁 때 소대장으로 참전했다. 그때 무어 소위의 연대장이 나중에 지평리전투의 영웅이 되는 폴 프리먼 대령이었다. 무어는 프리먼의 지도력에 깊은 감명을 받았는데, 프리먼의 리더십에 대해 이렇게 말했다. "그는 병사 한 명 한 명을 진심으로 소중히 한다는 인상을 주었으며 한 번도 쓸데없는 지시를 내리지 않았다."

'병사 한 명의 생명을 아끼는 자세'와 '전투의 승리'는 공존할 수 없는 명제다. 전쟁이란 목적 달성을 위해 피와 생명을 바치는 행위다. 그래서 살인이 정당화되고, 적과 아군을 포함해서 어떤 범죄자보다도 많은 생명을 희생시킨 사람이 전쟁영웅이 된다. 따라서 이 양립할 수 없는 명제 때문에 미쳐 버리는 지휘관도 적지 않다. 게다가 전투 지휘란 시행착오의 연속이다. 아무리 훌륭한 지휘관이라도 무용한 지시를 한 번도 내리지 않을 수는 없다. 간단히 말하면 여기저기 참호를 파 보지 않고서 최적의 참호 자리를 찾는 건 불가능하다. 심지어 상대도 탁월한 지휘관이라면 전투가 시작되었을 때 이런저런 임기응변을 발휘할 것이고, 거기에 맞춰 대응해야 한다.

그러므로 "병사 한 명 한 명의 생명을 소중히 하고 한 번도 쓸데없는 명령을 내리지 않았다"라는 것은 사실을 넘어선 총론적인 신뢰다. 이런 신뢰를 얻기는 절대 쉽지 않다. 반대로 이런 신뢰를 얻은 지휘관은 고지를 향해 돌격 명령을 내려 10배의 희생을 치르고 고지를 점령하더라도, 전멸을 각오하고 최후의 방어전을 전개하더라도, 병사들은 그를 비난하지 않고 사기도 저하되지 않는다.

안골포에서 매복하지 않은 것은 이런 신뢰를 위한 결단이다. 하지만 이런 전장의 리더십과 고뇌를 조정 관료들이 납득할 리 만무했다. 매복하지 않은 이유를 대면 비겁하다고 닦달을 해댈 것이다. 그래서 이순신의 장계는 상세한 설명을 생략하고 필요한 말만 남긴 것이다.

11일, 조선군은 새벽 일찍 출진해 다시 안골포 입구를 봉쇄했다. 일본군은 흔적도 없었고, 어제 놓아둔 소형선도 보이지 않았다. 밤사이에 그 배로 탈출한 것이 분명했다. 상륙해서 육지를 수색했다. 일본군들은 전사자의 시신을 태우고 떠났는데, 태운 곳이 무려 12곳이었다. 불태운 시신의 수는 확인되지 않지만, 이 시신도 전사자 전부는 아니고 선박의 수용 능력이 부족해 데려가지 못하고 남겨 놓아야 했던 시신들일 것이다. 일본군의 사상자 수는 확인하지 못했고 한산도의 섬멸전보다는 성과가 덜했던 것 같지만, 일본군의 제2함대에도 치명적인 손상을 입힌 건 분명했다.

얻은 것과 잃은 것

이순신은 장계의 끝에 공훈자와 사상자의 명단을 적었다. 사상자는 대전투와 성과에 비하면 너무나 적은 수였다. 그러나 지금까지의 전투보다는 많았다. 전사자는 대부분이 조총에 의한 사상이었다. 전사자는 19명인데, 거북선에서 2명이 나왔다. 거북선이라고 해서 100% 안전하지는 않다는 의미이자, 그만큼 격렬한 전투의 중심에 섰다는 말도 된다. 최강의 전선, 최강의 전차라고 하면 안전한 병기라고 생각하는 사람이 많다. 대민 선전을 할 때나 신병을 교육할 때는 그런 인상이 중요할 수도 있다. 하지만 최강 병기, 무적 병기를 채우는 기준은 안전이 아니라 목숨도 걸 수 있는 사명감이다.

전사자의 계급은 진무, 갑사, 사수, 격군 등 다양하다. 판옥선이라고 해도 재료가 나무다. 선실 안도 100% 안전하지는 않다. 즉, 갑판에서 몸을 내밀고, 사격하는 사수, 선실 안에서 발포하는 포병, 노를 젓는 격군 모두가 목숨을 걸고 싸워야 한다는 말이다. 전투에서 안전한 곳은 없으며, 안전한 보직도, 용기와 희생 없이 얻을 수 있는 승리도 없다. 한산해전의 사상자 명부는 이런 각오와 사명감으로 충만할 때 최소의 희생으로 최대의 승리를 얻을 수 있다는 진리를 보여 준다.

사상자 명부에서 드러나는 또 하나의 흥미로운 사실은 이들의 신분이다. 19명 중 사노비가 무려 5명(26%)이다. 별도로 사찰의 노비도 2명이었다. 조선시대 사찰의 전체 노비 수는 정확히 알 수 없다. 16세기 이래 역을 피해 도망치는 노비가 늘면서 승려와 사찰 노비가 늘긴 했지만, 일반 사노비의 40%나 되지는 않을 것이다. 게다가 신기하게 부상자 중에 사노비는 여럿이지만, 사찰 노비는 1명도 없다. 노비 전사자 7명 중에 사찰 노비가 2명이나 된다는 사실은 승병들의 헌신과 존재감이 그만큼 컸다는 의미다.

법대로 말하면 노비는 군역의 의무가 없다. 현대인의 편견에 따르면 조선시대 노비는 전쟁터에서도 힘들고 험하고 궂은일만 한다. 하지만 전사한 노비들의 임무는 사수, 거북선의 전투병, 격군 등으로 다양하다. 신분을 가리지 않고 능력에 따라 임무를 수행했다는 말도 되고, 좀 삐딱하게 생각하면 이 시대에 원래 신분은 양인이지만 노비로 위장해서 피역하는 사람들이 많았다는 증거라고 볼 수 있다. 그러나 중요한 사실은 노비와 피역자도 전쟁이 터지자 혼연일체로 전투에 참여했다는 사실이다.

사실 임진왜란에서 노비의 참여와 활약은 매우 컸다. 더욱이 유공자에게 포상으로 신분 상승의 기회를 제공한다는 것은 양민보다 노비들에게 더욱 매력적이었다. 덕분에 전쟁이 끝나자 군공으로 신분 상승을 한 노비가 너무 많아서 관에서 부릴 노비가 없다고 한탄할 정도였다.

한산해전의 보고서에서 이순신은 원균이 벤 수급이 전라좌수영의 수급보다 훨씬 많은 점과 그 이유를 설명했다. 경상우수영은 판옥선이 부족하기도 했지만, 애초에 작은 배 30척에 나누어 타고 대기하다가 전투가 끝나면 장병들이 득달같이 달려들어서 왜병의 목을 수집했다. 그래서 얻은 목이 250개가 넘는다. 이순신과 원균 사이의 알력은 벌써 심상치 않게 진행되고 있었다.

11 당파와 충격 전술

당파에 대한 오해와 진실

이순신 장군의 이야기는 영화와 드라마로 여러 편이 제작되었다. 1970년대에 제작된 영화 〈성웅 이순신〉과 〈난중일기〉의 클라이맥스는 거북선이 등장해서 일본군 전선을 들이받아 부수는 장면이었다. 안타깝게도 영화는 흥행에 실패했지만, 이 장면에서만은 통쾌한 환호와 박수가 극장을 메웠다.

임진왜란 당시 조선 수군 전술의 복원에서 제일 황당한 설이 거북선 잠수함설이라면, 납득시키기 제일 곤란한 주장이 충돌 전술이다. 아마도 거북선이 철갑선이라는 생각 때문에 자연스럽게 강철과 나무의 대결, 충돌 격파 장면이 떠올랐던 것 같다.

당파의 의미

1970년대 영화에서는 거북선만 충돌했던 것으로 기억하는데, 1980년대가 되자 연구 성과가 축적되면서 승리의 주역으로 판옥선의 역할이 부각되었다. 판옥선의 명예 회복은 마땅한 일이었지만, 드라마에서 판옥선마저 들이받기를 시작했다. 1980년대 〈조선왕조 500년: 임진왜란〉이란 드라마에서는 사료 검토도 충실해져서 '당파'라는 유식(?)한 용어도 찾아냈다. 1~2척뿐이던 거북선에 비해 수십 척의 판옥선까지 몸통박치기에 가세했으니, 전투 장면에서 박진감이 차고 넘쳤다. 원균마저 칼을 빼어 들고 "당파! 당파!"라고 소리치며 독전하는 장면이 지금도 기억난다. 과연 거북선과 조선군은 충돌 전술을 주무기로 사용했으며, '당파'는 그 충돌 전술을 의미하는 용어일까?

충돌 전술을 지지하는 주요한 근거가 조선군의 전선이 크고 무겁고 자재로 사용하는 목재도 단단하다는 것이다. 게다가 조선 전선은 전체가 사각형 상자 같은 구조이고 판자를 끼워 맞추는 방식에서도 구조적으로 일본선보다 탄탄하다.

그러나 더 단단하다는 사실이 충돌해서 적함을 박살 낼 수 있다는 증거는 되지 않으며, 충돌 전술이 조선군의 주전술이었다는 근거는 더더욱 되지 않는다. 해전사에서 충돌 전술은 2가지 조건을 갖추어야 했다. 일반적으로 고대, 중세의 해전술은 3종류로 나눈다.

1. 활, 투석기, 화포 등을 이용해 적을 공격하는 사격 전술
2. 수병들이 적선에 올라타서 백병전으로 제압하는 등선육박 전술(Boarding)
3. 충각으로 들이받아 적함을 전복 또는 침몰시키는 충격 전술

충격 전술로 유명한 해군이 고대 그리스군과 로마군이다. 고대 그리스의 최종병기였던 3단노선(트리에레스)은 선체 앞에 거대한 충각을 장착하고 적함을 들이받았다. 측면을 들이받아 전복시키기도 하고, 선체에 구멍을 낸 뒤 노를 저어 후진하면 구멍으로 바닷물이 들어와 배를 침몰시키기도 했다.

그런데 살라미스해전을 비롯해 고대 해전의 기록을 보면 충격 전술이 충격으로 이렇게 깔끔하게 끝나지 않는다. 목선은 전복된다고 해서 물속으로 바로 가라앉지 않는다. 충

각으로 들이받다 보면 배들은 엉키고, 백병전이 전개된다. 충격 전술은 백병전을 유발하기 때문에 백병전에 자신이 있는 군대가 사용한다. 고대 그리스군은 페르시아군과의 해전에서 중장보병을 승선시켰다. 선원들이 배를 조종하고 적선을 들이받으면 중장보병들이 올라타 백병전을 벌였다.

충격 전술을 사용하려면 실력 있는 선장과 능숙한 선원이 있어야 한다. 로마와 카르타고의 해전에서도 선박 조종술은 카르타고군이 당연히 뛰어났지만 백병전에서 로마의 중장보병을 당할 자신이 없었기에, 카르타고군은 충격 작

빌헬름 폰 카울바흐의 살라미스해전 그림

전을 기를 쓰고 피했다. 로마군은 까마귀라고 이름 붙인 해
상부교까지 만들어서 적선에 올라타려고 했다.

조선군은 일본군과 백병으로 상대하는 것을 피했다. 적
선에 올라탈 때는 대개 사격으로 적을 완전히 제압해 적병
이 대부분 죽거나 도주한 뒤였다. 그렇게 근접전을 행하는
경우도 신기의 활 솜씨를 지닌 장수와 사수 들의 엄호하에
행해졌다. 그런 조선군이 충격 전술을 주전술로 사용했을
리 만무하다.

두 번째 근거는 조선군 전선에는 충각이 없다는 점이다.
거북선의 용머리가 충각이라는 주장도 있는데, 튀어나왔다
고 충각이 아니라 구조적으로 배와 합체해 하나가 되어야
한다. 결정적인 구조물이 용골이다.◆ 트리에레스 같은 전
형적인 충각선은 중앙부에 용골이 있다. 용골은 신체의 등
뼈 같은 구조로 가늘고 긴 선체의 중앙에 일자로 놓인다. 판
옥선을 위시한 우리 배에는 용골이 없다. 간단히 비유해서
선체 뒤쪽에서 앞으로 긴 못을 박았다고 할 때 그 못의 튀
어나온 앞부분이 충각이다. 그런데 선체 앞에만 그 못을 붙

◆ 진술, 〈임진왜란 시기 거북선의 기능과 주요 해전〉, 《이순신연구논총》 34호, 순천
향대학교 이순신연구소, 2021, 71쪽.

여 놓는다고 한들, 보기에 비슷해 보인다고 강도와 성능이
비교가 될까?

또한 이순신 장군의 기록을 보면 판옥선 운용에서 제일
경계하는 것이 충돌이다. 자칫 판옥선끼리 부딪치면 전복
하거나 좌초한다. 판옥선이 좌초해서 기동 불능이 되면 백
병전에 자신이 있는 일본군들이 상처 입은 호랑이에게 달
려드는 늑대처럼 떼로 몰려들어 함몰시킬 것이다.

이순신 장군이 판옥선을 운용할 때 항상 수심과 폭을 먼
저 걱정하는 이유가 바로 이 때문이다. 충격에 자신 있다면
좁은 곳을 선호했어야 한다. 판옥선을 밀집대형으로 배치
하고 일제히 들이받는다면 얼마나 장쾌하고 간단한가? 그

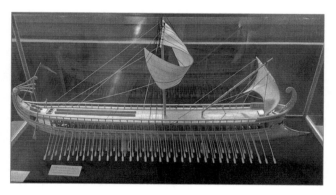

아테네 전쟁 박물관에 있는 트리에레스 복제품

러나 조선군은 이런 탱크 전술을 오히려 피했다.

커다란 전선이 작은 일본선을 받아서 전복시키거나 한 사례가 없다고 할 수는 없다. 전투를 하다 보면 아군 배도 돌이킬 수 없는 손상을 입는 것을 각오하고 충돌하는 경우도 있었을 것이다. 이런 개별 사례는 말 그대로 전투 중에 벌어지는 임기응변이지, 표준 전술이 아니다. 조선군은 충돌을 극도로 경계했다는 기록은 있어도 충격 전술을 사용했다는 언급은 없다.

새벽에 출전할 때 동풍이 약간 불더니 교전할 때는 바람이 크게 불었다. 배들이 서로 부딪혀 파손되어서 제대로 통제할 수 없었다. 즉시 호각을 불고 초요기를 세워 싸움을 중지시켰다. 여러 배들이 다행히 크게 손상을 입지는 않았다. 흥양의 1척, 방답의 1척, 순천의 1척, 본영의 1척이 부딪혀 깨졌다.

여기서 충돌은 조선 전선과 일본선이 아니라 조선 전선끼리의 충돌 아니냐고 반문할 수도 있다. 하지만 충돌이 얼마나 위험한가를 보여 준다. 적선의 선재가 가볍고 약하다고 종이로 만든 배는 아니다. 파도가 세지고 난전이 되면 충격을 사용하는 조선배는 더 유리해져서 적선을 닥치는 대로 들이받으려고 하지 않았을까? 그러나 물러설 줄 모르는 장군 이순신이 전투를 중지하고 아군을 후퇴시켰다. 조선 함대는 충격이 아니라 팀 전술에 의한 정밀한 대형과 움직임을 중시하는 함대였기 때문이다.

충돌 전술을 지지하는 듯한 기록도 있긴 하다.

이원익이 아뢰었다. "큰 배로는 물마루를 넘어 들어올 수 없으므로 저들이 다 새로 만들었으나 우리 배만 못한데, 튼튼하지는 않더라도 바다를 건너는 데 편리하도록 만들었기 때문에 그렇습니다. 그들의 기술은 매우 정교하지만 (조선의) 전선은 그들도 겁냅니다. 그들의 배는 매우 얇으므로, 우리 배와 부딪치면 부서지지 않는 것이 없습니다."

이 기록은 분명히 조선의 배가 일본 것보다 튼튼해서 충돌하면 일본선이 부서진다고 말하고 있다. 하지만 이 대담은 선조가 정유재란을 걱정하면서 그동안의 경험으로 일본 군이 일본선을 개량하고 대포를 싣고 오면 어떻게 하느냐고 걱정하자, 이원익이 전선이 원래 자재나 구조가 다르니 걱정하지 않아도 된다고 안심시키기 위해 한 말이다.

사실 조선군의 충격 전술에 대해서 권위 있는 한국사학계 해전 전문가들은 대부분 동의하지 않는다. 그럼에도 충격 전술이 주는 매력은 무시하기 어려운가 보다. 그래서 충격 전술의 근거로 제시하는 기록과 단어가 있다. 그 단어가 당파(撞破)다. 이순신의 장계나 조선 수군의 전투 보고에 당파라는 용어가 자주 등장한다. '당'은 '치다', '파'는 '파괴한다'는 뜻이다. '쳐서 파괴한다'라는 말이니 얼핏 '충돌해서 파괴한다'라는 의미처럼 보인다.

 하지만 '치는' 방법이 충돌만 있는 것이 아니다. 장군전으로 쳐서 배를 파괴할 수도 있고, 화포, 투석기로도 가능하다. 심지어 폭풍도 있다.

> 적선을 당파하는 기구로 대장군전이 최고입니다.
>
> —《명종실록》 19권, 1555년 7월 22일

> 진도 벽파정 아래 바다에서 적과 교전하며 사력을 다해 싸웠습니다. 대포로 적선 20여 척을 당파(파괴)했습니다.
>
> —《선조실록》 94권, 1597년 11월 10일

> 평안도에서는 우박에 사람과 말이 맞아 죽었고, 영남과

호남에서는 폭풍이 불어 병선이 당파(파손)되었습니다.

—《명종실록》25권, 1559년 8월 5일

정원군 이부 등이 후궁을 배종하고 서쪽으로 내려갈 때에 수종하는 궁중의 노를 시켜서 (…) 향소를 난타하고 향소의 기물과 그릇을 당파(파괴)했습니다.

—《선조실록》92권, 1597년 9월 22일

'당파'가 '파괴'라는 뜻이라고 해도 해전 중에 충돌해서 당파하는 경우도 있지 않을까? 실제로 이순신의 장계에 당파가 자주 등장한다. 그러나 문맥을 보면 그것이 '충돌'을 의미하는 것이 아님을 알 수 있다.

해전에서 주요 파괴 대상은 적병과 선박이다. 선박은 노획해서 재사용하든가, 적이 다시 사용할 수 없게 완파해야 한다. 이때 제일 좋은 방법이 불을 질러서 재로 만들어 버리는 것이다. 목선이 쉽게 탈 것 같지만, 물에 젖어 있는 배를 태우기란 쉽지 않다. 구멍을 뚫거나 최대한 사용불능에 가깝게 파괴해야 한다. 현대전에서도 전과를 표시할 때 완파, 전손, 반파 등으로 구분한다. 결국 전투 보고서의 당파는 전과 보고다. 파괴한 배 몇 척, 불 지른 배 몇 척이라는 식으로

'적선을 파괴 또는 전소시켰습니다'라는 의미로 사용한 것이다.

> 전라우도수사 이억기는 전라좌수사 이순신과 경상우수사 원균과 협력해서 적선 39척을 당파했습니다.
>
> ―《선조실록》 28권, 1592년 7월 9일

이 기사는 3명의 수군절도사 전과를 보고하는 것이다. '세 수사가 파괴한 선박이 39척'이라고 해석해야 한다. 이를 '충격 전술로 파괴한 배가 39척'이라고 해석하는 건 말이 안 된다. 해전 용어에서 당파가 '선박을 사용불능 상태로 만드는 것'이라는 전문용어임을 보여 주는 결정적인 증거가 다음 사료다.

> 상이 이르기를, "대동강의 배들은 왜 당파하지 않는가?" 하니, 이항복이 아뢰기를, "듣건대 평양의 적은 그 숫자가 매우 많아 성안에 모두 수용할 수 없게 되자 성 밖에 장막을 치고 성세를 벌리고 있고, 강변의 적들은 방어가 매우 야무진 까닭에 쉽게 파괴하지 못하고 있다 합니다."
>
> ―《선조실록》 31권, 1592년 10월 19일

이 정도면 당파가 충격 전술을 의미하지 않는다는 건 충분히 해명된 것 같다. 그러면 판옥선은 제외하고 거북선만이라도 충돌시키면 안 될까? 다음은 거북선의 충격 전술을 기록한 사료다.

A

먼저 거북선으로 층루선 아래로 곧바로 '달려가서 충돌하게(直衝)' 하고 용의 입으로는 현자총통에 철탄을 올려 쏘고, 천자총통과 지자총통으로 대장군전을 쏴서 그 배를 당파했으며, 뒤쪽에 있던 판옥선들은 철환과 화살을 교대로 발사하게 했습니다.

B

임금(선조)이 거북선의 구조에 대해서 물었다. 남이공이 아뢨다. "사면을 판옥으로 꾸미고 형상은 거북 등 같으며 쇠못을 옆과 양 머리에 꽂았는데, 왜선과 만나면 접촉하는 대로 다 격파하니 수전에 쓰는 것으로는 이보다 좋은 것이 없습니다." 임금이 물었다. "(그런 좋은 전선을) 왜 더 많이 만들지 않는가?" 남이공이 대답했다. "전선은 가볍고 빠른 것이 상책입니다(거북선은 느리다는 뜻). 지금은 군사가 없는 것이 걱정이지, 배가 없는 것이 걱정이 아닙니다."

A는 당포해전을 설명하는 기록이다. 적의 대장선인 대형 누선을 보자 이순신은 거북선을 선두로 돌격시켰다. 거북선은 대장선을 들이받고 다시 뒤로 조금 물러서서 누선 아래에서 모든 화포를 동원해 사격했다. 여기서 등장한 직충(直衝)이 충돌을 의미하는 말처럼 보인다. 그러나 우리말에서는 적과 맞붙어 싸운다고 할 때 충돌했다는 말을 흔히 쓴다. "적과 아군이 충돌했다", "마침내 두 강대국이 충돌했다" 같은 표현 말이다. 이순신은 다른 글에서도 '직충'이란 표현을 사용하는데, 적과 싸움을 시작한다는 말이지 '몸통 박치기'란 뜻이 아니다. 이 기록에도 당파가 등장하는데, 직충이 충격이라면 당파가 충격이 아니라는 증거도 된다. 그런데 당연히 직충도 충격이 아니다.

B는 거북선에 대한 선조와 신하의 문답이다. 그런데 직전에 유영경이 해전을 설명하면서 "왜선은 용렬하여 우리나라의 것만 못합니다. 가볍고 빠른 듯하기는 하나 우리나라의 배에 부딪히면 곧 남김없이 부서집니다"라고 대답했다. 이 대화를 보면 조선군이 충격 전술을 사용한 것처럼 보인다. 하지만 유영경이 선조가 듣기 좋은 소리를 하려고 한

말이다. 충돌했을 때 일본선이 우리 배보다 약한 건 사실이 겠지만 이것이 조선 수군의 전투법이 충격이란 뜻은 아니다. 아니면 당시 사람들도 충격 전술에 대해 오해했을 수 있다. 당연한 현상이다. 현대에도 전쟁, 전투에 대해서 잘못 알려진 사실이 무수히 많다. 심지어 언론 기사에도 잘못된 사실이 올라온다.

전체 대화를 보면 남이공은 유영경보다 해전에 조예가 있었는데, 그조차 거북선의 충격을 의미하는지, 만나는 적은 다 격파한다는 뜻인지 애매하다. 이 대화를 기록한 사관이 교전인지 충돌인지 헷갈렸을 수 있다.

거북선의 싸움법에 관한 가장 신뢰할 증언은 이순신의 증언일 수밖에 없다. 처음 거북선의 용도를 설명할 때 이순신은 충돌을 언급조차 하지 않았다. 실제 사천해전, 당포전투, 한산해전에서 보여 주었듯이 거북선의 장갑 능력과 이를 기반으로 선두에서 적진에 돌입해서 적을 마주 보고 사격전을 펼쳐 제압할 수 있는 능력을 강조했을 뿐이다.

어둠 속에서 싸우는 병사들◇

탐망꾼 허수광

부산과 김해의 경계에는 낙동강이 흘러 바다로 들어간
다. 강은 바다로 고이 들어가지 않고, 두 갈래의 물줄기로
갈라지며, 강 중간에 몇 개의 삼각주와 모래섬을 만들었다.
서쪽에 있는 강을 김해강, 동쪽에 있어서 지금의 을숙도를
지나 다대포(당시 지명은 몰운대)로 흐르는 강을 양산강이라
고 했다.

김해는 옛날부터 왜구들의 침입으로 고통을 겪었는데,
대마도를 거쳐 한반도에 상륙하는 직선 경로에 있기도 하
고, 낙동강이 내륙으로 침범하는 수로가 되어 주고, 삼각주
와 섬, 얕은 갈대숲이 왜구가 은신하기에 좋은 장소인 탓

◇ 12장 전체는 일부 상상력을 가미해 창작했다.

도 있었을 것이다. 갈대숲에 가득한 물새들은 인간은 모두 침입자로 간주하는 터라 왜구에게 훌륭한 경보 장치가 되었다.

1592년 9월 부산. 경상우수영 소속의 수군 허수광은 가덕도와 김해강 사이에 있는 해안가의 산을 향해 나가고 있었다. 어젯밤 그는 가덕도에서 거룻배를 타고 바다를 건너서 김해 해안으로 잠입했다. 혼자 가는 것은 위험하다고 주변에서 말렸지만, 허수광은 듣지 않았다. 해안에 배를 대 주겠다는 것도 거절하고, 바다로 뛰어들어 물질을 했다. 한참을 어두운 바다 위에 떠 있으면서 해변의 인기척을 확인하고 해안가로 올라왔다. 바닷가의 작은 마을을 발견했는데 개 한 마리도 남아 있지 않았다. 전쟁이 시작된 이래 부산에서 김해까지 특히 김해강과 양산강 어귀에는 왜군이 득실득실했다. 뛰어난 탐망꾼조차 접근할 엄두를 내지 못하는 곳이었다. 조선 백성들도 믿을 수가 없었다. 이미 피난할 사람은 멀리 피난했고 왜군에게 죽을 사람은 다 죽었다. 살아 있는 사람들은 부역자이거나 가족 중 누군가 끌려간 뒤 남은 사람들이었다.

탐망은 현지인의 도움을 받아 정보를 채집해야 한다. 그런데 어제까지는 애국자였던 순박한 농어민들이지만 이들에게 가족보다 중요한 존재는 없다. 조선의 탐망꾼을 발견하면 바로 왜군에게 신고하고 대가로 가족을 돌려받으려고 할지 모를 일이었다. 그러니 지인도 친구도 일가친척도, 그 누구도 믿을 수가 없었다. 왜군의 체류 기간이 길어지면서 탐망은 점점 어려워졌고, 희생자도 늘어 갔다.

이런 지역에 허수광은 홀로 뛰어들었다. 안골포해전이 끝났을 때, 그는 우연히 안골포에서 김해 일대에 있던 왜선들이 일제히 동쪽으로 도주했다는 소문을 들었다. 그는 실제로는 도주가 아니라 방어를 위한 집결이라고 추측했다. 그렇다면 전쟁을 예감한 민간인들과 부역자들도 바로 피난했을 것이다. 김해로 잠입해서 공을 세울 수 있는 절호의 기회였다.

허수광은 대담하게 도로나 도로변의 언덕을 따라 이동했다. 무기는 작은 단검조차 소지하지 않았다. 어차피 적에게 들키면 장검이든 단검이든 소용없다. 믿을 수 있는 건 두 발과 지형 감각뿐이다. 운도 필요하다. 일본군들은 평지에 익숙해서 비탈만 만나면 헉헉거리는 자들이 많았지만, 개중에는 날다람쥐처럼 산에 익숙한 자들도 있었다. 악착같이 수색하고 추격하는 자도 있고, 대강대강 하는 병사도 있었다. 추격을 당해도 어떤 자를 만나느냐가 중요했다. 3개월이란 짧은 기간이었지만, 탐망꾼 생활을 하면서 허수광은 도주할 때도 뒤도 안 돌아보고 달아날 것이 아니라, 추격하는 적의 성향을 파악해서 계략을 꾸며야 한다는 사실을 배웠다.

허수광이 향하는 곳은 금단곶이라는 뾰쪽한 옹기를 엎어놓은 듯한 작은 고지였다. 이곳에는 100년 전에 쌓은 작은 해안 보루가 있는데 바다와 육지, 김해강 쪽을 조망하기에 최적지였다. 평소라면 이 근처에도 오지 않았을 것이다. 이런 곳은 빠짐없이 왜군이 주둔지로 이용하기 때문이었다. 하지만 조선군 대함대가 나타난 지금, 이 조그만 보루에 일본군이 남아 있을 리가 없다고 생각했다. 또 하나 그가 이곳에서 기대하는 만남이 있었다.

가을이 짙어가는 계절이었지만 햇살은 여전히 따갑고 날씨는 무더웠다. 허수광은 땀을 뻘뻘 흘리며 보루 아래에 있는 작은 암자에 도착했다. 암자를 지키는 사람은 늙은 스님과 어린 동자승 한 명뿐이었다. 허수광의 입에 미소가 떠올랐다.

"스님, 평안하셨습니까?"

스님은 허수광을 보자 깜짝 놀라더니 손을 붙잡고 암자 안으로 끌고 들어갔다. 반갑다는 말도 꺼내기 전에 동자승을 돌아보며 말했다. "단소야, 바위에 가서 누가 오는지 단디 살피라. 누가 나타나면 어떻게 해야 하는지 알지?" 단소라는 동자승은 총명해 보였다. "네. 염려 마세요, 스님"이라고 대답하더니 신이 나서 뛰어갔다.

노승은 방문을 닫더니 그제야 허수광에게 말을 건넸다. "자네, 어쩌자고 이곳에 왔나! 바로 어제까지도 암자에 왜군이 드나들었다고!"

"그래서 온 겁니다. 어제까지였잖습니까? 스님이야말로 왜군 진지 바로 옆에서 시달림을 받지는 않으셨습니까?"

"허허, 짐승 같은 놈들이라도 나 같은 노인이야 어떻게 하겠나. 그리고 참 이상한 게, 그렇게 수치심을 모르고 포악한 놈들이 나 같은 중에게는 정말 깍듯하다네. 여기 있던 병사들 대장 놈이 참 몰상식하고 거칠어. 그래도 내겐 껌벅 죽더라니까."

"다 부처님의 은덕이자 스님의 공덕 아니겠습니까."

"이놈아, 그런 소리 말아. 나도 염치가 있지. 부처님 화내신다."

처음에는 그럭저럭 스님과 신도의 대화 같던 말투가 점점 상스럽게 변해 갔다. 허수광은 어린 시절 이 스님을 상좌승으로 모신 적이 있었다. 정식 출가는 아니었다. 수군 병력이 부족해서 나이가 차지 않은 어린 소년도 군적에 미리 올려놓는다는 소문이 돌자 허수광의 아비가 손을 잡아끌고 이 스님에게 데려다 놓았다.

스님은 주민들에게 인기가 있었다. 예불도 잘하고 수단도 좋고 부지런하고 시원시원했다. 어린 허수광을 귀여워해 주면서 그에게 잔일을 맡기고 며칠씩 훌쩍 사라지곤 했다. 허수광이 스님의 정체를 알게 된 건 12살 때였다. 스님은 소년 시절에 왜구에게 납치되어서 일본의 어느 섬으로 끌려갔다고 했다. 그곳에서 2~3년간 해적들에게 부림을 받으며 지내다가 이들과 거래하는 조선 밀수꾼들과 알게 되었다. 이들이 해적에게서 이 소년을 빼냈다. 살았다 싶었지만, 해적보다 무서운 집단이 밀수꾼이란 말이 있다. 밀수꾼들은 수틀리거나 입막음을 위해서라면 무슨 짓이든 하는 사람들이었다. 그러나 소년은 운이 좋았다. 소년을 구한 밀수꾼들은 동족 촌락인 남해의 작은 어촌 사람들로, 흉년이 들거나 사정이 어려울 때 생계를 위해 작은 거래를 하는 사람들이었다. 고아였던 소년은 수완을 발휘해서 마을 사람들을 위해 이런저런 일을 처리했다. 다른 고을의 향리를 찾아 거래를 트기도 하고, 뇌물을 처리하기도 하고, 분쟁이 생기면 중재도 하고 묘수를 꾸며 내기도 했다.

그러다 보니 스님 행세가 이런 일들을 처리하는 데 편리하다는 사실을 깨달았다. 비밀 유지를 위해 마을에서 멀찍이 떨어진 곳에 암자를 차리고, 마을의 일들을 처리해 주었다. 이때까지만 해도 완전히 가짜 중이었다. 그런데 40대가 되었을 때 마을에 역병이 돌아 주민들이 몰살했다. 생존자들은 노비로 팔려 가기도 하고 뿔뿔이 흩어졌다. 큰 충격을 받았는지, 스님은 절반은 진짜가 되었다. 밀수업과 완전히 손을 끊지는 않았지만, 살아남은 마을 사람들을 돌아보고 이들을 돌보는 데 물건들을 썼다. 어디서 배웠는지 장례를 치르며 독경을 했다. 생존자 중에 허수광의 어미와 각별했는데, 그녀가 해적 마을에 와서 자신을 발견하고 구해 준 사람의 딸이었다.

허수광은 자라면서 스님을 따라 어둠의 세계에도 발을 디디게 되었는데, 잠시 일을 시키던 스님이 그를 떠나보냈다. 은인의 손자를 진짜 범죄자로 만들 수는 없다고 생각했던 모양이다. 김해 땅에 자리 잡고 결혼도 하고 양인이 되어 군역도 지게 되었는데, 임진왜란이 터졌다.

허수광이 우수영에서 내로라하는 탐망꾼이 된 건 어려서부터 스님을 따라다니며 수완을 익힌 덕분이었다. 김해로 잠입하라는 지시가 떨어졌을 때, 허수광은 스님과 암자를 떠올렸다. 홀로 김해에 침투한 이유는 스님의 과거와 정체를 보호하려는 의도도 있었다.

허수광이 자신의 임무를 설명하자, 스님은 즉시 행장을 꾸렸다. 허수광은 놀랐다. 예순이 넘은 노인에게 탐망 임무를 부탁하러 온 건 아니었다. 스님이 보고 들은 정보와 일을 도와줄 만한 조직의 인물을 소개받기 위해서였다. 스님은 말도 안 되는 소리라며 정색했다.

"이런 상황에서 누구를 믿을 수 있겠나? 나를 믿고 따라오너라. 그런 일이라면 나는 아직 정정하고 너는 피라미야."

스님은 허수광에게 짐을 하나 지우더니 대로를 따라 걸었다. 김해강과 양산강 사이는 모래톱과 섬, 늪지가 섞여 복잡했고, 약간이라도 높은 고지에는 초소들이 있었다. 왜군이 도망치면서 빈 초소도 있었지만, 여전히 왜선들의 왕래가 활발한지라 곳곳에 감시병이 있었다. 이들도 조선군 정찰대나 탐망꾼의 활동을 예측하고 경계가 삼엄했다.

그럼에도 불구하고 정말로 왜병들은 승려에게는 깍듯했다. 노승은 어릴 때 해적에게 납치되었던 경험으로 일본말도 약간은 알았다. 한두 마디나 하는, 그것도 억센 시코쿠 사투리가 섞인 이상한 일본어였지만 왜병들은 그 말투에서 오히려 신뢰를 느끼는 모양이었다. 그렇게 허수광을 숨겨 놓고 김해와 양산강을 둘러보았다. 밤이 깊어지자 노승이 돌아와서 양산강을 오가는 배의 수, 자신이 직접 보고 들은 정보와 탐문으로 얻은 정보를 허수광에게 알려 주었다.

어둠이 내리자 낮처럼 큰길을 걸어갈 수는 없었다. 아무리 스님이라도 이상하게 생각할 게 분명했다. 스님은 능숙하게 숲과 인적 드문 언덕을 돌아 허수광을 바닷가까지 데려다주었다. 폐허가 된 마을에서 노 하나가 달린 작은 거룻배도 찾아냈다.

"방향은 알겠지? 저쪽이 가덕도다. 어여 가거라."

"스님, 몸조심하십시오. 왜놈들이 물러가면 꼭 찾아뵙겠습니다."

"이놈아, 오늘 보지 못했더냐. 내 걱정은 말고 너나 조심해. 이럴 틈 없다. 어서 가거라. 꾸물거리다가는 들킨다."

허수광이 배로 향하자 노승이 나지막이 속삭였다.

"그래, 몸조심하고. 전쟁 끝나면 꼭 찾아오너라."

그 말을 듣는 순간 갑자기 가슴이 뭉클해지며 눈물이 고였다. 몸을 돌려 해안을 보니 노승은 벌써 사라지고 보이지 않았다. 허수광은 홀로 물었다.

과연 나는 살아남을 수 있을까? 아니, 이 전쟁은 언제 끝날까?

최종 승리를 향하여

부산행

안골포 해안에서 전날의 전과를 확인한 조선 함대는 아침이 밝자마자 부산포를 향해 항진했다. 바로 부산포를 습격하면 좋겠지만, 적의 상황을 모르는 상태에서 돌진할 수는 없었다. 조선군은 가덕도에서 다대포 앞바다 사이에 함대를 도열하고 위세를 보였다. 조선군은 사정이 있어 일본군이 덤벼 주길 바랐다. 군량이 2일치밖에 남아 있지 않았다. 이순신은 더 이상 언급하지 않았지만, 특별한 이유 없이 군량이 떨어졌다면 탄약과 화살도 거의 소진되었을 가능성이 크다. 함대가 원정을 나갈 때는 모든 물자를 선적하고 가야 한다. 일정, 예상되는 전투 일수, 군량 등은 정밀하게 계산하고 균형을 맞추어 적재한다. 전투의 상황은 예측하기 어렵지만, 이미 2번의 격전을 하루 종일 치르고 군량이 없는 상태에서 탄약이 충분하다면 그게 이상한 것이다.

막막하던 차에 우수영 수군 허수광이 상세한 첩보를 들고 돌아왔다. 김해와 양산강에 일본선이 100척가량 있었다. 방파제 공사가 쉽지 않았던 조선시대에는 바닷가보다는 이처럼 강 하구의 안쪽으로 들어온 지대가 포구로 인기였다. 이 배들은 대부분이 수송선이라 전투 대형을 갖추고 있지는 않았다. 그러나 배가 의외로 많았다. 노승이 허수광을 통해 알려 준 첩보에 의하면, 매일 이 강을 드나드는 배만 50여 척이 넘었고 갓 목격한 배만 100여 척이었다. 어제 안골포해전의 포성을 듣고 왜군이 다 도망쳤는데, 남아 있는 배가 이 정도라고 했다.

이들을 공격한다면 커다란 전과를 올릴 수도 있지만, 일본군의 예비함대가 있을 수도 있고 무엇보다 조선군은 식량과 화약이 거의 떨어진 상태였다. 시점은 정확히 알 수 없지만, 이순신은 포로로 잡혔다가 구출된 사람들로부터 일본군이 호남 침공 계획을 세울 때 3개 함대를 동원했다는 첩보를 얻었다. 이순신은 한산과 안골포에서 2개 함대를 격멸했으므로 1개 함대가 아직 남아 있다고 생각했다.

8월 11일, 이순신은 김해 천성보에 정박해서 함대와 병사가 장기적으로 주둔할 것처럼 연기했다. 아마 막사도 세우고, 진지구축 공사도 하는 척했던 것 같다. 그리고 어둠이 깔리자 철수했다. 야간항해는 위험하지만, 위험을 감수할 수밖에 없었다. 이 행동을 아쉽게 느끼는 사람도 있을지 모르지만 대단한 용기이자 모험이었다. 1척의 일본선이라도 더 몰아내고, 적의 사기를 꺾고, 부산의 지형과 상황을 알기 위해서 위험을 감수하고 할 수 있는 일을 다 한 것이었다. 보통의 지휘관이었다면 아마 안골포에서 회군했을 것이다.

회군하는 길에 이순신은 한산도에 상륙한 왜병을 소탕하려고 했다. 잔병의 대장 격인 마나베 사마노조는 이곳이 육지가 아닌 섬이라는 사실을 알자 좌절했던 모양이다. 그는 선장이 배를 잃었으니 면목이 없다고 말하고 할복했다. 할복이 사무라이의 명예로운 행동인 것처럼 미화되곤 하지만, 지휘관에게 명예로운 행동은 병사들의 생명을 끝까지 책임지고 생환을 위해 노력하는 것이다. 할복은 그런 노력이 무위로 돌아가서, 병사들의 생명을 책임질 수 없고 아무것도 할 수 없을 때 포로가 되거나 고문당하는 수치를 모면하기 위해 하는 행동이었다.

마나베의 할복은 낙오병들에게도 죽음을 의미하는 것이었다. 이들은 피로와 굶주림으로 해변에서 경계도 없이 졸고 있었다. 이순신은 상륙해서 이들을 완전히 소탕하고 싶었지만, 군량이 떨어진 데다 금산전투에서 아군이 패배하는 바람에 적이 전주에 도착했다는 전령이 도착했다. 마침 웅치전투에서 조선군이 패하고, 일본군이 전주로 몰려오던 상황이었다. 결국 일본군은 더 이상 전과를 확대하지 못하고 패주했지만, 당시로서는 며칠 후의 일을 알 수가 없었다. 전주 함락은 반드시 막아야 하는 상황이었으므로 수군에게도 급보를 날리며 지원을 요청하고 있었다. 이순신은 한산도에 있는 일본군의 토벌을 경상우수영의 거제 병사들에게 맡기고 철수했다.

조선군은 400명과 전투를 벌이기보다는 그들을 포위해서 굶어 쓰러지기를 기다렸다. 바다는 원균이 함대로 봉쇄했다. 그런데 일본군 함대가 진격해 오고 있다는 소문을 듣고 원균이 포위를 풀고 이동해 버렸다. 이 틈에 일본군은 뗏목을 만들어 탈출했다. 이순신은 원균이 잘못된 정보를 듣고 자리에서 벗어나 다 잡은 왜병이 도망갔다며, 이를 두고 두고 아쉬워했다.

한산해전으로 이순신은 대승리를 거두었지만, 마음은 편치 않았다. 오늘날 한산대첩이라고 하면 임진왜란 3대 대첩의 하나로 추앙하지만, 이순신에게는 절반의 승리였다. 그리고 전략적 관점에서 절반의 '승리'란 없다. 전력이 조금만 더 충분했더라면 그때 부산을 엄습해서 전쟁을 끝낼 수도 있었다.

부산을 함락하면 내지에 있는 일본군은 고립된다. 바다를 건너 지원부대가 온다고 해도 조선의 대함대가 가덕도나 부산포에 포진한다면 지원부대를 수장시켜 버릴 수도 있었다. 이순신은 전쟁이 발발한 이후로 애초에 충분한 수군 함대를 부산포에 배치했더라면 적의 침공부대를 바다에서 섬멸했을 것이라며 안타까워했다. 늦었지만 지금이라도 부산을 점령하면 그런 상황을 재현할 수 있다고 생각했다.

두 번째 출전

여수로 귀환한 후 이순신은 서둘러 재출진을 준비했다. 적이 재정비하기 전에 부산을 점령해야 했다. 조급하고 안타까웠다. 현대군이라면 기지에서 병사들을 쉬게 하거나 2~3일 외출 혹은 외박을 허락하고, 보급품을 적재하고 응급 수리와 정비를 끝내면 바로 출전할 수 있을 것이다. 물론 현대전에서도 말처럼 쉽지는 않지만 조선시대에는 아예 불가능했다. 병사들은 휴식을 위해서 좌수영의 병영이 아니라 기지나 집으로 돌아가야 했다. 각 선단의 보급도 원래 군현에서 해야 했다. 여기까지 오고 가는 데만 일주일 이상이 걸린다. 각자의 진에는 군량도 보급품도 고갈된 상태였다. 재보급은 고사하고 군사들이 굶주리고 있었다. 여유가 있는 고을에서 변통해야 했는데, 이것도 단독으로는 결정할 수 없고 도순찰사에게 공문을 보내 허락을 받아야 했다. 허락을 얻어도 수송에 며칠이 걸린다. 시간은 사정없이 흐르고 이순신은 애가 탔다.

이순신은 재출전 일자를 8월 1일로 잡았다. 당시 기준으로는 최고 속도였다. 이순신은 장병들을 무섭도록 몰아쳤다. 좌수영에 집결한 함대는 전선 74척에 협선 92척으로 역대 최대 규모였다.

전선은 2차 출전 때의 52척보다 40%나 늘었다. 겨우 3주만에 이룬 성과였다. 협선도 무려 92척으로 늘었다. 1차 출전 때 좌수영 함대의 구성은 전선 24척에 협선은 15척에 불과했다. 판옥선의 증설도 있지만 보조선인 협선을 크게 늘렸다는 사실이 두드러진다. 일본군에 대한 자신감, 수군의 전술적 숙련도나 전투력이 상승하면서 협선의 역할도 커졌던 것 같다. 이순신은 이 모든 배를 이전보다 갑절이나 엄하게 정비하고 다스렸다고 했다. 이 정비의 내용이 관건이다. 선박과 무기에 대한 기계적인 정비와 수선을 말하는 것일까? 아니면 군수 보급 전반에 걸친 출전 준비의 변화와 개선을 포함하는 것일까?

매번 그렇지만, 정비 내용과 방법을 거의 기밀 취급하며 문서에 언급하지 않은 이순신의 특성 덕분에 알 수가 없다. 하지만 출전 준비의 내용은 결국 전투 목표와 방법에 의해 결정된다. 전투 목표와 시행 방법의 변화는 이전 전투의 경험을 따를 수밖에 없다.

지난번 전투에서 얻은 치명적인 교훈은 부산포에 수송선을 포함한 일본선의 규모가 생각보다 많고 넓게 퍼져 있다는 것, 군수품과 군량으로 인한 작전 일수의 한계를 깨달은 것이었다. 이 점을 감안하면 협선의 증가는 보급, 수송 능력의 강화를 의미한다. 그만큼 판옥선에 무기와 화약의 적재량을 늘릴 수 있었다. 또 협선은 수색 정찰 임무에도 유용했다.

그러나 이렇게 전광석화로 집결한 뒤에 모종의 이유로 인해 출전이 24일까지 연기되었다. 그 사정은 정확지 않다. 군사훈련을 위해 소진했다고 볼 수도 있다.◇ 판옥선이 40%나 늘었다는 건 병사와 격군도 40%가 신병이라는 의미다.

◇ 이민웅, 《임진왜란 해전사》, 청어람미디어, 2004, 101쪽.

이순신은 결진 후에 거듭 언급한 "약속을 명확히 한다"라는 말은 훈련을 가리키는 것일 수 있다.

지난번 부산 출전에서 이순신은 부산에 있는 일본배의 숫자가 상당히 많다는 사실을 발견했다. 현재의 부산항은 조선시대에는 바다였다. 근처의 평지는 전부 구한말 이후의 매립지다. 조선시대의 해안선은 놀랄 정도로 안쪽까지 들어와 있었다. 해안선은 넓고, 가파른 산 아래 바짝 붙어 있어서 함대가 어디로 접근하든지 육지에서 포격이 가능하다. 충분한 물자와 최대의 병력, 결국 충분한 훈련이 더해져야만 한다.

이런 사정을 감안해도 20일이 넘는 시간은 아무래도 이상하다. 20일이면 거의 2번은 출전할 만큼 긴 시간이다. 군수물자 부족에 허덕이는 군대가 이 긴 시간 동안 대병력을 모아 놓고 훈련하는 것이 가능할까? 이억기의 우수영 함대는 더 멀리서 왔다. 병사와 주민들에게 그만한 희생을 강요해서라도 부산 공격에는 충분한 준비가 있어야 한다고 각오했던 것인지, 출전을 연기한 또 다른 사정이 있었는지는 미스터리다.

파열음

8월 8일부터 조정과 경상도 관찰사 김수로부터 출전을 독촉하는 공문이 오기 시작했다. 이 내용은 실록에 없고, 이순신의 장계에 암시만 되어 있다. 8월에 선조는 당장 요동으로 망명하겠다는 조급증은 버렸지만, 조정의 전황 파악은 엉망이었다. 일단 조선 육군의 분전에 대한 기대는 거의 완전히 버렸다. 현재 평양까지 와 있는 고니시군이 진격만 한다면 막아 낼 방법이 없다고 생각하고 있었다. 그러면서도 조선에 들어온 일본군의 병력은 최대한 축소해서 이해하려고 노력했다. 그래야 마음이 편했던 모양이다. 그럼에도 소수라고 판단한 일본군을 그렇게 두려워했으니, 조선 정규군에 대한 기대와 실망이 얼마나 컸는지 알 수 있다.

반면에 명나라군에 대해서는 엄청난 기대를 하고 있었다. 당시는 명의 파병을 확신하는 분위기였다. 하늘의 군대(당시는 명군을 '천병'이라고 불렀다)가 오기만 하면 남쪽 오랑캐 따위는 한번에 쓸어 버릴 것이다. 한국전쟁 때 세계 최강국인 미군이 오기만 하면 북한군, 중공군 따위는 며칠이면 쓸어 버릴 것이라고 기대하던 심리와 비슷했다.

이런 비합리적 상황판단이 교차하다 보니 조정은 일종의 착란상태에 빠졌다. 수군의 승리에는 적당히 감동하면서

홍의장군 곽재우를 비롯한 의병이 봉기를 시작하자 엄청나게 기대했다. 자신들이 선발하고 녹봉을 주며 길러 낸 무장들이 얼마 안 되는 일본군도 상대할 수 없다고 생각하면서도, 초야에서 일어난 의병이 일본군을 곧 섬멸할 수 있다는 황당한 기대를 품었던 것이다. 이 인식은 조선의 문관들이 전쟁에 대해 얼마나 문외한이며 그동안 국방, 군사정책을 얼마나 엉망으로 짜 왔는지, 그들이 시행해 온 관리 등용책이 얼마나 신뢰할 수 없는 수준이었는지 자인하는 격이었지만, 또 그런 반성은 입 밖에 내지 않았다.

확증편향, 무지, 근거 없는 낙관, 성리학적 선민의식과 국수주의, 이런 것들이 뒤섞여 전황에 대한 환각과 자가당착이 발생했다. 전리품을 싣고 후방으로 내려오는 일본군은 짐을 싸서 도망치려는 것으로 보이고, 피곤해서 졸고 있는 왜병은 전의를 상실한 병사로 보였다.

환각이 확신이 되어 이순신에게 수군으로 부산을 쳐서 일본군의 퇴로를 막으라는 명령이 내려왔다. 8월 8일에 선전관을 통해 보냈다는 선조의 유지도 이런 내용이 아니었을까 싶다. 이순신도 원래 공세로 나갈 예정이었는데 왕의 지시에 따라 출정하는 모습을 갖춘 것인지, 아직 준비가 더 필요하다고 생각했지만 왕과 관찰사의 독촉에 출전을 앞당

긴 것인지는 알 수 없다.

　8월 24일, 이순신과 이억기가 출항했다. 25일, 사량에서 원균과 합세하고 당포에 정박했다. 26일, 이순신은 위험을 감수하고 야간에 견내량을 통과했다. 일본군의 탐색과 육상 공격을 피하려 했고, 이날 바람 때문에 하루 종일 출발이 연기되었기에 시간을 절약하려는 의도도 있었던 것 같다. 27일, 제포 근처의 원포에 도착했다. 여기가 일본군 부산 침공의 시작점이었다. 여기까지 오자, 일본군도 조선 함대를 발견하고 대소동이 벌어졌다.

　사료에는 명확하게 기록되지 않았지만, 이순신은 정보 부족으로 적의 동정을 파악하는 데 애를 먹었던 것 같다. 이곳은 원균의 경상우수영 관할로 우수영의 첩보 능력에 의존해야 했다. 원균과 만나자마자 적의 소식을 상세히 물었지만, 이순신은 확신하지 못했다. 사진이 없던 시대다. 첩보는 목격자의 눈과 귀, 판단에 의존할 수밖에 없다. "적이 많고 강건합니다", "적이 두려워하는 흔적이 역력합니다"라는 식의 첩보를 어떻게 믿을 수 있을까? "제가 하루 종일 숨어서 오고 가는 배를 지켜보았는데 50여 척이었습니다"라고 하더라도 배 50척이 한꺼번에 이동한 것인지, 5척이 10번씩 왕복한 것인지 알 수 없다. 정보부서는 이런 첩보들을 조합해서 정황을 분석하고 판단을 내려야 한다.

이 과정에서 정보책임자와 지휘관의 성향과 의지가 상황 판단에 중요하게 작용한다. 원균은 실패를 만회하기 위해 혈안이 되어 있다. 게다가 원래 스스로 맹장형이라고 생각하는 사람이고, 이 원정의 계획과 작전을 자신이 주도했다고 주장하고 싶어 했다. 이때의 회의 내용은 기록에 없지만, 그 후의 성향을 봐도 원균은 "우리가 적이 대비할 틈을 주지 않고 일거에 몰아치면 승리할 수 있다"라는 식의 낙관적인 분석을 내놓았을 가능성이 크다고 생각된다.

이순신의 입장에서 보면, 원균에게서 나오는 첩보는 자신의 주장에 맞게 걸러진 정보가 분명했다. 적이 온다는 허위 정보를 듣고 포위를 풀어 한산도에 고립된 일본군을 놓친 것도 원균의 첩보 능력을 의심케 했다. 우수영에 허수광 같은 우수한 인재가 없는 건 아니지만, 첩보의 진위를 판별해야 하는 지휘관이 편향이 강하고 자신의 맘에 들지 않는 첩보를 배척하면 인재에게 도달하기도 전에 첩보가 걸러진다.

이순신을 신적으로 추앙하기 때문에 원균이 과도하게 비난받는다는 지적이 있다. 필자도 그런 부분이 있음을 인정한다. 하지만 정보 분석과 판단에서 원균이 이런 오류를 저

지르기 쉬운 성격인 데다 여러 기록에서 그런 면모가 보이는 건 사실이다.◇ 물론 어떤 지휘관도 확증편향과 정보에 대한 호불호로 인해 판단에 착오를 일으킬 가능성이 있다. 세기의 명장들도 이런 실수를 저질렀다. 굳이 따지자면 이 부분에서는 실수를 저지르지 않은 리더와 지휘관이 드물지도 모른다. 그렇다고 해도 원균에게 치명적인 결함이 있는 것은 사실이었다. 이순신에게는 용납하기 힘든 결점이었다. 게다가 이순신은 평소에도 원균의 단순하고 직선적인 사고방식, 그런 태도를 용감한 장수의 징표로 간주하는 사고를 경멸했다.

이날 회의의 논제 중 하나는 주 타격지점이었다. 적선이 다량으로 정박해 있을 만한 지점은 김해강이나 양산강 하구 안쪽과 부산성 아래 항구였다. 지난 원정 때 정탐꾼이 양산강에서 100척 가까운 배를 보았다고 했고, 평소에는 더 많았다고 했다. 이순신은 양산강 공격이 별로 마음이 내키지 않았던 듯하다. 조선 함대의 접근을 안 이상, 전선들이

◇ 이순신은 원균이 헛소문을 흘려 군중을 동요시킨 적도 있고(《난중일기》, 1593년 5월 21일) 작전회의를 하는데 원균의 말은 거짓말이 많아 믿을 수가 없다고 한 적도 있다(《난중일기》, 동년 7월 21일). 다만 이순신은 원균의 선동이나 거짓말의 내용을 구체적으로 적지는 않았다. 원균 함대의 전력, 일본군의 동태에 관한 내용일 가능성이 크다.

그곳을 탈출했을 가능성이 크다. 정탐꾼의 보고도 그랬다. 안쪽에 배가 많이 남아 있다고 해도 강이 좁고 얕아서 판옥선을 전개하기 어렵다.

증거는 없지만, 다음 날의 행동을 보면 원균은 양산강 공격을 강력하게 주장했던 것 같다. 경상우수영의 전선은 수가 적지만 좁은 양산강이라면 자신들이 선봉이 되어 진격할 수 있다고 판단했을 것이다. 불도저처럼 돌진하며 눈에 띄는 일본선을 닥치는 대로 파괴하는 것은 원균의 전투 성향에도 맞고 자신이 공격을 주도하고 이끌었다고 주장할 수 있을 터였다. 강 하구의 지형과 수심을 두고도 원균은 판옥선 운용이 충분히 가능하다고 주장했을까? 이곳은 경상우수영의 홈그라운드이니 미심쩍어도 크게 반박할 수가 없었다.

이렇게 되면 눈으로 확인하는 수밖에 없었다. 28일, 함대 주력이 가덕도에 정박하고, 첨사 이순신과 어영담을 강 하구에 매복시켜 출입하는 일본선을 관측했다. 두 사람의 보고는 실망이었다. "하루 종일 겨우 작은 배 4척이 나왔을 뿐입니다."

29일, 이순신은 함대를 둘로 나눠서 강으로 진입해 소탕 작전을 펴기로 한다. 마침 양산에서 나오는 일본 대선 4척과 소선 4척과 조우했다. 원균이 서둘러 공격 명령을 내리고, 경상우수영 전선들이 득달같이 달려들어 배를 파괴했다. 적은 겨우 30여 명으로, 전투병은 없고 모두 배를 옮기던 선원들이었다. 1척이 노를 저으며 다른 배를 묶어서 끌고 가던 게 아닌가 한다. 일본군은 배를 버리고 도망쳤고, 원균은 유기한 배를 부수고 의기양양했다.

원균은 기세를 타서 강으로 진입하려고 했지만, 전라수군 함대가 정지를 명령했다. 이순신은 강의 지세나 수심이 판옥선을 투입할 여건이 안 된다고 판단했다. 이때 두 사람은 언쟁을 벌이거나 서로 화를 내지 않았을까? 원균은 이순신이 소심하다고 하거나 자신이 공을 세울 기회를 주지 않으려도 한다고 말하고, 이순신은 원균의 주장과 실상이 다르다고 했을 것이다. 이 두 주장은 판단의 문제다. 왜의 대선도 드나든 것을 보면 판옥선의 항행은 가능했을 것이다. 판옥선은 왜의 대선보다 컸지만, 평저선이라 바닥이 얕았다. 이순신의 기준은 항해 가능 여부가 아니라 전투 효율이었다. 전투해 보았자 별 이득도 없는 작전에 체력과 무기를 낭비할 필요가 없었다.

작전을 두고 벌이는 이순신과 원균의 대립은 필자의 상상이지만 비정상적인 상황이 있었음은 확실하다. 새벽에 출발해서 동이 틀 때 하구에 도착한 함대가 어두워질 때까지 머물러 있었다는 건 아무리 생각해도 정상적인 상황이 아니다. 결국 함대는 하루를 낭비하고 가덕도로 철수했다. 선상에서 이순신과 이억기, 원균은 밤새도록 토론을 벌였다. 이것도 작전을 둘러싼 이견을 암시한다.

부산포해전

9월 1일 새벽에 함대는 부산포를 출발했다. 몰운대(현재 부산 다대포), 서평포, 절영도를 지나면서 정박해 있던 왜의 대선 10여 척을 파괴했다. 일본군들이 미처 처리하지 못하고 남겨 둔 배들이 분명했다. 배 안에 화물이 남아 있었던 것을 보면 지연 작전을 위해 일본군이 일부러 남겨 둔 것 같기도 하다. 속셈을 알아챈 이순신은 전리품에 일절 손을 대지 말라고 하고 통째로 불태웠다.

괜찮은 전과지만, 이순신은 불안했다. 낙동강 하구에서 2일을 낭비하지 말고 바로 부산진으로 왔어야 했다. 적에게 대비할 시간을 충분히 주고 말았다. 부산만으로 진입하자 초량 앞바다에서 왜의 대선 4척이 도전해 왔다. 겨우 4척으로 덤벼드는 게 이상하지만 속도와 백병 능력에 항상 자신감을 가졌던 일본군은 기병이 보병 대열로 뛰어들겠다는 각오나 판단으로 공격해 온 것 같다(그 뒤로 부산진에는 무려

470척의 배가 3개소에 나뉘어 포진해 있었다). 일본군 안에서 진격해 조선군을 포위하고 싸우자는 의견과 포구에 정박해서 방어전을 펼치자는 의견이 대립했을 것이다. 아마 성급한 공격론자들이 자신들이 모범을 보이고, 전투의지를 고취한다며 달려 나왔을 것이다.

적군은 몇 척 안 되지만 이 순간은 중요하다. 일본선이 용전분투하고 조선군이 섬멸에 시간을 끌면 일본선들이 가세해서 대혼전이 벌어질 수도 있다. 상황을 파악한 조선군은 망설이지 않고 진격해서 이들을 상대했다. 마치 《삼국지》에서 전군이 보는 앞에서 적장과 일대일 대결을 벌이는 것 같았다. 조선군의 선수는 녹도만호 정운, 거북선 돌격장 이언량, 참사 이순신, 순천부사 권준, 낙안군수 신호 등이었다. 숫자상으로 일대일은 아니지만 조선군 대표들은 제대로 본때를 보여 주었다. 4척이 순식간에 패하고 불탔다.

조선군은 환호를 지르며 좌우로 장사진을 길게 펼치며 진군했다. 적이 측면으로 돌아 나올 기회를 주지 않고, 병력이 많아 보이게 하기 위해서였다. 부산만은 안골포, 당포 등지와는 비교도 되지 않게 넓고, 정박해 있는 함대를 공격하는 상황이니만큼 학익진보다는 장사진이 유용했다.

조선군 입장에서는 조자룡 흉내를 내는 일본 대장선이

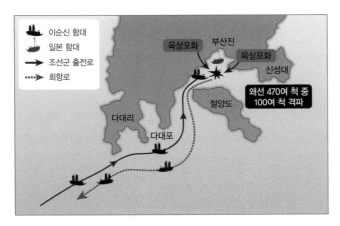

부산포해전도

4척뿐인 것이 아쉬웠다. 우려했던 대로 일본군은 준비를 단단히 하고 있었다. 배를 3군데로 나누어 배치하고, 병력은 부산성을 포함해서 산 위 6군데에 포진하고 있었다. 사격진지를 구축하고, 참호도 파 두었다.

3과 6이 의미하는 것은 배를 정박한 곳마다 좌우로 사격진지를 구축하고 기다리고 있었다는 말이다. 적이 설치해 둔 미끼를 향해 달려드는 격이었다. 조선군이 접근하자 사격이 쏟아졌다. 지금껏 겪어 본 적이 없는 포화였다.

적들이 총통과 활을 가지고 거의 다 산으로 올라 여섯 곳에 나누어 주둔하고, 우리를 내려다보면서 철환과 화살을 우박처럼 빗발치듯이 쏘았습니다. 심지어 편전을 쏘는 것은 우리나라 사람들 같았습니다. 철환 중에는 크기가 모과만 한 대철환도 있었고, 주발 덩어리만 한 투석도 쏘아 우리 배를 많이 맞혔습니다.

당시 부산포 해변은 좁았고 해변에는 가파른 산이 담장처럼 솟아 있었다. 이런 탁월한 방어지형도 부산을 개항장으로 만든 이유 중의 하나였다. 부산만은 한려수도에 비하면 조류와 파도가 세고, 바람도 역풍이 불어서 조선군이 함선을 운용하기가 훨씬 어려웠다. 크고 평저선인 조선의 판옥선은 이런 여건에서 기동이 불리하다. 격군들의 체력소모도 훨씬 커진다.

이런 이야기를 하면 그 차이를 대단치 않게 생각하고 심지어 비웃는 사람도 있는데, 그건 바다를 몰라서 하는 얘기다. 필자는 대학생 시절에 한려수도에서 거제도를 돌아오는 관광선을 탄 적이 있었다. 그날 운항 중에 갑자기 바람과 파도가 세졌다. 지금 같으면 배가 바로 귀환했을 텐데, 당시는 단속이 느슨하던 시절이라 선장이 유람을 강행했다. 거제도를 돌아서 복귀하는데, 거제도 밖으로 나가자 파도와 물살이 순식간에 몇 배로 강해졌다. 파도를 측면에서 맞으면 바로 전복될 만한 수준이었다. 그날 배가 다시 섬들 사이로 들어오기까지 2~3번은 전복될 뻔했다. 사고를 당했으면 필자는 살아남지 못했을 것이다.

이런 바다에서는 격군의 체력 소모도 중요한 부분이다. 부산, 가덕도, 거제도에는 안전한 정박지가 없다. 전투에서 과도하게 체력을 소모하면 당일은 무사히 넘겨도 철수하는 과정에서 큰 위험을 맞이할 수 있다.

지형적 불리함과 무시무시한 사격에도 불구하고 조선군 장병들은 움츠러들지 않았다. 적의 조준 사격, 십자포화 아래에서 조선군도 모든 화력을 동원해서 응사하면서 하루종일 정박해 있는 배들을 파괴하고 소탕했다. 일본군의 화력과 조선군의 방탄력이 격돌하고, 장병들의 용기와 사명감과 일본선의 물량 공세가 맞섰다.

이날 파괴한 일본선이 100척이 넘었다. 이순신의 장계를 토대로 구상해 보면, 적의 사격이 맹렬했지만 조선군도 응사하자 차츰 적의 기세가 약화되었다고 한다. 아마도 적의 사정거리에 최대한 근접해서 제압사격을 하고, 적의 화력이 좀 약해지면 공격선이 엄호사격을 받으며 사정거리 안으로 침투해 배를 파괴했을 것이다. 이 배가 빠져나오면 다른 배가 교대하여 진입하는 방식으로 싸웠을 것이다.

어두워지자 조선 함대는 철수했다. 가덕도 정박지에 도착하니 자정 무렵이었다. 하루 종일 그야말로 모든 에너지를 쏟아부었다. 이순신은 이 전투에서 보여 준 장병들의 용기와 노고는 한산대첩과도 비교할 바가 아니라고 회고했다.

포성이 크고 격렬하게 울려 퍼졌지만 조선군 사상자는 한산대첩보다 많지 않았다. 전사자가 6명, 부상자가 12명 정도였다. 거북선과 판옥선의 방탄력, 적보다는 사정거리가 긴 화포와 신기전, 활을 비롯해, 이젠 10번이 넘는 전투로 다져진 병사들의 용기와 기술, 노련함의 결과였다.

그러나 전사자 6명 중에 큰 희생이 있었다. 이순신이 가장 아꼈고, 누구보다 유능하고 헌신적이었던 장수 정운이 머리에 적탄을 맞고 전사했다. 부산포해전이 아군에게 어려운 싸움이 되리라는 것과 그 어떤 때보다도 용기 있는 지휘관이 필요하다는 사실을 정운은 직감했던 것 같다. 초량에서 일본선 돌격대와의 전투, 부산성 아래에서 일본군과 화력 대결을 벌일 때면 정운은 선두에 섰고 전군의 사기를 북돋웠다.

적들도 전투 경험이 많았다. 정운을 먼저 꺾어야 한다는 판단을 하지 않았을 리 없다. 정운도 방비를 단단히 했다.

판옥선 벽에 참나무 방패를 3중으로 세웠다. 방패에 얇은 철판을 대기도 했다. 그러고도 쌀 포대를 모래주머니처럼 2중으로 쌓았다. 지휘관을 보호하기 위해 더 방비를 튼튼히 했을 것이다.

정운을 죽인 조총은 일본군의 조총 중에서도 가장 구경이 큰 작은 화포 수준의 대구경탄이었다. 이 탄환이 5중 방벽을 뚫고 정운의 투구와 이마를 관통했다. 아무리 대구경 조총이라고 해도 위력이 이 정도일까라는 의문이 드는데, 적군이 오랫동안 집중사격을 했다면 방패가 깨지고 쌀 포대에 구멍이 나서 방탄력이 몇 분의 1 수준으로 약해졌을 가능성이 크다. 그럼에도 아랑곳하지 않고 싸운 건 정운의 용기와 사명감 덕분이었다.

정운뿐 아니라 이순신 휘하에 훌륭한 장수가 많았다. 임진왜란 발발 전, 겨우 1년 반 정도라도 조정이 정신 차리고 노력했던 덕이었다. 조정과 관료들이 고분고분하고 규정을 잘 지키는 것만이 능사가 아니라는 사실을 좀 더 일찍 깨달았더라면 역사는 어떻게 바뀌었을까?

우리는 모두 전쟁 없는 세상, 평화로운 세상을 원한다. 전쟁은 고사하고 치열한 경쟁, 날밤을 새우는 노력도 없는 업무 스트레스 없는 평온한 세상을 그리워한다. 그러나 이런 평온은 이기주의와 나태함으로 조성된 황량한 평온이다. 오히려 이런 평온함은 평화로운 세상을 침몰시키고 녹인다. 대혁명의 혼란이 없었다면 나폴레옹은 무능하고 소심한 중대장으로 끝났을 것이다. 남북전쟁에서 이름을 날린 야전 사령관들은 대부분 관료스럽지 않다는 이유로 변방의 요새로 쫓겨나거나 퇴역한 상태였다. 《삼국지》의 영웅 중 원소, 원술처럼 집안이 좋았던 인물 빼고 능력으로 조정의 주목을 받거나 능력에 합당한 위치에 있었던 사람은 손견 정도다. 사실 손견도 강남 명문가였던 처가 덕을 조금은 보았다. 유비, 장비는 동네 호걸이고 관우는 도망자였으며, 하후돈, 하후연, 전위, 허저 등 조조의 맹장들도 다 비슷한 신세였다. 이렇게 한마디로 말하고 싶다. 겨우 1~2년 동안 조정이 반만이라도 정신을 차린 결과, 조선의 전쟁 수행 능력과 운명이 바뀌었다.

부산포해전이 한산해전보다 덜 유명한 이유는 이 해전에 대한 평가가 갈리기 때문이다. 이순신을 비난하는 실록의 한 기사는 부산포해전을 '패전'이라고 평가했다. 관료들이 이런 헛소리를 할 줄 알고 이순신이 장병들의 분투는 한산해전에 비할 바가 아니라고 보고서에 기록했던 것이다.

'전략적 목표'라는 관점에서 보면 부산포해전은 실패가

이순신 장군이 가장 아꼈던 부하, 정운

정운은 1543년생으로 이순신보다 2살 위였다. 그는 진정한 무인이었다. 책임감이 강하고, 불의를 보면 참지 못하고, 상관의 눈치도 보지 않았다.

정운은 운이 없었다. 이순신보다 훨씬 더 불운했다. 거산찰방, 웅천현감, 해주판관을 지냈는데, 불의를 참지 못하는 성격 탓에 상관의 미움을 사서 파직되었다. 조선이 전쟁 준비 상태로 돌입하지 않았다면 다시는 벼슬을 하지 못했을 수도 있다. 그런데 전쟁이 터진다고 하니 그제야 조정에서 이런 무인을 찾았고 임진년에 녹도만호로 발탁되었다. 그리고 전라좌수영에서 정운은 이순신을 만났다. 두 사람의 공통점은 목표 달성을 위한 합리적 추진력(관료적 합리주의가 아니라 전시 기준의 합리와 추진력), 무능하고 기회주의적인 태도를 못 참는 성격이었다. 정운은 처음으로 진정한 군인으로 살 기회를 얻었고, 그 삶에 자신의 생명을 묻었다.

조정은 전사한 정운에게 병조참판을 추증했다. 이 소식을 들은 이순신은 정운을 위한 제문을 지었다. 부산 다대포 바다로 튀어나온 곳 부분에 정운을 추모하는 비가 있다. 이 비는 1798년 정운의 8대손인 정혁이 다대포첨사로 부임했을 때 세워졌다.

맞다. 그렇다고 패전이라고 칭해서는 안 된다. 전투의 승리와 전략목표 달성은 기준이 다르다. 한산해전의 전략적 목표가 일본군의 호남 진공 저지와 전쟁 계획 수정이라면, 부산포해전의 목표는 일본군의 전쟁 포기와 철수다. 이 목표는 수군이 홀로 이룰 수 있는 목표가 아니었다.

14 조정의 방해와 전염병

밖의 적과 안의 적

나라를 위해 걱정할 일이 많은데, 일마다 이러니 더욱더
탄식이 일고 눈물이 잠긴다.

— 《난중일기》, 1593년 5월 15일

진창 싸움

임진년에 이순신은 5번 출전하고 14번을 싸워 모두 이겼
다. 1593년 정월, 드디어 명군이 압록강을 넘어 조선 땅에
진입했다. 1월 6일 평양성을, 2월에는 개성을 탈환하고 서
울을 향한 남진을 시작했다.

그러나 진정한 승리의 환호는 남해안에서 울려 퍼지고
있었다. 명군에 대한 기대는 벽제관전투 이후로 실망으로
바뀌지만, 조선 수군은 천하무적이었다. 조정은 환호하고,

장병을 포상하고, 도망쳤던 백성들이 돌아오고, 분노한 청년들은 수군에 입대하겠다고 몰려든다.

영화라면 이렇게 꽤 멋진 장면들이 나오겠지만 현실은 언제나 냉철하고 잔혹하다. 전쟁 발발 후 자원 입대자가 몰려드는 건 초기뿐이다. 이기든 지든 전장의 공포가 전해지고, 진심으로 나라를 위해 싸우려고 했던 건전한 청년들이 동나면 병역기피자, 도망자와의 전쟁이 시작된다. 전선에 있는 병사도 모두 애국자인 건 아니다. 훌륭한 사병이 먼저 전사하고, 비겁자는 오래 살아남는다. 승리하든 패배하든 군대를 빠져나갈 구상만 하는 병사들이 늘어난다.

여기에 정부가 기름을 붓는다. 지휘관과 장교, 공을 세운 병사들에 대한 포상은 꾸물꾸물하면서 갑자기 백성들에게 자애로운 아버지가 됐다. 1593년 초, 선조로부터 이런 명령이 내려왔다.

병사가 도망을 쳐도 사변이 평정될 때까지는 친족이나 이웃을 침해하는 것을 일체 면제하라.

조선시대는 인보법, 오가작통법, 족징, 인징이라는 제도가 있었다. 탈영을 하거나 세금을 내지 않고 도망을 친 범죄자가 있으면 이웃, 친척에게 연대책임을 물리는 제도다. 현대인들이 들으면 끔찍하게 생각되는, 악법 중의 악법이다.

이런 법은 조선시대에 만든 게 아니고 고대부터 있던 법이다. 고대인들은 잔인하고 현대인들은 깨어 있어서가 아니라, 당시의 행정제도나 기술, 사회 구조상 범죄를 저지른 개인을 추적하기가 쉽지 않아 개인에게만 책임을 물을 수 없었기 때문이다. 현대에는 장애나 후유증 없이 치료할 수 있는 상처를 과거에는 무조건 절단하거나 심지어는 치료를 포기해야 하는 경우가 많았다. 그렇다고 해서 옛날 사람들이 환자의 삶이나 인명을 소중히 여기지 않았던 것은 아니다.

또 연대책임 제도가 있다고 해서 모두 가혹하게 집행했던 것도 아니다. 느슨한 행정력만큼이나 집행에도 인정과 융통성이 있었다. 다만 이 융통성이 양날의 검인데, 사용하기에 따라서는 현자의 판결이 나올 수도, 오만가지 악행을 초래할 수도 있었다. 한마디로 현대사회가 정밀기계라면 과거의 사회는 유격이 넓은 사회였다.

아마도 조정에서 누군가가 이렇게 말했을 것이다. 수군이 큰 공을 세웠으니, 수군이 나라의 기둥이다. 그러니 백성에게 인덕을 베풀어야 한다. 그러면 백성들이 감격해서 더 충성하고, 병사들은 혼신의 힘을 다할 것이다.

이순신은 기가 막혔다. 전쟁이 나기 전에는 제대로 된 도움은 안 주고 훼방만 놓다가, 막상 전쟁이 터지자 아무것도 못 하던 인간들이 뭐가 좀 된다 싶으니 다시 입을 열어 쓸데없는 짓을 하기 시작했다.

선조의 자애로운 명령이 떨어지자 갑자기 병력의 반 이상이 사라졌다. 이순신의 육성을 들어보자.

이같이 위태롭고 어려운 날을 당해 수졸 1명이 평시 100명에 해당하는데, 한번 이런 명령이 내려오자 모두 다 면제되려고 꾀를 부립니다. 지난달에 수졸 10명을 보내던 고을이 이번 달에는 겨우 3~4명을 보내고, 어제 10명이 있던 수졸이 오늘은 4~5명 미만입니다. (…) 배를 타고 적을 토벌함에 무엇에 힘입어 할 것이며, 성을 지켜 항전선에 누구를 의지해야 하겠습니까. (…) 만약에 일족에게 책임지는 법을 전적으로 면제한다면 성을 지킬 자와 배의 격군은 전혀 조치할 수가 없게 됩니다.

더욱 기가 찬 일은 세상 물정 모르는, 아니, 전쟁의 현실은 아무것도 모르는 자들의 착란 증세다. 이순신의 장계는 왕에게 아뢰는 글인 만큼 감정을 자제하고 정중하게 표현해야 했지만, 사석이었다면 오만 거친 말을 다 토했을 것이다. 이순신의 정중한 언사를 버리고 장계에서 지적한 착란 증세를 정리하면 이렇다.

"오, 수군이 우리의 희망이구나. 전선을 더 제조하라(예나 지금이나 병기 생산은 조정의 허락이 있어야 했다). 우리가 잘 싸우고 있으니 가혹하게 징집한 병사는 집에 돌려보내라."

병사는 반 이하로 줄이면서 전선을 증설하라는 건 뭔가? 배를 건조하려면 목재와 여러 자재를 베어서 수송할 인력이 필요하다. 새 전선에 태울 병력은 고사하고 제조에 투입할 인력도 부족하다.

"호남이 무사하다. 호남이 우리의 희망이다. 호남에 소모사를 파견해 육군 병력을 징집하자." 조정에서는 계속 이런 말이 터져나왔다. 이 전쟁에서 수군은 유일하게 압도적 우위를 자랑하는 군대다. 그러나 공세로 나가기에는 전력이 부족하다. 매번의 승리는 신중한 전략, 장병들의 분투, 전술적 역량으로 거둔 결과다. 전선에 태운 병사는 사노, 승병까지 망라해 결사적으로 쥐어짜 낸 병력이었다.

상황이 안정됐으니 수군 증설에 힘써도 부족한데, 기존 병력은 집에 돌려보내고 갑자기 육군 병력을 차출하겠다고 한다. 이순신은 의병에 대해서도 불만이었다. 의병이 전란을 극복하는 데 훌륭한 역할을 한 것은 맞다. 의병은 적에게 점령당하거나 수령이 도주해서 국가행정이 마비된 상태이거나 수령과 장수가 너무나 무능해서 백성의 신뢰를 잃어버린 경우, 지역의 실력자 혹은 초야에 숨어 있던 인재가 나서서 의용군을 조직했을 때는 효과도 있고 명분도 있다. 하지만 수군은 정규군 시스템이 완벽하게 건재한 상태였다. 무엇보다 수군은 전선과 화기를 확보해야 한다. 의병이 어선을 타고 전투에 나선다면 정찰, 경계 임무 외에는 할 수 있는 것이 없다.

경상우도 지역에서 곽재우 등의 의병부대가 좋은 활약을 보이자, 잘못 배운 역사와 전쟁 상식이 관리들의 마음을 강타했다. 제대로 된 지성과 판단력을 가진 관리도 없지 않았지만, 비합리가 합리를 이기고 비이성이 이성 위에 군림하는 현상도 전쟁사의 보편적 현상이다.

유가의 정치사상은 훌륭한 내용도 많지만 유독 군비와 전쟁에서는 판타지를 만든다. 그 판타지의 정수가 도덕과 정의감으로 무장한 백성의 궐기다. 맹자가 양혜왕(위나라의 3대 왕)에게 군비를 축소, 아니, 거의 해체하다시피 하고 이상 정치를 펼치라고 말했다. 양혜왕이 그러다가 적국이 침략하면 어떻게 대처하느냐고 묻자, 맹자는 이렇게 대답한다. "(정의와 도덕이 살아 넘치는 이상 국가가) 적의 침략을 받으면 전국에서 의인들이 달려와 구원할 것입니다."

맹자의 판타지에는 2가지 오류가 있다. 첫째, 맹자가 상상하는 수준의 의용군은 없다. 물론 역사에서 신념과 이념에 따른 의용군을 볼 수 있다. 십자군전쟁, 스페인 내전, 미국독립전쟁에도 의용군이 있었지만, 전세를 바꿀 수준은 아니었다. 대신 변명을 조금 하자면 맹자 시대는 봉건제라 맹자는 맨주먹에서 봉기한 백성이 아니라 봉건적 지도자 아래 조직된 군대를 말한 것일 수 있다.

둘째, 전쟁은 체계적이고 조직된 군대만이 감당할 수 있다. 십자군전쟁은 200년간 종교적 신념으로 가득 찬 자원자를 받았지만, 교황도 필요한 사람은 신앙으로 무장한 투사가 아니라 조직된 군대라는 사실을 얼마 안 가 깨달았다.

그러나 조선시대에는 맹자식 판타지를 이길 논리가 없었다. '평화가 오래 계속되어서 그래. 전쟁을 겪은 후에는 달라지지 않았을까?'라고 생각할 것이다. 임진왜란이란 전쟁을 겪고 후금이 발흥했다. 명군이 후금군의 상대가 되지 않는다는 사실이 드러났지만, 천하의 충의지사가 궐기하면 후금을 격파할 수 있다는 믿음을 버리지 않았다. 병자호란이란 실전이 터지자 판타지가 다시 위력을 획득하고 조선을 아예 지배했다.◆ 이런 상황이니, 임진왜란 때도 의병에 대한 과도한 신뢰와 오용이 나타나는 건 당연한 일이었다. 의병도 입장이 있고 할 말이 있지만, 그것은 다음 권에서 다루고자 한다.

정규군의 장수인 이순신에게 의병은 과용이었다. 멀쩡하게 정규군이 작동하고 있는데 의병이 허락되자 당연히 이를 악용하는 자들이 생겨났다.

수군으로 소집에 응하지 않고 도망하는 죄를 지은 무리가 (처벌을 피하려고) 혹은 소모군◆◆에 붙고, 혹은 다투어 의병에 붙습니다. 이러니 방어를 제대로 할 수 없습니다.

그리고 이런 모든 소동을 압도하는 치명적인 악재, 앞으로 상당한 파란을 일으킬 악재가 등장한다. 근거 없는 자신감으로 무장한 대전략가들의 출현이다.

명군의 참전이 결정되지 않았던 부산포해전 이전부터 작

◆ 임용한, 《병자호란》, 레드리버, 2022, 150쪽.
◆◆ 임진왜란이 끝난 후 떠돌아다니는 이들을 정착시키고, 전쟁으로 황폐해진 땅을 복구하기 위해 모집한 군대.

은 승리나 호재만 있으면 일본군이 패퇴한다고 믿는 근거 없는 습관이 생겼다. 1593년 정월에 명군이 드디어 압록강을 건넜고, 6일에는 고니시의 군대를 평양에서 몰아냈다. 조정은 전쟁이 거의 끝났다고 생각했다. '세계 최강의 대국이 참전했다. 저 작은 나라의 군대는 숨 한번 크게 쉬면 날아갈 것이다.'

선조의 교지를 품은 선전관들이 일시에 출발했다. 교지가 삼도수군에게 전해진 날은 2월 17일이었다. 교서에 적힌 선조의 명령은 간단했다.

전진해서 적이 돌아가는 길목을 차단하고, 도망하는 적을 막아 몰살하라.

이 임무를 수행하려면 수군을 2배 이상 증강해야 한다. 적이 육상진지에서 버티면 수군은 상륙작전을 감행할 수 없다. 기껏 수군을 재건하고 싸워서 승리했더니 수군을 반 토막을 내놓고는, 반 토막 난 수군으로 나가서 적을 섬멸하라 한다. 적군은 아직 저렇게 쌩쌩한데 말이다. 기가 막힐 노릇이다. 《난중일기》를 보면 이런 한심하고 어리석은 일이 벌어질 때마다 이순신은 밤잠을 이루지 못한다.

조선시대 관료는 표정 관리를 잘해야 한다. 국왕의 명령서를 받을 때 자칫 감정을 드러냈다가는 무슨 변고를 당할지 모른다. 이를 악물고 버텼지만 속으로는 어이가 없었다.

2월 17일, 선조의 교서를 받을 때 조선 함대는 경상도 해역에서 작전 중이었다. 이때의 전황은 '통상적인 작전 수행 중'이란 표현이 적절하다. 2월 6일에 출전해서 7일에 견내량에서 원균과 합류했다. 이억기의 함대는 항상 늦는다. 원균은 투덜거리며 자기 혼자 가겠다고 객기를 부리고, 이순신은 달랜다. 8일 정오에 이억기가 도착한다.

조정의 말도 안 되는 정책으로 이억기의 함대도 40여 척 미만으로 줄어 있었다. 삼도수군이 모두 모였지만 병력이 5,000도 되지 않았다. 승전을 거듭했던 임진년에도 더 과감하게 싸울 수 없었던 이유가 병력 부족이었다. 연합함대 병력이 2배 정도만 되었다면 이순신은 교대로 함대를 운용하며 일본군이 죽든 살든 포구에서 뛰쳐나와 정면 대결을 벌이지 않을 수 없는 상황을 연출해 냈을지도 모른다. 제2, 제3의 한산대첩이 있었다면 전쟁의 판도는 달라졌을 것이다.

"이 병력으로 무엇을 할 수 있다는 말이냐!" 이순신은 한숨이 나왔지만 임무를 포기할 수는 없었다. 연합함대는 거제도를 지나 진해-부산 사이의 해역을 수색한다.

10일 웅천에 정박해 있는 적의 함대를 발견하고 유인작전을 폈지만 일본군은 꼼짝하지 않았다. 12일에도 반복했지만 여전했다. 이 작전 자체도 미끼여서 부산포에 있는 일본군 주력함대가 달려오기를 기대했던 것일 수 있는데, 일본군에게는 조선 함대와 대결하지 말라는 엄명이 내려진 모양이었다.

난감해진 이순신은 14일에 선상 회의를 열었는데, 원균은 아프다는 핑계로 나타나지도 않았다. 이번 출전에는 전과가 거의 없을 뻔했는데, 18일에 웅천에서 일본군이 마침내 유인작전에 걸려들었다. 일본군 측에서도 참지 못한 자가 있었던 모양이다. 10여 척이 돌진해 나오는 것을 전 함대가 에워싸 섬멸했다.

20일에도 약간 교전이 있었다. 22일에는 이순신이 계략을 꾸몄다. 승병장인 순천의 삼혜와 흥양의 의능, 의병으로 가담한 순천인 성응지에게 부대를 인솔하고 제포에 상륙을 감행하게 했다. 이들은 특공대원 수준의 의지와 능력이 있는 인물들이었다. 이 상륙은 위장이었는데 아마 대병력은 아니었던 듯하다. 바다에서 상대하지 말고 육지만 지키면 된다고 믿었던 일본군은 당황했다. 이순신은 경상우도 병력으로 변변치 않은 선박을 보내 반대편으로도 상륙하는 척했다. 일본군들은 기만작전일지도 모른다고 생각하면서도 상륙군이 약해 보이자 마음이 동요해 분란이 일어나고 부대가 분열되었다. 일본군은 독립부대의 연합체이다 보니 누군가가 객기를 부리면 통제하기 힘들었다.

이순신은 기회를 놓치지 않고 전 함대를 돌진시켜 포구의 함대를 거의 섬멸했다. 그러나 말처럼 쉬운 전투는 아니었다. 판옥선 2척이 명령도 받지 않고 돌진하다가 암초에 걸려 좌초되었고 바로 적의 공격을 받았다.

이날 웅천에는 한산해전의 일본군 주역 구키, 와키자카, 가토가 모두 있었다. 이들은 좁은 만 안에서는 판옥선의 기동이 자유롭지 못하다는 사실에 착안해 소형선박에 긴 밧줄을 걸어서 얽어매는 작전을 구사했다. 구키와 와키자카가 1척에 서로 밧줄을 걸었고, 가토가 다른 배 1척을 공격했다. 구키와 와키자카는 서로 자신이 배를 탈취했다고 싸우다가 자기들끼리 싸울 뻔했다.

또 진도의 지휘선이 적에게 포위되었다. 거의 패망할 뻔했는데, 우후 이몽구가 치고 들어가 구출했다. 이런 식의 전투를 3월 8일까지 계속했다. 영등포, 가덕도를 순회하고, 웅천을 계속 공격했다.

조용한 전쟁

귀향해서 병사들이 해산한 것은 4월 초였다. 이번 출전도 승리라면 승리였다. 그러나 이순신은 불편했다. 전투는 기회를 잡아 일격필살로 적을 섬멸하는 대결이지, 도장에서 정기적으로 벌이는 대련이 아니며 승수 쌓기 게임도 아니다. 분명한 전략적 목표를 가지고 성취하지 못한다면 백전백승도 의미가 없다. 무의미한 소모전에 소소하지만 희생만 늘고, 적은 아군과 싸우는 방법을 터득하고 자신감을 키워 간다.

임진년에 조선 수군의 연차적인 출정과 승리는 분명히 전략적 승리와 전략적 성과를 모두 거머쥐었다. 하지만 목표가 달라진 지금, 1593년에도 똑같은 방식을 반복하는 건 의미가 없다. 이런 식으로 해서는 이길 수 없다. 이순신은 창의적인 작전으로 몇 척의 배를 침몰시키고 적병을 죽였지만, 전략적 승리나 진전이 없었다. 일본군들도 이 사실을 너무나 잘 알고 있었다. 조선 함대가 출진하면 잠시 숨을 죽이면 된다. 육상 기지는 안전하고 해상보급선도 잠시 멈출 뿐 차단되지 않는다.

이런 의문이 들 수 있다. '조선군이 웅천을 몇 번이고 공략하면서 왜 과거의 사천이나 안골포 등 임진년의 해전처

럼 거북선을 앞세우고 돌진하지 않을까?'

일본군들도 대항 전술을 찾아냈고, 조선군의 약점을 알았다. 일단 조선 함대의 접근을 감출 수가 없었다. 일본군도 정보조직과 경계망을 대거 보완했을 것이다. 조선 함대가 출현했다고 하면, 아니, 견내량을 넘었다고 하면 즉시 경보를 띄우고 배를 철수시킨다. 육상 방어진지도 충분히 강화했을 것이다.

이번에 주로 공격한 웅천은 현재 한국 해군의 심장이다. 군항으로는 최고의 지세를 자랑한다. 여기에 강력한 방어진지를 구축하면 공략이 쉽지 않다. 이순신도 마지막에는 함대를 진입시켜 사격전을 하지만, 승리해도 소모전일 뿐이었다.

이런 식의 전투를 지속하면 병사들도 애국심은 식고 회의를 느낀다. 아니, 실제적이고 치명적인 피해도 있었다. 이번 출진에서 조선군은 이전보다 2배 이상 오래 해상에 머물며 작전을 수행했다. 집요해졌다고 할 수도 있지만 선조의 무리한 요구가 원인이었다고 본다.

정부는 인기 영합 정책으로 수군 병력을 줄이고, 탈주를 조장하고, 실정을 모르는 엉터리 전략으로 1년 동안 일본군이 죽인 전투병보다 2~3배가 넘는 병사를 죽였다. 일본의 어떤 맹장도 하지 못한, 도요토미가 훈장을 수여하고도 남을 공헌이었다.

육지에서는 전쟁이 소강상태가 되면서 농업에 종사할 여유가 생겼지만, 많은 장정이 수년간 전선에 나가 있으니 노동력이 절대적으로 부족했다. 병사들은 집으로 돌아갔고, 소집을 기피했다. 소모적인 전투에 병사들도 싫증을 내기 시작했을 것이다. 노동력 부족으로 생산이 줄면서 군량도 줄어들었다. 심지어 1595년에는 출항했던 배에서 양식이 떨어져 수병들이 배에서 집단 사망하는 사건도 생겼다. 도순찰사 이원익의 평가에 따르면, 이순신은 그 어떤 장수보다 군량 조달과 병력 관리 면에서 훌륭했음에도 만성적인 병력 부족으로 고통 받았다.

야전에 있는 무장들로서는 겁에 질린 조정보다 승리가 코앞에 있는 듯 호들갑을 떠는 조정이 더 귀찮고 불쾌했다. "이자들은 평상시에 무장들이 학문이 얕다, 지적 능력이 떨어진다, 《손자병법》도 읽지 않는다고 지적하더니, 자기들이야말로 《손자병법》을 알기나 하는 거야? 손자가 병서에서 절대적으로 강조하는 원칙이 뭔가? 후방에서 야전 임무에 간섭하거나 아는 척하지 말라는 거 아닌가?"

1593년 후반기부터 전쟁은 소강상태, 반은 휴전상태가 되었다. 모두가 총을 내려놓거나 전선에 총소리가 더 이상 울리지 않는 그런 휴전은 아니었지만, 전황을 예측하고 관리할 수 있는 수준은 되었다. 기아에서 살아남은 사람들은 일단 울타리를 고치고 땅에 씨를 뿌릴 여유는 얻었다.

전선에서 치열한 격전이 벌어지는 때라도 조금만 떨어진 후방이라면 사람들의 일상은 계속된다. 그 장면만 보면 사람들이 전쟁을 잊은 듯이 보이고, 그 모습에 충격을 받는 사람도 있다. 전선이 안정되자 조선도 겉으로는 그런 모습을 되찾았다. 그러나 전쟁은 여전히 진행 중이었다.

조정은 명나라와 일본의 휴전안에 전전긍긍하고 있었다. 일본군은 남해안에 요새를 축성하며 국토 분할을 요구하고 있었다. 명나라의 태도는 알 수가 없었다. 명나라군은 오랜 파병에 지쳐 가는 기색이 역력했고, 다 집어치우고 귀국할 생각만 하는 것 같기도 했다. 접경지역에는 군대가 대치 중이었다. 모든 전선에 병력을 늘어놓을 수는 없었다. 요충에 병력을 집결하고, 공격이든 방어든 전황을 바꿀 수 있는 결정적인 기회를 노렸다.

수군은 일찍부터 이런 상황에 대비했다. 전선이 장기화될 조짐을 보이던 1592년 겨울부터, 이순신과 이억기, 원균은 한산도에 수군 기지를 건설하는 작업에 착수했다. 한산

조선시대 무장은 시를 쓸 줄 알아야 했다?

조선시대 무장들은 문관들로부터 차별과 무시를 당했다. 인종차별 같은 건 아니지만, 무장도 글을 알고, 경전과 병서를 읽고, 시를 지을 줄은 알아야 한다고 호들갑을 떨었다. 그래서 무장을 추천하면 제일 먼저 묻는 말이 "글을 아는가?"였다.

이런 희한한 기준 덕분에 '유장(儒將)'이란 해괴한 제도가 생겼다. 유학적 소양을 겸비한 소위 문무겸비한 무장을 골라서 미리 명단을 작성해 놓는 제도다. 따지고 보면 이런 것이 더 무서운 무시와 차별이었다.

당연히 무과 과목에 병서가 있었지만, 병서는 선비들의 교양이기도 했다. 문관들이 '나도 전략, 전술, 군대 운용은 안다'라고 과시하는 용도였다. 손무와 오기도 직접 언급하지는 않았지만 '우리를 파괴하는 적은 밖에 있고, 전쟁을 망치는 적은 안에 있다'라는 사실을 명확히 아는 사람이었다. 그것이 병서를 쓴 이유의 최소 절반은 차지할 것이다.

병서는 문관들도 읽었고 전략에 훈수를 두거나 명령하는 자격증으로 사용했다. 다행히 이순신은 문관들이 좋아하는, 교양 있고 시를 지을 줄 아는 장수였다. 하지만 병서를 달달 외운다고 해도 《손자병법》과 《오자병법》을 제대로 이해하고, 승리와 패배의 원리를 정확히 아는 사람은 드물다. 이순신은 이런 면에서 진짜였다. 전략적 사고, 판단력, 무엇보다도 장병들의 생명을 책임지는 리더로서의 신념과 실천력이 출중했다.

1593년 봄의 출정 이후로 이순신은 무모한 전투를 자제했다. 백성은 어렵고, 군사들도 굶고 있다. 무엇보다 장수라면 단 한 명의 병사라도 무의미하게 희생시켜서는 안 된다. 그것이 장수의 도리이고 숙명이기도 하다. 이는 정치적인 군인, 이기적인 군인과 진정한 군인을 가르는 결정적 차이다. 위대한 장수들의 고뇌와 비극이 바로 여기서 탄생한다.

도는 수군 기지로 삼기에 장점이 많았다. 적이 대규모 침공을 감행했을 때 최적의 전략 방어지점이 견내량이었고, 견내량 봉쇄에 최적인 지점이 한산도였다. 한산도는 견내량으로 직행할 수 있는 가까운 위치면서, 견내량 쪽으로 작은 섬이 방벽처럼 놓여 있다. 적이 침공해 오면 조선은 적 함대의 동향을 관측할 수 있지만 조선 함대는 견내량 입구까지 모습을 감추고 진행할 수 있었다.

한산도 포구의 입구는 좁고, 섬들이 입구를 가려주고 있다. 안쪽으로 펼쳐진 둥근 만은 동쪽과 서쪽 해안의 지형이 완전히 다르다. 동쪽은 경사가 완만하고 바다 밑에는 작은 돌들이 깔려 있다. 암초 같은 바위도 없다. 목선은 정박하면 뭍으로 끌어 올려놓아야 하는데, 암초가 있으면 배가 상한다. 그렇다고 모래사장에 두자니 배가 박히고 만다. 가는 모래면 정박하기 좋지만, 모래가 가늘다는 것은 토사가 끊임없이 내려온다는 증거라서 매년 준설해야 한다. 한산도는 바닥의 돌과 해안의 모래사장이 절묘한 조화를 이루고 있었다. 반면 서쪽은 투박한 암반 지대였다. 바닷속에는 암초를 상어처럼 배치하고, 해변에는 바위 절벽을 만들어 놓았다. 적의 상륙이 어려워 포구를 경계하고 엄호하기에 딱 좋은 지형이었다. 이순신은 나중에 이 암반 위에 통제영을 지었다.

한산도는 산으로 둘러싸여 있지만 통제영에서 안쪽 중심부까지는 약간의 평지가 펼쳐져 있어서 충분히 농사를 지을 수 있다. 그러나 모든 지형 조건이 훌륭해도 섬의 생존조건을 결정하는 결정적 요소는 물이다. 우물이 없으면 생존할 수 없다. 우물이 있어도 수량이 충분하지 않거나 바닷물이 섞여 들어오면 오염으로 인한 전염병이 발생하거나 광물질의 독소가 병사들의 건강을 해친다. 한산도는 물과 수질에서도 합격점을 얻었다. 한산도에 상수도가 설치된 때가 1989년이라고 한다. 섬이라는 점을 감안해도 주변 지역

한산도만 전경

에 비해 상당히 늦다. 이전까지는 주민들이 50개에 가까운 우물에 의존해 살았다. 현재 통제영 건물인 제승당으로 들어가는 입구에 통제영에서 사용하던 우물이 남아 있다. 안내문에는 짠맛이 없는 훌륭한 우물이었다고 쓰여 있다.

그러나 수질이 좋았다는 이 훌륭한 우물도 현재 기준으로는 음용 금지다. 후대에 오염된 것인지, 문화재 보호를 위한 조치인지는 알 수 없지만, 육지의 물만큼 훌륭하지는 않았을 것이다. 한산도에 장기 주둔했던 장병들은 식수로 인해 고통받고 건강 이상을 겪어야 했을 것이다.

한산도는 전라 좌우수영 함대를 집결해 치고 나가기도

한산도에 있는 우물

유리했다. 탐색선을 풀어 일본군의 동향을 지속적으로 감시하고, 일본선이 소규모 함대를 풀어 약탈극을 벌이거나 집결해 있으면 출동해서 공격했다. 부산포까지는 아니어도 거제도, 웅천 등지의 포구로 공격을 나가 위력을 보였다.

그러나 앞에서 말했던 것처럼 일본군은 조선 수군과 절대로 대적하려 들지 않았다. 조선군은 결국 육지를 점령해

현재의 견내량

266

야 했는데, 일본군이 주요 지역에 촘촘하게 왜성을 축조하면서 공격은 더 힘들어졌다.

최악의 적

이순신도 꼭 필요한 경우가 아니면 소모적인 공격을 남발할 이유가 없어졌다. 사실은 어쩔 수 없이 자제해야만 했는데, 전쟁이 장기전으로 돌입하면서 가장 우려할 만한 사태가 발생했기 때문이다. 전염병이다.

아직 바이러스로 인한 감염을 모르던 시절, 특히 사람의 교류가 적은 농촌지역에 거주하면서 다양한 바이러스에 노출된 경험이 적었던 사람들이 병영생활을 하면 바로 돌림병이 발생했다. 20세기 전에는 모든 전쟁에서 가장 높은 사망 원인이 전염병이었을 것이다. 제1차 세계대전은 역사상 가장 많은 전사자를 낸 20세기의 전쟁이었다. 이 전쟁에서 스페인 독감이라 불리는 인플루엔자 바이러스가 10분에 200여 명을 죽일 수 있는 맥심 기관총이나 야포에서 발사되는 유산탄보다 훨씬 더 많은 사람을 죽였다.

1593년이 되자 전염병이 수군을 공격하기 시작했다. 그 대가는 끔찍했다. 썩기 쉬운 목선, 좁고 밀폐된 실내, 습하고 쉽게 곰팡이가 피는 환경은 전염병의 위력을 배가시켰다. 1592년에 전상자가 전사 39명, 부상 162명인데, 한 번의 전염병으로만 400명 이상을 잃었다.◆ 이순신은 출전 후 올린 보고서에서 무리한 장기 작전이 전염병을 발생시켰다고 직접적으로 지적하진 않았지만, 선조나 정부 관리가 뜨끔해할 만한 방식으로 표현했다.

이들 사망자는 모두 건강하고 활을 잘 쏘며, 배도 잘 부리는 토병과 포작(어부) 들입니다. 남아 있는 군사들은 아침저녁 식량이 겨우 두세 홉이라 궁색하고 고달픔이 극도에 달하여 활을 당기고 노를 젓는 일을 도저히 감당할 수 없습니다.

— 《임진장초》◆◆, 1593년 8월 10일

한산도는 훌륭한 거주지였지만, 이곳에 병사를 모으고 병영을 설치하자 전염병 환자가 더 늘었다. 일본군과의 전

◆ 이순신은 병사와 전사를 구분하지 않고 600여 명을 잃었다고 했다. 병사자 수에 대한 추정 방식은 이민웅, 《임진왜란 해전사》, 청어람미디어, 137쪽.

◆◆ 《임진장초》는 이순신이 임진왜란 중 주요 전투의 출전 경과 및 전과 보고, 일본군의 정세, 군사상의 건의, 수군 진영의 현황 등에 대해 조정에 장계한 내용을 《계본등록》의 예에 따라 다른 사람이 옮겨 적은 것이다.

투에서와 비교도 할 수 없을 정도로 많은 병사가 전염병으로 사망했다. 당시 의학 수준으로는 이에 속수무책이었다. 천하의 명장도 이는 어떻게 할 수가 없었다.

1594년 4월, 한산도에서 어영담이 전염병으로 사망했다. 정운의 전사에 이어 두 번째로 큰 타격이었다. 이순신이 휘하에서 가장 유능하고 용맹했던 장수가 정운, 어영담, 권준, 첨사 이순신, 배흥립, 김완, 신호였다. 어영담은 경상우도인 함안 사람이었는데, 영남의 지리와 물길을 자세히 알아서 전라도 수군이 경상도 해역에서 작전할 수 있었던 데는 어영담의 공이 가장 컸다고 한다.

전염병은 병사만이 아니라 그들의 아이, 나이 든 부모까지 공격했다. 민간인이 사망하면 노동력이 줄어든다. 식량 생산은 줄어드는데 구호해야 할 사람은 늘어난다. 치명적인 악순환이다. 전염병으로 인한 희생자는 정확히 알 수 없지만 조선 수군 함대의 전력을 절반으로 만들 만큼 강력했다.

전선이 소강상태가 되면서 적어도 병사들의 희생은 줄었다고 생각하기 쉽지만 정반대였다. 조선 수군들은 총칼로 싸울 때보다 몇 배는 많은 동료를 땅에 묻으며 전선을 사수하고 있었다.

2부

칼끝에 서 있는 영웅

乾坤黯黲霜凝甲　　천지는 어둡고 갑옷에 서리 내리니
關海腥膻血浥塵　　산천에 가득한 피비린내 흙먼지 위를 덮네
待得華陽歸馬後　　전쟁이 끝나면 군마는 풀어 돌려보내고
幅巾還作枕溪人　　두건 쓰고 돌아와 냇가에 편히 눕고 싶다
...

이순신, 무제

아, 통제사

총사령관 임명

1593년 8월 1일, 조정은 전라, 경상, 충청의 삼도수군을 지휘하는 총사령부인 삼도수군통제영을 설치했다. 이순신은 총사령관인 통제사로 임명됐다. 원래 통제사는 체찰사, 도원수와 마찬가지로 전시에나 임명하는 임시직이었는데, 이때부터 구한말까지 통제사가 상설직이 된다. 전라좌수사는 새로 임명하지 않고 이순신이 통제사와 좌수사를 겸임하게 했다. 이때부터 지금까지는 동격이었던 원균과 이억기가 이순신의 지휘하에 들어갔다.

이순신의 삼도수군통제사 임명 소식을 들은 사람 대부분은 당연한 승진이요, 보답이라고 생각한다. 하지만 여기에는 진짜 기가 막히고 웃픈 사연이 있다.

1592년 한 해 동안 이순신과 조선 수군이 이룬 승전 덕에 우리가 잊고 있었지만, 임진년의 전쟁에서 삼도수군 함대는 리더 없이 전쟁을 치렀다. 이 사실은 충격적인 일이다. 3개 함대가 통합사령관 없이 연합작전을 한다는 자체가 비상식적이었다. 3명만 모여도 리더를 뽑아야 하는 곳이 군대다.

조선군의 지휘체제는 도가 최종단위다. 동원령을 내리면 군현 단위로 집결해서 편제한다. 군현을 대대라고 하면 병마절도사, 수군절도사가 연대장이다. 군현 대대들은 소속된 절도사 밑으로 집결해서 연대로 편성된다. 조선 8도 중에는 병사가 1명인 도도 있다. 이런 곳은 연대가 곧 사단이다. 우리가 살펴볼 경상도와 전라도는 좌도, 우도로 나뉘어 각각 병사와 수사가 2명씩 있다. 임진왜란 때는 전라좌도수사가 이순신, 우도수사가 이억기, 경상좌도수사가 박진, 우도수사가 원균이었다.

이렇게 육군과 수군이 각각 2개 연대로 나눠진 지역에서 연대를 합쳐 사단으로 운영하려면 일이 복잡해진다. 병사, 수사, 즉 연대장까지는 상설직이지만 평시에는 사단장이 없다.

조선은 병사, 수사 이상의 통합사령관을 절대 상설직으로 두지 않았다. 단, 국경 지대가 아닌 도는 병사도 1명이고 보통 관찰사가 병사를 겸임하므로 도(사단) 지휘관이 바로 확정되지만, 이런 도는 대개 병력이 적다.

사단장이 없으니 2~3개 도를 통합 지휘하는 군단장도 당연히 없다. 임진왜란처럼 적이 대군을 동원해서 침공한다면 연대 단위로 전쟁을 치를 수는 없다. 그래서 조선 정부는 전쟁이 나면 사단장, 군단장을 임시로 임명해서 내려보냈다. 도원수, 도체찰사, 삼도체찰사, 육도체찰사, 통제사 등등이 이런 통합지휘관인데, 다양한 명칭을 사용했다. 전쟁이 끝나면 임시 사령관은 바로 해임된다.

이런 시스템을 만든 이유는 간단하다. 쿠데타 방지다. 이는 이해할 만하다. 조선이 500년간 정치적 안정을 누린 중요한 이유이기 때문이다. 그러나 전쟁이 터지면, 혹은 전쟁에 대비하려면 전쟁에 맞는 체제를 갖추어야 한다. 그것이 국민에 대한 위정자의 의무다. 그러나 조선은 임진왜란 발발 1년 전부터 전쟁 준비를 한다고 하면서 통합사령관은 임명하지 않고 방치했다. 전쟁이 터지면 그때 임명해도 된다는 생각이었다. 그 결과 육군은 초기에 제대로 대응도 못하고 참담하게 무너졌다.

수군은 빛나는 승리를 거두었다곤 하지만, 가장 중요한 시기에 가장 치열한 전투를 협동조합 형태로 싸워야 했다.

이러고도 승리를 거둘 수 있었던 건 이순신의 지도력과 이순신 함대의 탁월한 전투력 덕분이었다. 이억기는 고마워했고 원균은 우울해했지만, 실전에서는 함대 전력의 차이를 인정하고 이순신을 따를 수밖에 없었다. 덕분에 형식은 수평적이어도 실제로는 이순신을 중심으로 수직적 지휘체계가 정립되어 효율을 구사할 수 있었다.

그런데 선조는 육군은 도원수, 체찰사를 연이어 임명하면서 수군에 대해서는 이런 분열적 평등 상태를 방치했다. 아무리 승리를 거두고 있었다고 하더라도 전쟁이 터지자마자 시행했어야 할 조치를 1년 반이나 미룬 것이다.

이유는 간단했다. 보통 도원수, 체찰사 같은 통합사령관은 윤두수, 류성룡, 김명원 등 재상급의 문관들이었다. 1593년 선조는 김명원을 해임하고 이치전투와 행주산성전투에서 공을 세운 권율을 도원수로 임명했다. 후임인 전라도 관찰사는 이정암을 임명했다.

임진왜란으로 혜성같이 등장한 권율은 벼슬은 낮았지만, 재상급의 명문가 출신이었고, 문관이었으며, 이항복의 장인이었다. 이런 사람들은 믿을 수 있었다.

하지만 수군 지휘관으로 임명해 놓은 사람은 죄다 무과 출신의 전임 무장들이었다. 수군은 바닷바람을 맞으며 배를 타고 싸우는데, 통합지휘관으로 문관을 내려보낼 수도 없었다. 순수한 야전군 무장에게 남도 병력의 절반을 맡긴다? 조선이 누구에 의해 어떻게 건국되었는지 잘 아는 선조는 제2의 이성계를 절대 허용할 수 없었다. 임진왜란 내내 선조의 철학은 명확했다. '일본군에게 죽으나 쿠데타로 죽으나 마찬가지다.'

물론 이때 삼도수군의 병력과 전체 병력에서의 비율을 세종 때의 병력 기준으로 판단할 수는 없다. 당시 조선군 병력은 정규군과 의병이 뒤섞이고, 전쟁으로 인해 지역별 균형도 깨진 지 오래였다.

1593년 1월의 조선군 병력 표가 실록에 실려 있는데, 명나라 군대에게 보낸 통계라 정확하다고 보긴 어렵다. 실록에도 이는 임시 수치고 지금은 많이 다르다고 했다. 원균의 경상우수영 병력이 빠져 있고, 20일 전에 진주성에서 전사한 김시민이 아직 명단에 있다. 전라도에는 아예 육군이 없다. 실록 편찬자가 명단을 부주의하게 작성한 것이다. 표를 만들어 전체 합계를 내면 16만 7,400명인데, 실록에서는 총 17만 2,400명이라고 했다. 1만 명 가까이 차이가 난다.

그래도 참고용은 된다. 이 표를 기준으로 보면 전라도 수군 병력은 조비군(아마도 수군의 병참 지원과 예비 자원)을 합쳐도 2만 5,000, 원균의 병력을 2,000으로 잡아도 3만이 되지 않는다.

일본군과 직접 대치하는 지역이라 경상도에는 육군 병력이 몰려 있는데, 무려 7만 6,000명이다.

이 정도면 선조의 걱정이 과잉이란 생각이 드는데, 병력표를 자세히 보면 1만 명 이상을 거느린 장수가 많지 않다. 그나마 경상도에 몰려 있는데, 이곳은 서로 견제가 되고 급조한 혼성부대였다. 통계적 기준에서 이 표의 병력이 부정확하다고는 해도, 정치적 의미는 정확히 보여 준다. 이순신이 통제사가 되면 남도의 수군 병력을 독점하는 셈이다. 게다가 그 군대는 이순신이 키우고 지난 1년간 수십 번의 전투를 치르며 다져진 군대다.

여기서 중요한 건 우리가 느끼는 병력의 수가 아니라 선조의 판단과 두려움의 정도다. 선조의 두려움과 결론이 잘못되었다고 해도 현대의 우리보다는 당시 군대의 실정을 잘 알고 있었음은 인정해야 한다. 아무튼 선조는 이순신의 군벌화 과정을 우리보다 훨씬 일찍, 앞서서 걱정하고 있었다. 임진년에 벌어졌던 희한한 일화 하나도 이런 관점에서 보면 이해가 된다.

도	위치	직위	이름	병력
경기도	강화부	전라도절도사	최원	4,000
		경기도순찰사	권징	400
		창의사	김천일	3,000
		의병장	우성전	2,000
	수원부	전라도순찰사	권율	4,000
	양주	방어사	고언백	2,000
	양근	의병장	이일	600
	여주	경기순찰사	성영	3,000
	안성군	조방장	홍계남	300
충청도	직산	충청도절도사	이옥	2,800
	평택	여러 지휘관		3,000
	각처	의병		5,000
경상좌도	안동	경상도순찰사	한효순	10,000
	울산	경상도절도사	박진	25,000
	영산	의병장	최원	1,000
	진주	경상도순찰사	김성일	15,000
	창원	경상도절도사	김시민	15,000
	합천	의병장	정인홍	3,000
	의령	의병장	곽재우	2,000
	거창	의병장	김면	5,000
전라도	순천	좌도수군절도사	이순신	5,000
		우도수군절도사	이억기	10,000
	각처	조비군		10,000

도	위치	직위	이름	병력
함경도	함흥	함경도절도사	성윤문	5,000
	경성	평사	정문부	5,000
	안변	별장	김우고	100
	안변	조방장	김신원	100
강원도	인제	강원도순찰사	강신	2,000
평안도	순안	평안도절도사	이일	4,400
	법흥사	평안도좌방어사	정희운	2,000
	순안	의병장	이주	300
	순안	소모관	조호익	300
	용강	평안도우방어사	김응서	7,000
		조방장	이사명	1,000
		수군장	김억추	300
황해도	황주	황해도 좌방어사	이시언	1,800
	재령	황해도 우방어사	김경로	3,000
	연안	황해도 순찰사	이정암	4,000
합 계				167,000 실록은 172,400

1593년 1월 조선군 각도 병력 현황(《선조실록》 39권, 1593년 1월 11일 기록을 재구성)

머리 싸움

이순신이 처음 출정할 때 '적의 목을 탐하지 말 것'을 신신당부했다. 군공을 포상할 때 적의 머리를 근거로 하는 건 전쟁의 오래된 관습이다. 고대 아시리아의 부조에도 병사들이 약탈한 보물을 등록하는 장면이 있는데, 그 전리품 중에는 적의 머리도 있다. 로마 베네치아 광장에 있는 트라야누스 원주에는 다키아(현재 루마니아 지역) 원정에서 벌인 전투 장면을 생생하게 기록하고 있는데, 이 중에 한 로마 병사가 게르만 전사의 목을 입에 물고 전투를 벌이는 장면이 있다. 꽤 중요한 게르만인의 목을 베었는데, 전투가 연이어 계속되자 그 목을 버릴 수가 없어서 입에 물고 싸웠던 것이다.

하필 증거로 목을 요구한 이유는 사살한 사람이 누구냐에 따라 포상이 크게 달라지기 때문이다. 전한을 멸망시키기고 신나라를 세웠던 왕망은 개국 15년 만에 멸망했다. 궁 안까지 반군이 밀려들었는데, 왕망은 탑 안에서 끝까지 저항했다. 탑 안으로 반군이 진입하고 난전이 벌어졌다. 두오라는 병사가 달려드는 노인 1명을 죽였다. 별로 중요해 보이지 않는 노인이었는데, 허리춤에 찬 옥은 비싸 보였다. 그는 머리는 포기하고 옥 장식을 전리품으로 챙겼다. 조금 후에 교위 공빈취가 그 옥을 보고 어디서 났냐고 물었다. 두오

트라야누스 원주 전경(위)과 적의 머리를 문 병사(아래)

가 모퉁이를 가리키자 공빈취는 즉시 달려가 노인의 목을 베었다. 두오가 노인의 허리춤에서 빼낸 물건은 옥새였고, 옥새의 주인공은 왕망이었다.◆ 이처럼 적의 머리는 대체 불가능한 전리품이었다.

전쟁의 규모가 커지고 복잡해지자 목을 베는 관습은 전투에 방해 요소가 됐다. 사실 이건 고대 때도 마찬가지였다. 승리하려면 병사들의 전리품 획득을 최대한 자제시켜야 했다. 다 이긴 전투를 전리품 때문에 망치거나 패전하는 경우가 역사에서 적지 않았다. 병사들의 이 엄청난 욕구와 유혹을 이겨 내도록 하는 것이 강한 군대의 비결이었다. 물론 쉽지 않았다.

조선 수군에게 이 문제는 중요했다. 일단 조선 수군의 전투방식이 정교한 팀플레이라서, 수급을 탐내면 팀플레이가 망가진다. 바다로 뛰어든 적군이나 시체는 물살을 따라 표류하는데, 그걸 건지려다가 물길을 잘못 들면 배가 다른 곳으로 가 버릴 수도 있었다. "오직 전투에만 집중하라. 포상은 죽을힘을 다해 싸운 자를 대상으로 하겠다." 이순신은 이렇게 약속했다.

◆ 니시지마 사다오, 최덕경 옮김, 《중국의 역사: 진한사》, 혜안, 2004, 408쪽.

이순신은 당포해전 보고서를 올릴 때, 선조에게 이 부분을 소명하고, 수급이 아니라 자신이 기록한 공적에 따라 포상해 달라고 요청했다. 포상, 특히 관직은 자신이 수여할 수 있는 것이 아니기 때문이다. 이때는 선조가 피난 상황이라 이순신의 요청에 반박할 기력도 용기도 없어서, 아마도 이순신 말대로 했던 것 같다. 그러나 서울을 수복하고 전선이 대치 상태가 되자, 수급을 기준으로 공적을 평가하는 방식을 바꾸자는 이순신의 요청을 반박한다.

공적 평가는 근거가 있어야 한다. 활로 사살했다는 숫자로 보면 일본군은 벌써 섬멸되어야 한다. 어떻게 자신이 쏘아 죽인 숫자를 아는가? 적의 머리를 기준으로 공로를 평가하는 건 관례다. 난리가 난 뒤로 (상황이 급해서) 장수가 올린 보고에만 근거해서 표창하다 보니 거짓이 많아지게 되었다. 앞으로는 꼭 적의 머리나 무기를 본 뒤에 표창하고 이것을 관례로 하라.

비변사는 반대했다. 머리를 기준으로 평가하는 것이 전투를 망칠 수 있고, 이것도 속이려면 얼마든지 부정을 저지를 수 있었다. 선조는 왜 비변사의 합리적 견해에도 불구하고 이 방침을 고수했을까?

정직과 공정의 문제가 아니라 사병화에 대한 걱정이었다. 전공을 세우면 품계와 관직이 올라간다. 세월이 지나면 이들이 점점 군의 요직으로 승진할 것이다. 이순신의 부하들은 이순신에게 감사할 것이다. 바로 이런 포상권을 이용해서 자기 심복들을 군의 요직에 심는다면? 인사권은 조정이 쥐고 있지만, 전시에 공적 평가를 이순신이 장악하면 결국 이순신이 인사권을 쥔 거나 마찬가지다. 평시라면 공을 세울 일도 많지 않고, 장수들도 순환배치를 한다. 사적 인맥이 구성될 여지가 없다. 그러나 지금은 전시다. 이순신은 전례 없이 긴 기간 남도 수군을 장악하고 있으며, 그 부하 장수들도 죽기 전에는 그 곁을 떠나지 않고 있다.

이순신이 통제사가 되자 선조의 걱정은 더 심해졌다. 결국 험악한 이야기가 선조의 입에서 나온다.

예로부터 군공을 활로 쏘아 죽인 것으로 평가한 일이 어찌 있었겠는가? 중국에서도 반고 이후로, 우리나라에서도 단군 이래로 그런 전례가 없다. 단지 이번에 왜적의 사변이 생기자 해당 관리가 그런 전례를 만들어 낸 것이다. 적을 쏘아 죽이는 것을 똑똑히 본 증인이 있는가? 누가 그 숫자를 계산해 보았는가? (이순신의 포상법은) 사사로운 정으로 선심으로 쓰는 것에 불과하다. 우리나라에서 하는 일이란 것들은 다 이렇다. (이런 내 생각을) 참작해서 처리하라.

선조는 반고와 단군까지 거론하며 이순신의 포상법을 비판했다. 그런데 이 비판은 왜곡이다. 이순신은 포상기준을 적의 머리에서 활로 쏘아 죽인 수로 대체하자고 한 적이 없다. 전투에서 용감하게 죽기를 각오하고 싸운 공로를 평가하자고 했다.◇ 이것은 굉장히 주관적인 것 같지만, 전공자는 병사들도 다 안다. 그리고 실제 전투에서는 적의 머리 같은 구체적 증거가 없는 수많은 공로가 있다. 앞장서서 공격한다거나, 적의 주력선에 정면으로 덤벼든다거나, 부상당한 병사를 구출한다거나. 이 모든 것은 보고 듣고 경험하는 데서 나온다. 절대로 객관적 기준을 주관적인 기준으로 바꾸자는 요구가 아니었다.

정말 사적인 감정으로 평가하면 병사들도 다 알고, 군의

◇ 다만 당시에 활로 적을 죽인 수로 포상을 하는 관행이 행해지고 있었던 듯하다. 왜 그랬는지는 알 수 없지만, 수급을 기준으로 하지 말자고 했더니 그 대안으로 사살한 수라는 기준이 생겼던 것 같다. 전형적인 관료주의 행정의 결과라고 생각한다.

사기가 저하된다. 부하들은 분열하고, 전투력, 전술적 움직임은 삐걱거린다. 비변사 대신들도 다 이에 동의했고, 선조가 이런 사정을 모를 만한 바보는 아니다.

그럼에도 선조는 자신의 자리를 위협할 수 있는 만의 하나의 가능성도 용납할 수 없었다. 리더의 자질로 보면 심각한 결격사유고, 한심하고 졸장부 같은 행동이다. 그러나 상관없었다. 평소에 선조는 똑똑하고 판단력 빠르고 상대를 배려할 줄도 아는 꽤 훌륭한 리더십을 보이는 군주였지만, 자신의 이해관계가 걸리면 자신의 모든 장점을 잃고 돌변했다. 작은 손해도 보려고 하지 않았고, 자신의 손해와 국가, 백성의 손해를 동급으로 여겼다. 지독하게 이기적인 관점을 버리지 못한 결과 남도 병력의 50% 이상을 수년간 장악하고 있는 이순신에 대해 판단력을 상실하고 점점 히스테리컬한 반응을 보이기 시작했다.

포상 방식에 대한 불만은 비변사가 반대하고 달래자 선조는 금세 한발 물러섰다. 아니, 물러서는 것처럼 행동했다. 아마도 선조의 이런 능수능란한 태도에 측근의 대신들도 속았던 듯하다. 하지만 선조는 이해관계가 걸린 일에는 집요했고, 한시도 긴장을 늦추지 않았다.

이런 어처구니없는 상황에서도 수군은 승리를 거듭했다.

그런데 왜 1593년 8월에 왜 갑자기 통제영을 설치했던 것일까? 전쟁이 장기전으로 갈 징조를 보이자 이제는 더 이상 미룰 수 없다, 전력을 결집해서 조기에 승부를 봐야 한다고 생각했던 것일까?

그것도 중요한 이유 중 하나이겠지만, 진실은 전혀 다른 곳에 있었다. 처음에 선조의 관심은 오직 육군에게 있었다. 육상에서 승리하고 적의 본부에 깃발을 꽂아야 전쟁이 끝난다. 명군이 참전하고 평양성을 수복할 때만 해도 조정은 당장 전쟁을 끝낼 줄 알았다. 이때는 일본군의 규모도 작게만 보는 경향이 있었다. 하지만 벽제관전투 이후로 이여송의 명군이 당황하는 모습이 역력했다. 조정도 그제야 명군의 실체를 깨닫기 시작했고, 거꾸로 명군이 일본군에게 겁먹고 철수해 버릴지 모른다는 걱정까지 했다. 반면 남도로 내려간 일본군은 완강했고, 오히려 병력을 증원하더니 1593년 6월에 호남 진공 작전을 시작했다. 이때 벌어진 것이 2차 진주성전투다.

전투는 진주성에서 벌어졌지만, 조선은 일본군의 수륙 병진을 예상했다. 이순신은 부산포에 일본선 600~700척이 집결했다고 보고했다. 부산포해전 때 본 일본선이 400척이었다. 정부는 임진왜란 개전 때보다 더 대규모 침공의 시작일 수 있다고 판단했다. 조정은 당황했다. 이때 조정의 생각을 정리하면 이렇다.

- 일본군은 강하고, 명군이 오자 물러나기는커녕 병력을 증원해서 반격하고 있다.
- 일본군은 호남의 중요성을 알았고, 임진년의 실수를 깨달았다. 병력을 집결해 호남을 치는 전략으로 수정했다. 영남과 호남을 상실하면 이 나라는 끝이다.
- 명군은 겨우 3~4만인데, 이 병력으로는 공세를 방어하기 힘들다.
- 명군도 겁을 먹어 소극적인데, 국토 분할과 휴전 같은 이상한 이야기도 들린다.
- 수군도 이제는 적이 유인작전에 걸려들지 않아 타격이 힘들다. 부산을 직접 공격해서 제압하기에는 수군 병력이 적어 수군만으로 힘들다.
- 조선군이 임진년에 분전했지만 손실이 컸다. 전쟁 수행 능력과 인력 조달이 한계에 이르렀다.◇

진주성이 함락되자 조정의 공포감은 급상승했다. 다행히 일본군은 더 이상 진격하지 않았지만, 일본군이 전략을 수정한 이상 조선도 대응해야 했다. 이때쯤부터 선조는 육전에 대한 기대를 접고 수군에 눈을 돌리기 시작한 듯하다. 일본군이 남도로 물러나고 자신도 서울로 복귀한 이상, 당장 평양과 서울을 수복해야 한다는 절박함도 없었다. 남도의 일본군을 몰아내려면 육전으로는 힘들고, 수군이 웅천과 부산포를 점령하거나 봉쇄해서 보급을 끊어야 한다는 전략적 판단을 내렸다.

그러나 이런 판단을 내리고도 선조는 수군 증원이나 통합을 통한 조직 효율화를 꺼렸다. 그래서 나온 대안이 명에 증원 병력 파견을 간절히 요청하고, 이참에 수군도 파견해 달라고 요청하자는 것이었다. 비변사는 회의적인 반응을 보였지만, 국왕의 뜻을 무시할 수도 없어서 결국 수군 참전을 요청했다.

이렇게 절실하고도 합리적인 이유에도 불구하고 오히려 수군 병력을 줄이고, 수군 통합사령부 설치를 거부하던 선조가 갑자기 통제영 설치를 허가한 이유는 무엇이었을까?

앞에서 언급한 전염병이었다. 피해 규모는 정확하지 않

◆ 《선조실록》, 1573년 7월, 8월 기사를 토대로 정리했다. 진주성전투는 전달인 6월 22~29일에 진행되었지만, 조정에서는 거의 보름이나 한 달 뒤에 소식을 듣기 때문에 전황파악과 전략논의는 전투상황과 다르게 진행되었다.

지만, 지속적으로 발병하면서 전력이 거의 절반 수준으로 떨어졌던 것 같다. 진주성이 함락되고 일본군이 병력을 증원해서 공세로 나오는 상황, 질병과 육군 차출로 수군이 심각하게 약화되자, 선조는 통제영 설치를 허락하지 않을 수 없었을 것이다. 이 무렵부터 이순신과 원균의 갈등이 심해졌던 것도 원인 중 하나라고 볼 수는 있는데, 이 부분은 좀 다른 관점에서 살펴볼 필요가 있어서 뒤에 설명하겠다.

아무튼 통제영은 우리 생각과는 전혀 다른 이유, 임진년 이상의 전력 확충이 아니라 최악의 상황을 모면하기 위한 마지막 방법으로 선조가 마지못해 선택한 것이었다. 이미 객관적 전력이 절반 수준으로 떨어진 상태에서 통합했으므로 임진년의 전투력 수준을 회복하기도 힘들었다. 게다가 기왕에 통제영을 설치하면서 전력 효율화의 걸림돌인 경상우수영에는 전혀 손대지 않았다. 원균과의 갈등을 해결하고, 조직 효율화를 위해 이순신을 통제사로 임명했다면 당연히 정리했어야 할 원균과 경상우수영의 지휘관들은 그대로 두었다.

이순신이 통제사이긴 하지만 통제사의 권한도 일원적, 수직적이라기보다는 절반은 절도사들과의 협업체제였다. 통제사에게는 경상도 수군은 고사하고, 전라좌수영의 지휘관들에 대한 인사권도 없었다. 물론 사령관의 인사권을 제한하는 것은 장수의 군벌화를 막는 고도하고 현대적이라고 할 수 있는 제도지만 운영의 묘를 발휘해야 했다. 결과적으로 통제영은 너무 늦고 어설프게 창설되었다. 당장 통제영을 설치해도 전력은 임진년보다 떨어져 있었다. 장기적으로는 발전 가능성이 있었지만 커다란 부작용이 발생했다. 이순신과 원균의 갈등은 심화되었다. 더 심각한 문제는 선조의 두려움도 심각한 수준으로 높아졌다는 것이었다. 이순신은 이제부터 안팎으로 심각한 적과 마주해야 했다.

이순신, 해임해야 한다

류성룡의 한숨◇

1597년 1월, 영상 대감의 행차가 필동 입구에 도착했다. 석양도 사라진 지 오래여서 하늘은 까맣게 어둠에 덮여 있었지만, 류성룡의 집 앞은 관솔불이 타고 있어서 멀리서도 보였다. 대문 앞에는 이때까지 사람들이 모여 있었다. 청지기와 하인들이 돌아가라고 아무리 밀어내고 호통쳐도 막무가내였다. 초헌(종2품 이상의 관원이 타는 가마)에 앉아 류성룡은 한숨을 쉬었다. 때려서 내쫓을 수도 없고, 초헌에서 내려 대화를 나눌 수도 없었다. 사람들은 자신이 백성의 비원을 들어주지 않고 무정하다고 욕하겠지만, 한번 문을 열면

◇ 이 단락은 일부 상상력을 가미해 창작했다.

매일 밤을 새워도 일은 끝이 나지 않을 것이고, 다른 관원들에게도 어마어마한 피해가 갈 것이다. 그들의 탄원이나 제안을 들어준다고 해도 해결할 방법이 없었다. 길에 서서 탄원자의 말이 진실인지, 어떻게 판정하겠는가?

류성룡의 행차가 나타나자 사람들은 일제히 땅에 엎드렸고, 호위군관, 근수(문·무관원을 따라다니며 시중을 드는 종), 하인들이 갑자기 사나워졌다. 백성들에게 폭력을 행사하지 말라고 누누이 주의를 주지만, 저들도 각자 임무가 있고 돌발사태가 발생하면 처벌을 받는다. 자신 앞에서는 자제하지만 시야에서 사라지면 무슨 일이 일어나는지 알 수가 없다. 언젠가 하인 덕수에게 자신이 중문 안으로 들어가면 근수들이 사납게 하지 않느냐고 슬쩍 물은 적이 있다. 덕수가 낄낄 웃었다.

"대감님, 여기 오는 사람들 눈치가 빨해요. 대감님 앞에서는 소리 지르고 난리를 치다가도, 대감님 안 보이시면 순식간에 고분고분해집니다요. 가끔 눈치 없이 나대는 사람이 있긴 한데요, 그 덕에 간간이 교육은 확실히 됩니다요."

한참 뒤에 멀끔한 양반 사내가 문에 나타났다. 문지기가 막자 그 사내가 걸걸한 목소리로 자신을 소개했다.

"나는 봉산 사는 홍생이요, 대감의 조카 '기' 자 어르신의 문생이올시다. 조카님의 편지를 가지고 왔소."

청지기 하모가 아는 척을 했다. "아이구! 홍생 어르신, 어서 오십시오. 먼 길 힘드셨지요." 문지기나 하인들도 그의 얼굴을 아는 듯했다. 목청껏 자기소개를 한 이유는 주변 사람들이 들으라고 하는 소리였다. 문지기가 대문을 차단하고 있는데 갑자기 낯선 사람이 문을 통과하면 당장 이상한 소문이 돌기 때문이다.

홍생은 사랑에서 류성룡을 알현했다. 사실 가져온 편지는 없었다. 조카의 심부름도 거짓말이었다. 승정원에서 일하는 박모는 비밀리에 전할 이야기가 있을 때 홍생을 이용했다. 문서로는 전하지 않고, 홍생의 입을 빌려서 구두로만 전달했다.

홍생은 기이한 친구였다. 눈치도 빠르고 총명해서 다른 사람의 전언을 자기 말인 듯 생생하고 조리 있게 풀어 냈다. 박모가 홍생을 통해 전하는 사안은 거의 이순신에 관한 것이었다. 박모는 백사 이항복의 인맥으로 서인이다. 그러나 나라를 걱정하는 마음으로 이순신에 관해 중대사가 있으면 이런 방식으로 비밀리에 류성룡에게 전달하곤 했다. 류성룡은 가끔 박모의 행동이 이항복의 지시가 아닌가 생각했지만, 대놓고 물어볼 수는 없었다. 이항복도 서인이지만 이덕형과 이항복은 당색이 없다고 사람들이 평가할 정도로 정도를 지키는 편이었다. 하물며 지금은 전시가 아닌가. 이항복의 장인이 전라도원수, 호남의 육군 병력을 총괄하고 있는 권율이었다. 이순신과 권율의 사이도 의견대립이 없지는 않았지만, 항간의 소문처럼 대립하진 않았다. 그런 말은 호사가들이 제멋대로 떠드는 말이다. 두 사람은 서로의 지위와 능력을 존중하고 있었고, 무엇보다도 지금이 서로 협력하며 총력을 다해야 하는 국운이 걸린 전쟁 중임을 너무나 잘 알고 있었다.

"그래, 이번엔 무슨 좋은 소식을 전해 주려고 오셨는가?"

"일이 조금 심상치 않게 돌아간다고 합니다."

"글쎄, 늘 그러지 않았는가. 그렇지 않은 적이 있었던가?"

"꼭 이렇게 전하라고 하셨습니다. 전과 다른 특별한 상황이 없는데, 몇몇이 흥분하고 분발하기도 하고 서두르는 태도를 보입니다. 누구는 자신감이 전과 다릅니다. 분위기가 평시와 같지 않습니다."

보통 사람이 들어서야 당최 무슨 소린지 알 수 없는 이야기지만 류성룡의 표정이 굳어졌다. 잠시 생각에 잠겼던 류성룡이 엉뚱한 이야기를 꺼냈다.

"홍 군, 자네는 능력 있는 친구 같은데 왜 벼슬을 하지 않는가?"

"아이구, 영감님. 저 같은 자가 무슨 벼슬을 하겠습니까? 전쟁으로 나라가 어려운데, 저 같은 놈은 뒤로 물러나 있어야죠."

"자네, 정암(이정암)과 함께 연안성에 있었다며? 정암이 호남에 자네를 막료로 데려가려고 했다고 하던데?"

"아닙니다. 그때는 성이 왜놈에게 포위돼서 다 죽을지도 모르는 상황인데, 무슨 일이든 하지 않은 사람이 누가 있겠습니까? 오히려 저는 몸도 약하고 쓸 데도 없어서 정암 대감 옆에서 잔심부름이나 한 겁니다. 지금 생각해도 면목 없고 부끄럽습니다."

"연안성의 상황이 전국 곳곳에서 벌어지고 있네. 자네 말대로 나라가 어려운데 작은 힘이라도 보태야 하지 않겠나. 초야에서 빈둥거리며 지내선 안 되지."

류성룡은 조금 세게 나가 보았다. 홍생이 머리를 조아렸다.

"송구하고 면목 없습니다. 제가 가진 재주라고는 회계하고 재산 관리하는 것밖에 없습니다. 그래도 제 한 몸을 위해 재산을 모으지는 않고, 저희 마을에서 사람들을 돌보고 매년 군량도 최대한 바치고 있습니다. 작년에 현령 나리가 공명첩을 주겠다고 했는데 거절했습니다. 미력합니다만 저도 최선을 다하고 있다고 불쌍히 여겨 주십시오."

류성룡은 지긋이 홍생을 바라보며 아무 말도 하지 않았다. 홍생을 믿을 수 있을지 의심스러워서 간접적으로나마 미끼를 던져 본 것이었다. 그리고 자신이 보기에는 분명 쓸 만한 인재임이 분명했다. 전쟁이 나기 전 비변사에 몸을 담았을 때부터 매일같이 들은 말이 "쓸 만한 인재가 없다"라는 소리였다. 그때마다 자신에게 물었다. 정말 인재가 없는 걸까? 아니면 인재를 발굴하기 싫은 걸까?

난리가 나고 나니 홍생 같은 인재가 너무 많았다. 그제야 답이 나왔다. 조정은 인재를 발굴하기 싫어했고, 그 기준이 잘못되어 있고 찾아낼 능력도 없었던 것이다. 이순신을 발굴하고 추천한 공로로 류성룡은 여러 번 칭찬을 들었다. 지금 생각해 보면 그것도 부끄럽다. 이순신은 작금의 장수들, 명나라 장수들과 비교해 봐도 관목 위로 우뚝 솟은 거목 중의 거목이다. 주머니 속의 송곳이 아니라 주머니에 들어가지도 않는 쇠기둥이었는데, 이런 하늘이 내린 장수도 겨우 주머니를 조금 비집고 나온 송곳 끄트머리 대접을 받았다. 누구의 죄일까? 나의 죄고, 우리의 죄고, 나라의 죄였다. 그리고 이 천인공노할 죄는 지금도 진행 중이다.

홍생을 보내고 나서 류성룡은 사랑채에서 오랫동안 나오지 않았다. 식은땀이 나고 손이 덜덜 떨렸다. 홍생은 박모가 전하라고 한 말의 뜻을 눈치챘을까? 박모가 전해 준 말의 의미는 이순신 제거 공작의 배후에 주상이 있다는 말이었다. 2년 전 선조가 뜬금없이 전황이 지지부진한 것이 이순신의 의지 부족이나 능력 탓이 아니냐고 물었고, 류성룡은 단호하게 조선의 모든 장수 중에서도 이순신이 제일 뛰어나다고 답했다.

주상은 납득하는 것 같았다. 그 후로도 주상이 이순신의 권력을 걱정하는 기색을 보이기는 했지만, 왕과 군 실권자 간의 불편한 관계는 고금의 역사에서 어쩔 수 없는 것이라고 생각했다. 불편할 수야 있겠지만, 이순신의 능력이 없으면 나라는 유지될 수 없다. 답보상태인 전황이 답답하고 이순신의 행동이 맘에 들지 않더라도 이 선은 넘지 않을 것이라 믿었다. 그런데 그 기대가 한순간에 무너졌다. 머릿속에서 생각이 이어지지 않고 한탄만 나왔다. "주상, 도대체 어쩌시려고…. 이게 어찌 된 일인가, 이게 어찌 된 일인가? 내가 무엇을 잘못한 것인가?"

선조의 한숨

오직 선조의 관점에서 보자면, 마지못해 이순신을 통제사로 임명한 보람이 없었다. 통제사는 적이 바다로 나오지 않는다고 통보하고는 이전에 하던 주기적인 출전마저도 중단했다. 매일같이 악마가 선조에게 속삭인다. 백성이 굶어 죽어 가고 있다. 하루라도 빨리 전쟁을 끝내야 하는데, 통제사는 이 소강상태를 즐기는 것 같다.

출전을 중단하고 불필요한 희생을 줄인다고 하니, 이순신에 대한 장병들의 호감은 올라간다. 가족들도 좋아한다. 선조도 아량을 베풀어 장기복무자, 가정이 힘든 자는 집으로 돌려보내라고 했더니 이순신이 거부했다. 백성들이 왕을 칭송하고 이순신에게 화를 내야 하는데, 어이없게도 장병들이 이순신 편을 든다. 집으로 돌아가 봤자 상황이 급해지면 육군에서 징발해 갈 것이다. 이제는 수군이 더 안전하고 편하다. 전염병으로는 죽어도, 적의 칼에 죽을 일은 없다.

굶주림이 큰 적이었지만, 이를 해소할 희소식이 날아왔다. 전쟁이 장기화되자 이순신은 백성을 모아 둔전을 경영했다. 피난민, 빈민을 모아 관에서 종자와 농기구, 소를 지원하고, 죽거나 피난으로 비어 버린 땅, 과거의 목장 지역

등을 경작해서 조세를 군량으로 조달하고, 경작자가 군역을 지게 하는 방법이다. 이순신은 조선이 국가 정책으로 거주를 금지하던 섬에도 개간해서 둔전을 개설했다. 한산도처럼 해양 방어를 위해서는 도서 지역이 중요했고, 이곳에 주민과 군인을 주둔시켜야 했다. 물론 독단으로 시행한 것이 아니고 정부의 허락을 받았다.

둔전 경영은 군사비와 장병의 병농일치의 삶을 유지하려는 목적인 만큼 대규모의 토지를 집단으로 경작해야 장병 관리도 쉽고 경제적 효율도 높다. 둔전은 새로운 방식도 아니고 전시체제에서는 늘 사용하던 방법이었다. 중국 고대 한나라와 《삼국지》 시대에도 존재했다. 우리 역사에서도 당연히 사용되었다. 평상시에도 국경 지대는 물론이고 일반 군현에서도 사용되었다. 《경국대전》에도 둔전법이 있다. 사실은 일본군도 점령지에서 둔전을 경영했다.

이순신을 몰락시킬 뻔했던 녹둔도 사건 때, 녹둔도의 경작지도 둔전이었다. 다만 국경 지역이 아닌 일반 군현에서 평시에는 아주 좁은 면적을 소극적으로 사용했다. 개념도 달라서, 군인이 직접 경작하면서 식량과 군량을 조달하는 방식이 아니다. 군현 백성 중에서 누군가가 조세나 군역을 내기 싫어서 도망하면, 수령이 재량으로 빈민 중에서 골라서 그 도망자의 땅을 경작하게 한다. 대신 그 땅을 경작하는 사람은 도망자 대신 조세와 군역을 지는 제도가 둔전이었다.

전시가 되자 이런 소극적 둔전이 아니라 군인을 투입하는 대대적인 둔전 경영이 활발하게 시행되었다. 처음에 이순신이 둔전을 만들자고 건의하자, 비변사는 아주 훌륭하다고 칭찬하고 원균에게 사람을 보내 경상도에서도 시행하게 했다.

이순신은 후대에서도 모범적인 사례로 칭찬할 정도로 둔전 경영도 잘했다. 이것도 백성들이 이순신을 존경하는 이유 중 하나였다. 하지만 선조는 이것도 불안했다. 군인뿐 아니라 가족들이 함께 둔전에 모여 살며 수군의 백성이 되고 있다. 둔전에서 난 수익으로 교역도 하며 경제정책까지 시행하고 있다. 이쯤 되면 군정과 민정을 다 틀어쥔 총독이나 다름없다.

선조의 두려움은 커져만 갔다. 여기에 전쟁은 소강상태이고 언제 끝날지 기약이 없었다. 전쟁이 10년 이상 지속된다면 남방 총독 이순신의 위상은 더욱 단단해질 것이다. 태조 이성계가 바로 이런 기반을 배경으로 조선 왕조를 세우지 않았던가? 전선이 조용해지자 전쟁의 모든 현상이 이순신을 향해 웃어 주고 있는 것 같았다. 사람은 두려움이 커지면 의심이 커지고, 의심이 커지면 판단이 균형을 잃고 생각이 비뚤어진다.

이순신을 해임하고 싶어도 재상들의 이순신에 대한 지지는 절대적이었다. 말을 꺼내기도 힘들었다. 악마가 다시 속삭인다. '전투도 없는데, 이순신을 통제사로 두어야 할 이유가 있는가? 전쟁은 아직 끝나지 않았고, 이순신을 대체할 인물이 없다고? 그 옆에 뛰어난 맹장이 있지 않은가?'

이순신을 통제사로 임명한 지 1년이 지난 1594년 8월 21일, 답보상태인 전황을 타개할 방법을 논의하던 중에 선조가 뜬금없이 말을 꺼냈다. "이순신이 게으르기 때문은 아닌가?" 이순신이 다른 속셈이 있거나 무능해서 고착상태를 타개하지 못하고 있는 것 아니냐는 말이었다.

류성룡이 눈치를 채고 앞질러서 말을 막았다. "이순신이 없었다면 지금 이런 상황도 만들어 낼 수 없었습니다. 현재 육군과 수군을 통틀어 조선의 모든 장수 중에서도 이순신이 제일 뛰어납니다."

선조는 금세 물러섰고, 반박하려 들지 않았다. 선조와 이순신에게 공통점도 있다. 이길 수 있는 조건을 먼저 만들어 놓고 싸운다. 이런 장점을 공유하면서도 선조가 이순신의 절대적 가치를 간과했다는 사실이 이상한데, 사람을 바보로 만드는 데는 이기심과 두려움만 한 것이 없다.

약속 대련

선조는 신중하게 전략을 세웠다. 먼저 이순신의 명성을 허물고, 그의 대체자를 부각시켜야 한다. 그해 11월 12일 경연에서 돌발 상황이 발생했다. 처음 분위기를 잡은 사람은 임진왜란 당시 경상도 관찰사였던 김수였다. 이때는 호조판서가 되어 있었다.

이순신과 원균이 서로 화합하지 못하고 다투니 걱정이 됩니다. 원균이 잘못한 바가 없지는 않습니다만 그리 대단치 않은 일이 점차 악화되어 이 지경까지 왔으니 매우 불행한 일입니다.

두 사람의 불화가 사소하고 개인적인 일에서 비롯됐는데, 최전선에서 막중한 책임을 지고 있는 사람들이 화해하지 못해서 임무 수행과 국가 안위에 지장을 줄 정도로 사태가 확산되었다는 말이다. 최고 지휘관이 공사를 구분하지 못한다는 건 심각한 문제였다. 선조가 물었다.

"무슨 일 때문에 그렇게 되었는가?"

"원균이 10여 세밖에 안 된 첩의 아들이 군공을 세웠다고 보고해서 포상받은 일로 이순신이 화가 났다고 합니다."

선조가 또다시 물었다. "이들이 무슨 일 때문에 다투는가?"

우의정 김응남이 더 큰 보따리를 풀었다. "임진년의 공을 다투었기 때문입니다. 임진년에 수군이 승전했을 때, 원균의 공이 컸는데, 조정에서 이순신을 원균의 윗자리에 올려놓았기 때문에 원균이 불만을 품고 서로 협조하지 않게 되었다고 합니다."

이 말을 하면서 김응남은 숨겨 놓은 비사를 폭로하듯이 중대한 발언을 했다. "처음에 이순신은 일본군과 싸우려고 하지 않았는데, 선거이◆가 힘써 거사하기를 주장하는 바람에 나가 싸웠다고 합니다."

이 말은 완전히 헛소문으로 선거이는 당시 이순신 근처에 있지도 않았다. 정곤수가 정정했다. "정운이 '장군이 만일 가지 않는다면 전라도는 필시 수습할 수 없게 될 것이다'라고 협박했기 때문에 이순신이 부득이 가서 격파하였다

◆ 임진왜란이 발발했을 때 진도군수였으며 이순신과 함께 한산해전에 참여했다.

합니다."

선거이를 정운으로 교정했지만 말이 묘하게 다르다. 선조가 갑자기 내숭을 떤다. "이순신이 왜적을 포획한 공은 가장 많을 것이다."

정곤수가 또 정정해 준다. "이순신의 부하 중에는 당상관이 된 자가 많은데, 원균의 부하 중에는 우치적, 이운룡처럼 공이 많은 자가 있지만 그만한 포상을 받지 못했습니다."

선조가 기다렸다는 듯이 마지막 정의를 내린다. "원균의 하는 일을 보니 가장 가상히 여길 만하다. 내가 저번에 남방에서 올라온 사람에게 원균에 대해 물었더니 '습증에 걸린 몸으로 장기간 해상에 있으나 일을 싫어하는 생각이 없고 죽기를 각오하였다' 하니, 그의 뜻이 가상하다. 부하 중에 만일 공이 많은데 상을 받지 못한 자가 있다면, 보통 사람의 정리로 보아도 박대한 것 같으니 그는 반드시 불만스러운 뜻이 있을 것이다. 당초에 어째서 그렇게 했는가? 과연 공이 많다면 지금 모두 상을 주어서 그의 마음을 위로하라."

이 대화는 아주 중요하다. "이순신이 지휘관으로서 도량에 문제가 있다. 이순신의 공은 과장되었다. 심지어 전쟁 초기에 나가 싸우기를 주저하는 비겁한 장수였다. 정운이 거의 협박해서 경상도로 출전한 것이다." 의외로 당시에 이런 이야기가 널리 퍼졌고, 전후에도 사그라지지 않았다. 지역색, 당파 같은 것들이 왜곡된 소문에 대한 믿음을 준다. 조경남의 《난중잡록》과 함께 임진왜란사를 기록한 대표적인 야사인 신경(申炅)의 《재조번방지》에도 비슷한 이야기가 실려 있다.

신경은 임진왜란을 겪지 않았고 할아버지가 신흠, 부친 신익성은 부마로 대표적인 척화파였다. 신익성은 병자호란 때 청에 끌려가 고초를 겪었다. 신경이 이순신을 존경하면서도 이런 기사를 남긴 것은 서인 측에 이런 이야기가 광범위하게 퍼져 있었다는 증거다. 당색이 없고 공정했던 이덕형도 주변 환경 탓에 원균 편을 들었는데, 나중에 이를 반성했다고 한다.

11월 12일, 경연의 대화에서는 한술 더 떠서 임진년의 승전도 상당수는 원균의 공이라는 식으로 발전했다. 한 신하가 "이순신은 원균의 공적을 숨겼다. 이것이 불화의 이유다. 동시에 이순신이 통제사가 된 뒤에 도통 나가 싸우지 않는 이유도 설명해 준다"라고 했다.

기다렸다는 듯이 선조가 거들었다. "원균은 이순신의 평가와 다르다. 알고 보니 정말 헌신적이고 자기 몸을 아끼지 않고 이순신과 달리 죽음을 각오하고 나가 싸우려는 장수더라."

구국의 영웅, 당신의 왕위와 생명을 지켜 준 장수가 한순간에 비겁하고 옹졸한 장수로 둔갑했다. 그런데 이 대화를 보면 뭔가 부자연스럽다는 느낌을 받는다. 이 기록 자체가 중간중간을 생략하고 주요 대화만 기록한 내용일 가능성이 크긴 하다. 대화와 대화가 어딘지 매끄럽게 연결되지 않는다. 선조도 이순신을 옹호하는 듯했다가 순식간에 말을 바꾸고 원균을 칭찬한다.

이 장면의 배경과 진상을 설명하려면 조선시대 정치 방식과 《조선왕조실록》을 읽는 방법을 먼저 설명해야 한다. 《조선왕조실록》을 오해하는 사람이 많은데, 가장 큰 오해는 사관들이 목숨을 걸고 진실만을 기록했으며 왕의 일거수일투족, 심지어 넘어지고 혼잣말한 것까지 낱낱이 기록한다는 것이다. 이는 지극히 작은 일화를 침소봉대한 것이다. 일단 사관이 모든 대화를 기록할 수가 없다. 사관이 왕과 재상들이 밀담을 나누는 편전에는 대개는 들어가지 못한다. 특별한 경우, 즉 왕이 역사에 기록을 남겨야겠다고 판단하는 경우에 불러서 대화를 기록하게 하는 경우는 있다. 이는 공식적이면서 의도적인 행위다.

그렇다고 해서 실록에서 우리가 보는 장면이 연극무대처

럼 완전히 통제되고 계산된 대화가 오가기만 한 것은 아니다. 돌출발언도 나오고, 싸우기도 한다. 간간이 의도치 않은 사적인 대화와 장면도 있다. 그러나 충분히 의식하고 대비하고 계산된 행동도 가득하다. 특히 정책 결정, 경연, 정치적 현안이 논의되는 자리가 그렇다.

현대의 의회정치도 국회 속기록 안에 진실이 모두 담기지 않는다. 막후 막간, 술자리, 골프 회동 등 속기록의 세계 밖에서 무수한 논의와 음모가 오간다. 조선시대라고 다르지 않다. 왕이 이런저런 상소를 올리라고 지시를 내리기도 하고, 논란이 될 의제에 대해 재상들과 사전에 논의도 하고, 편지나 메모를 보내 지시하기도 한다. 이런 막후정치의 증거는 당연히 극히 일부만 남아 있지만, 명확한 사실이다.

아마도 가장 결정적이고 충분한 증거는 정조가 심환지에게 보낸 편지일 것이다. 읽고 태우라는 정조의 지시를 어쩐 일인지 심환지가 받들지 않은 덕분에 우리가 이 편지를 읽을 수 있게 되었는데, 정조의 편지가 정조만의 특별한 행위였을까? 아니다. 조선시대 500년간 재로 화한 편지는 산더미처럼 많을 것이다. 편지보다 더 많은 밀담이 대화로 쉽게 진행될 수 있었다. 편전에 사관을 들이지 않으면 된다.

1594년 11월 12일의 대화는 선조가 사전에 공작해 놓은 낌새가 역력하다. 다만 누구에게 어떤 식의 사전공작을 했는지는 알 수 없다. 모두에게 대본을 나눠 주고 당신이 이 부분을 읽으라고 하지는 않았을 것이다. 왕이 이렇게 해달라고 지시나 부탁을 하는 경우도 있었겠지만, 신하의 대응을 예상하거나 떠보기 위해 생각이나 감정을 흘리는 방법도 있다. 신하의 입장에서는 왕의 의견에 반대하더라도 국왕의 의견을 일방적으로 무시할 수 없다. 조선시대 왕은 그렇게 호락호락한 존재가 아니다. 반대 당파나 국왕의 인척이나 출세를 바라는 어떤 관료들이 어떻게 나올지 모른다. 이 모든 것을 고려하며 내일 회의에서 발언의 내용과 수위

歷●史 역사 다시 보기

정조의 비밀 편지

심환지는 노론 벽파의 중진으로, 정조와 정치적으로 대립한 것으로 알려졌다. 그런데 2009년 2월, 심환지와 정조가 나누었던 비밀 편지 모음인 《어찰집》이 발견됐다. 정조는 각종 현안을 비밀 편지로 심환지와 미리 상의했으며, 때로는 서로 각본을 짜고 정책을 추진할 정도로 측근처럼 여겼다. 정조는 다른 정승, 재상, 중신에 대한 뒷담도 편지로 보냈는데 심지어는 욕설, 육두문자를 순화해서 편지로 보냈다. 심환지는 이에 꼬박꼬박 응답했다.

를 정해야 한다. 이래서 정치가 어렵다.

예를 들면 김응남은 선조의 의도를 모른 채 원균 첩자의 군공 문제에 대한 언질만 받고 이야기를 꺼냈다가 '아차' 했을 수도 있다. 아니면 처음부터 선조와 모의를 했지만, 바로 후대인의 이런 분석을 노리고 자신은 운만 띄운 뒤에 빠져나갔을 수도 있다.

이런 부분은 거의 예술의 경지라, 우리 같은 범인은 짐작하기도 어렵다. 다만 확실한 건 선조의 의지와 주도력이다. 11월 12일 경연에서 나온 얘기는 절대 우발적인 대화가 아니었다. 이순신을 제거하기 위해 선조가 공작을 펴서 신중하게 설치한 덫이었다.

과거에 이순신의 해임은 동인과 서인 간 당쟁의 결과물이고, 선조는 중간에서 거짓과 모함을 구분하지 못하는 아둔한 군주라고 생각했다. 실록이 접근성이 좋아지고 많은 사람이 쉽게 접할 수 있게 되면서 선조 주도론, 역할론이 대두하기 시작했다. 하지만 선조가 왜 이런 행동을 했는가에 대한 해석으로는 선조의 적통 후계자 콤플렉스(선조의 아버지 덕흥대원군은 중종과 후궁인 창빈 안씨의 아들이다), 이순신에 대한 질투심을 언급하는 경우가 많다.

선조는 처음부터 냉정했다. 녹둔도 사건 이후로 선조는

이순신의 능력을 누구보다 먼저 알고 신뢰했던 사람이었다. 능력은 믿었지만 충성심은 의심했던 것일까? 아니다. 처음부터 이순신은 '신뢰'로 대할 수 있는 범주에서 벗어난 인물이었다. 예를 들면 가족과 가족 아닌 사람의 구분과 같다. 보통 사람들은 가족과 금전거래를 하면서 계약서를 쓰고 공증받는 일을 쑥스러워한다. 하지만 타인과 그러는 사람은 없다. 선조와 이순신의 경우가 딱 그렇다. 이순신은 능력 있는 장수였기에 더더욱이 신뢰만으로 방치할 수 없었다.

그렇다면 이제 가장 중요한 질문으로 넘어가 보자. 선조는 언제부터 이순신을 견제하고 두려워하기 시작했을까? 언제부터 이순신의 대항마, 대체자로 원균을 주목했던 것일까? 확실한 증거는 없다. 현재 우리가 가진 증거만으로는 누구도 단언할 수 없는 문제다. 필자의 추정으로는 처음부터였다. 선조 자신이 이순신을 6품관에서 단숨에 전라좌도 수군절도사로 발탁하던 그날부터다. 앞뒤가 맞지 않은 것 같지만 여기에는 꽤 긴 사정이 있다.

03 기묘한 삼각관계

해묵은 갈등

경상우수사 원균은 흉악하고 음험함이 말로는 무어라 표현할 수 없다.

— 《난중일기》, 1573년 2월 23일

공(이순신)이 처음 수사로 임명되었을 때 친구가 꿈을 꾸었다. 몇만의 백성이 큰 나무 위에 올라가 있었다. 그 나무가 뿌리째 뽑혀 쓰러지려고 하는데, 한 사람이 그 나무를 떠받쳤다. 자세히 보니 그가 바로 공이었다.

— 이분, 《이충무공행록》

선조와 이순신의 긴장관계를 이야기할 때 빼놓을 수 없는 인물이 원균이다. 선조의 이순신 숙청 프로젝트에서 원균은 중요한 역할을 했다. 이순신과 원균의 갈등은 처음에는 선조와 무관하게 발화한 것 같다. 다만 그 발화점이 미스터리다. 원균을 옹호하는 사람들은 임진왜란 발발 당시 원균의 구원요청을 이순신이 바로 들어주지 않아서, 혹은 1차 출전 후에 전투보고서(장계)를 공동으로 올리자고 했는데 이순신이 혼자 먼저 올리고 공을 차지해서 화가 났다고 주장한다.

이순신의 장계에 원균을 비방하는 내용이 있는 것을 보면 첫 출전 때부터 심각한 문제가 있었던 것은 확실하다. 《난중일기》에서 원균에 대한 감정은 1593년 2월 23일 자 일기에 처음 등장한다. 너무 늦게 나오는 이유는 임진왜란 발발 이후 전투가 한창이었던 5월부터 다음 해 1월까지는 일기가 없는 탓이다.

이순신은 원균이 흉악하다, 어이없다, 한탄스럽다는 말은 자주 하는데, 이런 생각을 하게 된 이유, 구체적인 사연은 적지 않았다. 그런데 원균에 대한 불만이 공적 다툼이나 두 사람의 갈등에서만 비롯한 것은 아닌 듯하다.

　　이영남과 이여념◆이 왔다. 원균의 비리를 들으니 더더욱 한탄스러울 따름이다.

일기를 보면 이순신은 원균의 리더십, 지휘 능력, 전술 능력, 경상우수영의 군기에 이르기까지 모든 부분을 맘에 들지 않아 한다. 물론 미운 놈은 웃는 얼굴을 봐도 화가 난다고, 애초에 감정이 좋지 않아서 하는 일마다 다 맘에 안 들었을 수도 있다. 솔직히 감정이 들어가지 않았다고 말하기는 어렵다. 이억기의 전라우수영 함대도 항상 늦고 전투태세가 부실했지만, 이순신은 한탄하기는 해도 이억기를 비난하지는 않는다.

여기서 2가지 의심이 발생한다. 첫째, 이순신과 원균의 갈등은 왠지 임진왜란 이전부터 오래된 해묵은 갈등이었을 것 같은 느낌이다. 이건 필자의 느낌만이 아니라 《난중일기》를 읽어 본 많은 연구자가 하는 생각이다.

둘째, 지휘관으로서 원균의 능력이나 스타일이 맘에 들지 않았던 것이 근본적인 이유가 아닐까 싶다. 이는 단지 지휘 스타일이나 개성 차이의 문제가 아니었다. 이순신이 보기에 원균의 능력이 너무나 불안했다. 전쟁을 치르는 과

◇ 두 사람은 경상우수영 소속의 장수였다. 이영남은 이순신을 존경하고 따랐다.

정에서는 남의 일이 아니다. 수군 모두와 나라에 커다란 손해를 끼칠 수 있는 위험이었다.

다른 사람들의 평가를 보아도 원균은 절대 유능한 장수는 아니었다. 후술하겠지만, 비변사 대신들도 원균의 지휘 능력에는 회의적이었다. 곰곰이 생각해 보면, 임진왜란 초기의 실수는 처형을 당하고도 남을 사건이었다. 그럼에도 원균은 불사신처럼 살아남았다. 전란 초기라 교체하거나 처형하기보다는 기회를 주는 편이 낫다는 방침이었다고 해도 과하다. 이후에는 전라도 함대의 10분의 1도 안 되는 전력을 가지고 싸웠음에도 공을 인정받았고, 심지어는 자신의 공이 이순신과 동급이라고 주장할 수 있었다.

선조, 이순신, 원균, 세 사람의 관계는 임진왜란 이전부터 의외로 파란만장했다. 기록상으로 이순신과 원균의 최초의 만남은 두만강변이었다.

원균의 집안은 무장가로서는 명망 있는 집안이었다. 원균은 1540년생으로 1567년 27세 때 무과에 을과 2위(전체 5위)로 급제했다. 이후 선전관, 함경도 경흥의 조산보만호를 거쳐 1575년에 거제현령을 지냈다. 다시 함경도에서 조산보만호로 근무하던 1583년에 이탕개의 난이 발발했다. 이때 공을 세워서 부령부사, 종성부사(종3품)가 되었다. 품

이순신은 군역을 지지 않는 보인이었다?

보물 1564-7호로 지정된 이순신의 무과급제 홍패(합격증)에 이순신의 신분이 '보인'으로 되어 있다. 양반 신분은 군역을 면제한다는 건 후기에 제도가 잘못 운용된 것이다. 원래 조선시대에는 양반가 자제도 과거에 급제하거나 관료가 되지 못하면 군역을 져야 했다. 다만 과거 준비생은 학생, 유학 등으로 부르며 군역을 보류해 주었다.

30세가 되도록 급제를 못했으니 이순신도 군역 대상자였다. 군역을 지는 방법은 2가지가 있었다. 직접 군인이 되어 군대에 복무하는 군인과 그렇게 군역을 지는 사람에게 경제적 지원을 하는 보인이다. 이순신도 양반가의 자제였고 무과 응시생이었으므로 직접 군역을 지기보다는 보인이라는 지위를 얻었던 것 같다. 보인이 군인호(지원 받는 사람)를 지원하는 방법은 쌀이나 면포를 바치거나 자신의 노동으로 군인의 토지를 경작해 주는 방법이 있었다. 이순신이야 양반가였으니 비용을 지불하거나 노비를 보내주었을 것이다. 더 간단한 방법이 있는데, 아버지나 형, 친척의 보인이 되는 것이다. 이건 편법이 아니라 애초에 제도적으로 장려하는 방법이었다. 그래야 문제도 적고 관리하기도 쉽다.

그렇다면 젊은 시절 보인 이순신의 군인호는 누구였을까? 법이 예외를 인정하던 시대였으므로 서류상의 보인이거나, 친인척 혹은 정말로 잘 알고 지내던 어떤 군인호의 보인이었을 수도 있다. 나중에 그 군인호는 어떻게 되었을까? 이순신의 부하가 되거나 휘하에서 싸우지는 않았을까? 이런 상상은 참 재미난 일인데, 조선시대는 일상 기록이 너무 적어서 즐거움을 살릴 수가 없다.

계는 정3품 통정대부였다.

이순신은 원균보다 10년 늦게 급제했다. 이순신이 군관직을 역임하는 동안 원균은 종6품 현령, 종4품 만호를 지내고 있었으니 벼슬의 격차는 한참 컸다.

1587년 이순신은 원균도 근무한 적 있던 조산보만호가 되어 녹둔도 방어 임무를 맡았다. 그런데 추수철에 여진족이 녹둔도를 습격했다. 녹둔도는 병력이 적어 남자들이 일하러 나가면 경작지와 마을을 동시에 방어할 병력이 없었다. 여진족은 이 기회를 노리고 마을을 습격했고, 병사 10여명이 피살되고 주민 100여 명이 납치되었다. 이 정도 패전이면 처형을 면하기 어렵다. 게다가 이일은 이 패전의 책임을 온전히 이순신에게 덮어씌우려고 했다.

그렇게 된다면 운 좋게 처형을 면한다고 해도 관직 생활은 끝이었다. 이순신 생애에서 최대의 위기였다. 당시 이순신을 존경하던 선거이는 이순신이 이일에게 신문을 받으러 가자 이순신을 다시 못 보겠다고 생각하고 통곡했다. 이순신은 담담했다고 하지만, 이일에 대한 좋지 않은 감정은 꽤 오래간 것 같다. 통제사로 재직 중이던 1594년 11월에 이순신은 이일과 만나는 꿈을 꾸고 일기에 썼는데, 당당하게 복수했다.

(꿈속에서) 이일과 만나 내가 많은 말을 했다. "국가가 어려운 시국에 나라의 은혜를 갚을 생각은 않고 배짱 좋게 음란한 계집을 끼고 관사에는 들어오지도 않고 성 밖의 사가에 머물면서 남의 비웃음이나 받고 있으니 이게 무슨 짓이요." (…) 그러자 이일은 말이 막혀 대답을 하지 못했다.

하지만 이건 6년 후의 꿈이고, 당장은 이일이 갑이었다. 다만 이순신이 꼼꼼하게 병력청원 문서, 이일이 병사를 보내 주지 않았다는 증거를 확보해 두었고, 어쩌면 꿈에 나온 내용처럼 이일의 비리도 알고 있었는지 이일이 함부로 하지 못했다. 이제 이순신의 생사는 조정으로 넘어갔는데, 전황 보고를 검토하던 선조가 습격을 당한 와중에도 이순신이 선전했고 방심하고 돌아가던 적을 추격, 습격해서 백성 절반 정도를 되찾아 왔다는 내용에 주목했다. 이순신이 그전에 병력 부족을 호소했는데, 이일이 무시했다는 정황도 이해했다.

선조는 이순신의 재능을 인정했다. 어쨌든 리더가 책임은 져야 하는 게 관료 세계라 처벌을 하긴 했다. 선조는 이순신은 패장으로 처리할 수 없다고 말하고, 장형을 받고 백의종군해서 공을 세울 기회를 주라고 했다. 선조 말고도 이순신의 재능을 알고 아끼던 대신이나 관원의 간청이 있었을 수도 있지만, 최종 결정자는 선조였다. 백의종군이라고 하면 장군을 이등병으로 강등시키는 모욕적인 처벌이라고 오해하곤 하는데, 품계가 사라지기는 하지만 그렇다고 평민 병사, 일반 병사가 되는 건 아니다. 오히려 그렇게 오해하고 무례하게 대하는 자는 처벌한다는 법규까지 있었다.

조선시대에는 문관들도 범죄를 저지르면 고신을 몰수하는 조치가 있었다. 고신은 품계나 관직을 내리는 임명장이다. 정3품의 품계를 내린 고신을 반납한다면 품계를 몰수하는 건데, 역모가 아닌 이상 대부분 일시적인 반납이어서 나중에 돌려주는 경우가 많았고, 진짜 평민으로 강등되는 건 아니었다.

그러므로 백의종군은 실제 운영으로 보면 일시적인 보직 해임이나 대기발령에 가깝다. 장형은 좀 끔찍해 보이지만, 속전을 내고 매 맞는 걸 면제받거나, 적당히 맞는 척만 하고 넘어가는 방법도 있었다. 물론 진짜로 맞는 경우도 꽤 있긴 했지만, 심하게 맞는 경우는 드물었다.

1588년 1월, 북병사 이일은 녹둔도 사건의 보복 조치로 여진족 부락인 시전부락을 정벌했다. 2,700명의 병력으로 4개 부락을 공격하여 300여 곳을 태우고 500명의 목을 베었다. 이순신은 이 원정에서 온성부사 양대수가 지휘한 우위 소속의 좌화열장으로 참전했다.◆ 화열은 아마도 화기를 다루는 부대라고 추측된다. 당시는 조선의 화포 중에서는 총에 가장 유사했던 승자총통이 보급되었던 시기여서 승자총통으로 무장한 부대라고 추정하는 견해도 있는데 확실하지는 않다. 아무튼 명칭으로 봐서는 전위의 전투부대에서 활약했던 것 같다.

〈장양공정토시전부호도(壯襄公征討時錢部胡圖)〉에 기록된 참전자 명단을 보면 이순신은 백의종군 상태였으므로 관직은 없고 품계도 사라져서 '급제'로 표기되어 있다. 원균도 시전부락 정벌전에 참전했다. 이순신과 같은 우위 소속으로 직책은 1계원장(一繼援將)이었다. 명칭으로 봐서는 예비대 역할이었던 것 같다. 같은 우위 소속이었으니 두 사람이 서로 만났을 가능성이 크지만, 관련 일화는 전혀 알려진 바가 없다.

이순신은 당장 전공을 인정받지는 못했어도 능력은 인정받았다. 다음 해 2월, 비변사에서 대신들의 천거를 받아 유

◆ 이 전투에 참전한 장수의 명단은 장양공 이일의 후손이 그린 〈장양공정토시전부호도〉에 기록되어 있다. 이 그림은 3점이 남아 있는데 각각 육군사관학교, 경기도박물관, 리움미술관에 소장되어 있다.

망한 무장 명단을 작성했는데 이순신이 여기에 포함되었다. 이때 천거한 대신이 이산해, 심수경, 유홍, 정언신, 신립 등 10명인데, 이순신은 이산해와 정언신이 천거한 명단에 들어 있었다. 참고로 이때 함께 추천된 무장 중에는 임진왜란 때 활약을 보이는 손인갑, 정발, 조경, 변응성 이복남 등이 있었다. 원균은 여기에 포함되지 않았는데, 능력을 평가절하를 당했을 수도 있지만 이미 현직 부사여서 천거 대상이 아니었을 수도 있다.

그러나 이순신은 여전히 등용되지는 못했는데, 아무래도 녹둔도 사건이 걸렸던 모양이다. 이를 안타깝게 여긴 이광이 전라도 관찰사로 부임하면서 이순신을 불러 조방장으로 삼았다. 이때 순천부사로 재직 중이던 권준을 알게 되었다. 권준은 이순신보다 2살 아래였고 무과 급제는 3년이 늦었지만, 출세는 훨씬 빨랐다. 벌써 종3품 도호부사였다.

권준은 이순신과 술을 마시면서 나를 대신해서 순천을 다스릴 수 있겠냐고 말했다고 한다. 조카 이분은 권준이 교만해서 이런 말을 했다고 하지만, 이순신의 능력을 알아보고 이런 말을 했던 것일 수도 있다. 좌우간 권준은 나중에 이순신에게 절대 충성하는 부하이자 동료가 되었다.

이순신이 이토록 능력을 인정받으면서도 출세가 늦었던

이유에 대해 조카 이분은 이순신의 강직한 성품 때문이었다고 썼다. 조선시대에 쓰인 행장에서 윗사람에게 아첨하지 않고, 평소에 소신대로 발언하고, 상관이 잘못하면 지적하다가 출세가 늦었다는 이야기는 상투적이라고 할 정도로 나온다. 사람이 조직에서 생활하다 보면 어떤 사람이든 상하좌우 사람과 갈등이 생기기 마련이다. 전기란 주인공을 미화하기 마련이니, 이런 갈등을 하나같이 정의감의 발로로 각색했을 수도 있다.

이순신의 경우는 각색이 아니다. 임진왜란 때의 행적을 봐도 진정한 소신파였다. 다만 강직함을 강조하다가 놓친 부분이 있다. 치밀한 준비성과 정확한 판단력이다. 이분이 기록한 '강직한 일화'를 다 소개할 수는 없지만, 이순신은 정의감만으로 무장하고 상관과 충돌하는 성격이 아니었다. 녹둔도 사건에서도 살아날 수 있었던 것은 이일에게 병력증원 요청을 하고 증거문서를 남겨 놓은 덕이었다. 상관에게 굽히지 않을 때는 준비된 문서가 있거나 이 사건이 더이상 확대되지 않을 것이라는 식의 정확한 판단이 있었다.

이순신이 출세하지 못한 데는 이런 탁월한 능력이 오히려 걸림돌이 되었다고 생각한다. 이순신은 어딜 가나 '주머니 속의 송곳'이었고, 겸손하게 행동해도 드러났다. 필자의 경험에 의하면, 대부분의 사람은 무능한 부하보다 건방진 부하를, 건방지고 실속 없는 부하보다 겸손하고 능력 있는 부하를 더 싫어한다.

결과는 해피엔드였다. 이광도 그렇고, 세상에는 또 탁월한 인재의 가치를 알아보는 사람들이 있다. 전체 관료의 1%인지 10%인지는 알 수 없지만, 이런 사람이 전혀 없다면 어느 집단이든 예전에 멸망했거나 가라앉는 중일 것이다.

그런 사람들의 도움으로 이순신은 1589년 12월에 드디어 정읍현감이 되었다. 그리고 갑자기 닥친 전쟁의 위기로 1590년 7월에 고사리첨사로 발탁되었지만, 대간들이 너무 파격적인 승진이라며 반대했다. 1590년에 선조는 이순신을 당상관인 정3품 절충장군으로 올리고 다시 만포첨사로 임명했지만, 역시 대간의 반대로 취소되었다.

이순신의 파격적인 승진은 전라좌수사부터라고 알려져 있지만 사실은 이때부터였다. 이때만 해도 이순신의 최대 후원자는 선조였다.

1591년, 조선 조정은 일본의 침공 위협에 대응하기 위해 경상, 전라의 수군 지휘관으로 적합한 인물을 찾고 있었다. 이것은 가장 중요한 인선이었다. 애초에 일본의 전면적인 침공을 가정해서 창설한 병종이 수군이었다. 선조는 실전인 만큼 인사원칙과 관행은 무시하고 능력만 보라는 지침을 내렸다. 2월에 전라좌도수군절도사로 발탁된 사람은 이순신이 아닌 원균이었다.

1591년의 사초는 임진왜란으로 다 사라져서 원균이 전라좌수사로 천거된 이유나 과정은 알려지지 않았다. 선조가 원균의 임명장에 결재하자, 바로 사간원에서 반대 상소를 올렸다. 거제현령 재직 시 인사 평점이 하등이었다는 이유였다.

원균이 하등을 받은 이유는 알 수 없는데, 하등 평가는 상당한 결격사유였다. 이 시기에는 웬만하면 고과를 잘 주는 시대여서, 뭔가 강력하고 특별한 이유가 없으면 하등을 받을 수가 없었다. 선조는 임명을 취소하고 다른 인물을 찾았다. 그 사람이 이순신이었다.

2월, 선조는 이순신을 등용하라고 지시했다. 2월 12일, 종4품 진도군수로 발령이 났다. 다음 날 전라좌수사로 임명했다. 진도군수 발령은 수군절도사 임명을 위한 형식적인 조치였다. 이런 방식도 인사 관행 중 하나이긴 했다. 조선시대에는 4품 이상의 경관으로 승진하려면 외관을 반드시 거쳐야 한다거나, 병조판서 임명자는 이전에 한성판윤을 거쳐야 한다는 식의 법규나 관행이 있었다. 이런 관행을 지키기 위해 오전에, 혹은 전날에 한성판윤으로 발령했다가 오후에 병조판서로 임명하는 편법도 자주 썼다.

관행이라지만 꼼수이고 나쁜 관행이므로 대간들이 그냥 넘어가지 않았다. 사간원이 원균에 이어서 이순신의 임명에도 제동을 걸었다. "아무리 인재가 없다고 해도 이건 너무 심한 인사입니다." 선조가 이번에는 강경하게 나갔다.

지금은 (전시 태세라) 규정에 얽매일 수 없다. 이순신은 충분히 임무를 감당할 능력자이니 이전 경력을 따질 필요 없다. 괜히 다시 이런 상소를 올려서 이순신의 마음을 동요하게 하지 말라.

대간에게 화가 나기도 했겠지만, 선조의 대답에는 이순신에 대한 충분한 신뢰가 들어 있다. 사실 선조는 이순신을 만나 본 적도 없었지만, 이순신의 임명이 좋은 인사라고 흐뭇해했을 것 같다. 이순신은 영호남에 있는 4명의 수사 중에서 일을 제일 잘했고, 1년 이상 그 자리를 지켰다.

이순신과 원균이 개인적인 마찰이 없었다고 해도 전라좌수사 임명 사건은 원균이 이순신에게 경쟁의식이나 서운한 감정을 품기에 충분했다. 어떤 사람이 자신이 원하는 자리에서 탈락했을 때, 자신을 대신해서 그 자리에 임명된 사람에게 서운한 감정을 넘어 증오까지 지니게 되는 경우를 종종 본다. 물론 원균이 그랬다는 증거는 없지만, 비교심리나 경쟁의식이 생기지 않았을 리는 없었다. 이후에 벌어지는 사건들도 묘하게 두 사람의 악연을 증폭시킨다.

전라좌수사 임명과 탈락은 원균에게 충격을 주었겠지만, 얼마 후에 보상을 받았다. 1592년 1월, 전라좌수사보다 더 중요한 경상우수사 자리가 비었다. 선조는 지난번 인사 때 원균에게 미련이 남았는지, 원균을 경상우수사로 임명했다.

선조가 원균에게 기대를 품었던 이유는 미스터리다. 사간원의 반대에 마지못해 철회했지만 자존심이 상했다거나, 누군가 원균에 대해 좋은 평만 전해 주었을 수도 있다.

사간원이 지적한 하등이라는 고과점수도 객관적인 증거는 되지 못했다. 원래 고분고분하지 않은 무장들이 좋은 고과점수를 받지 못한다는 말은 앞서도 언급했다. 인사고과가 집안, 문관 편향으로 운영된 지는 이미 오래였다. 무관 수령이 하등을 맞았다면 진짜 무능했거나, 문관에게 밉보여 차별을 받았거나, 이순신이나 정운처럼 진짜 유능한 숨은 인재였기 때문이었다. 선조는 이렇게 고분고분하지 않

은 무장을 발굴하고 등용하는 것이 자신의 임무라고 생각
했을 것이다. 실제로 1591년 전후로 이런 성질 드센 무장들
이 요소요소에 파견되었고, 선조는 자부심을 느꼈다.

원균, 기적의 재기

죽어 마땅한 패전

허둥지둥 장군님

원균이 경상우수사로 부임하고 3개월도 지나지 않아 임진왜란이 발발했다. 조선 침공을 시도하는 일본군에게 최대 걸림돌은 조선 수군이었다. 침공함대의 주력이 부산포에 상륙할 때, 별도의 함대를 보내 경상도 수영을 급습했다. 일본에겐 너무나 당연한 작전이었다.

경상도 수군은 조선 수군 중 가장 강력한 함대였다. 일단 병력에서도 압도적이었다. 경상도 수군은 충청도, 전라도 수군을 모두 합친 수보다 조금 적다. 《세종실록지리지》의 병선 기록이 아주 부정확하긴 해도 전체 척수만 비교해서 보면 경상도가 285척, 전라도는 165척, 충청도가 142척이었다. 이때는 판옥선이 개발되기 전이지만, 임진왜란 당시 경상우수영의 판옥선만 70~80척은 되었다고 추산한다.

경상도에 있는 좌우 2개 수영 중 원균의 우수영이 좌수영보다 더 크고 중요했다. 우수영의 본영은 웅천(진해)과 거제를 오가다가 임진왜란 직전에는 거제 오이포에 설치했다. 좌수영은 울산에 있었다. 위치로 봐도 분명하지만 일본군이 침입하면 제일 먼저 닿는 곳이 부산, 웅천, 거제였다. 삼도수군통제사는 경상, 전라, 충청도 수군을 총괄하는 총사령부였는데, 초대 통제사는 전라좌수사 이순신이었지만 전쟁 후에는 거의 경상우수사가 겸임했다. 그만큼 경상우수사는 남도 수군의 중추이자 핵이었다.

이런 함대가 완전한 기습에 손도 쓰지 못하고 당했다. 부산성과 동래성이 하루 만에 함락되었지만, 부산첨사 정발과 동래부사 송상헌은 목숨을 바쳐 싸워 절의와 무용담을 남겼다. 원균의 경상우수영은 그런 것도 없었다. 경상도의 붕괴된 행정망과 민심을 수습하기 위해 급하게 파견된 초유사 김성일은 현지에서 정보를 모아 보고를 올렸는데, 원균과 우수영의 평가 점수는 '빵점'이었다.

우수영은 수사(원균)와 우후(이몽구)가 스스로 군영을 불태우고서, 우후는 간 곳을 알 수 없고 수사는 배 1척을 타고

서 현재 사천해포에 우거하고 있는데 격군 수십 명 이외에 군졸은 한 명도 없습니다.

같은 날 올린 경상도 관찰사 김수의 보고서는 원균을 직설적으로 비난한다.

원균은 수군 대장으로서 여러 장수들을 거느리고 내지로 피하고, 우후, 우응신을 시켜 관고를 불태워 200년 동안 저축한 물건들이 하루아침에 없어지게 하였습니다.

최종적으로 우수영 수군 붕괴의 진상은 이렇게 정리된다.

왜병들이 바다를 건너오자 경상우수사 원균은 대적할 수 없는 형세임을 알고 전선과 전투 장비를 모두 물에 침몰시키고 수군 1만여 명을 해산시키고 나서 혼자 옥포만호 이운룡, 영등포만호 우치적과 남해현 앞에 머물면서 육지를 찾아 적을 피하려고 하였다.

—《국조보감》◇

◇ 조선시대 역대 왕의 업적 가운데 선정만을 모아 편찬한 편년체의 사서.

이 부분에서 원균의 잘못이 과장된 건 맞다. 누군가가 밉고 크게 비난받을 행동을 했다고 해서 없는 죄를 더해서는 안 된다. 역사의 임무는 누가 악마였다고 단정하는 것이 아니다. 그가 왜 악마가 되었는지, 그의 행동이나 결정이 왜 비난받을 행동이 되었는가를 분석하는 것이다.

원균이 함대를 불태웠다는 이야기부터 살펴보자. 함대 전체를 불태우려면 경상우수영 함대 전체가 본영에 집결해 있어야 한다. 이건 국가의 허락 없이는 절대 불가능한 일이다. 또 전라좌수영과 우수영의 사례에서 볼 수 있듯이, 전 함대가 집결하는 데는 아무리 빨라도 일주일에서 10일은 걸린다. 전투준비를 완비하는 데는 더 많은 시간이 걸렸다.

사전에 동원령을 내려서 경상우수영 함대가 집결해 있었을 가능성은 없을까? 이런 병력동원은 훈련이라도 상부에 보고하고 허락을 받는다. 경상우수영에서 이런 일이 벌어지고 있는 동안 부산성, 동래성은 전쟁 준비도 하지 않고 전라도 수군도 새까맣게 모르고 있었다면, 우리는 원균의 선견지명을 칭찬하고 다른 모든 지휘관을 비난해야 한다.

조선시대의 사람들도 이런 허점을 인식했던 것 같다. 그래서 좀 더 세련된 설명으로 바뀌었다.

이에 앞서 경상우수사 원균은 왜적들이 여러 성을 연달

아 함락시켰다는 소식을 듣고 해군 함대를 이끌고 가덕도로 향했는데, 왜적의 배가 바다를 덮고 있는 것을 보자 퇴각하여 돌아왔다. 여러 장수도 점점 흩어져 가 버렸다. 원균은 아군의 전선을 다 침몰시키고는 육지에 올라가서 왜적을 피하려 하였으나, 옥포만호 이운룡이 안 된다고 하여 마침내 중지하였다.

─《난중잡록》

《난중잡록》의 저자 조경남은 임진왜란 당시 의병장으로 활약했던 인물로 본인의 경험, 당시의 소문과 감정을 생생하게 전달해 준다. 임진왜란 기록 중에서 소설과 드라마 작가들에게 가장 인기 있을 법한 작품이다. 전쟁 중에는 항상 확인되지 않은 소문과 감정이 배합된 이야기가 나돈다. 《난중잡록》은 그런 이야기를 전해 준다는 점에서 아주 가치 있는 기록이지만, 소문이 다 사실은 아니다.

《난중잡록》에서는 원균이 함대를 모아 가덕도로 진격하다가 퇴각했다고 한다. 이렇게 하면 70척 자침이 논리적으로 증명된다. 그런데 이 기적의 동원력은 어디서 나온 능력일까?

그 뒤의 이야기도 이 기록의 사실성을 의심하게 한다. 원균은 이운룡의 만류로 몇 척의 배를 가지고 노량에 머물렀는데, 일본군이 추격해 오자 이운룡이 전라도에 구원을 요청하기 위해 작은 배를 타고 갔다. 여수 앞바다에 도착하니 이순신과 이억기 함대가 모여 있었다. 이운룡은 이순신에게 신분을 밝히고 도움을 요청한다.

그러나 이순신에게 원병을 청한 장수는 옥포만호 이운룡이 아니라 율포만호 이영남이었다. 우리가 알고 있다시피 이억기는 병력동원과 전투준비가 늦어서 1차 출전 때는 오지도 않았다. 경상우수영의 함선은 원균이 한꺼번에 태운 것이 아니라, 각 포구에 분산되어 있다가 일본군의 기습을 받자 포구의 지휘관들이 불태우거나 파괴한 것이다. 적에게 함선과 군량, 병기가 노획되지 않도록 하는 조치 자체도 원칙적으로는 잘못된 행위라고는 할 수 없다.

일단 병력이 자신의 동원지로 달려와야 하는데, 전라도와 달리 경상도는 일본군과 근접한 곳이고 일본이 침공하면 제일 먼저 화를 당하는 지역이라는 사실은 주민들도 알고 있었다. 따라서 일본의 대군이 침공하고 부산과 동래가 하루 만에 함락되었다고 하자, 특히 해안지방 군현의 경우 그 소문이 야기하는 공황과 파급력은 전라도와 비할 바가 아니었을 것이다.

육지에서 경상도 고을 병사들의 집결지가 대구 부근이었는데, 병력이 집결하고 지휘부가 오기도 전에 일본군이 나타났다. 지금 우리는 일본군의 1진 주력이 집결해서 최고 속도로 서울을 향해 진격했다는 사실을 알고 있지만, 당시 사람들이야 소문으로 판단할 수밖에 없다. 부산과 동래가 하루에 함락되었다면, 이 진격로 주변의 고을들은 당연히 그 속도로 일본군이 자기 동네 앞에 나타나리라 생각했을 것이다.

조선시대는 인구 이동도 적고 SNS도 없었지만, 주인과 노비, 일가친척과의 서신, 물자교환 등등 때문에 이 고을 저 고을로 들락거리는 사람이 항상 있었다. 이런 심부름은 현재처럼 택배 직원이 아니라 집안의 노비들이 담당했다. 택배원이라면 배달만 하고 가겠지만, 노비들은 집안의 대소사, 동네에서 도는 소문, 주인이 관심 가지는 일에 관한 소식까지 가지고 찾아왔다. 이 희한한 시스템과 부지런한 메신저들 덕분에 조선시대에는 의외로 소문이 빨리 돌았다. 한마디로 공문과 소문이 전달되는 속도가 같았다.

경상도 전역이 공포에 빠졌다. 근무지로 달려오는 병사보다 도망치는 병사가 더 많았다. 이순신의 전라좌수영 구역에서도 주민들이 도주하자 이순신이 도로를 차단하고 저지했다. 원균은 이런 조치를 신속하게 하지 못했고, 이런 부분에서는 비판받아 마땅하다. 하지만 능력 탓이든 상황 탓이든, 1차 조치가 안 되는 상황에서 2차 조치 자체를 비난할 수는 없다.

2~3일이 지나도 병력이 절반도 모이지 않는다면 포구의 만호들은 어떻게 해야 할까? 수군도 선원도 없이 해안에 누워 있는 전선과 창고의 병기와 군량은 어떻게 해야 할까? 바다로 나갈 수도 없고 성도 지킬 수 없다면, 수령과 지휘관은 어떻게 해야 할까?

경상우수영에도 이영남, 우치적, 강덕룡 같은 이순신도 인정한 우수한 장수들이 있었다. 하지만 이들도 전선과 병력을 거의 보존하지 못했다. 경상우수영 수군의 붕괴를 원균과 지휘관들 탓으로만 돌릴 수 없는 이유다.

오해와 평가

그러면 원균에게는 책임이 없을까? 아니다. 어떤 불가피한 사정에도 리더는 자기 관하에서 발생한 일에 대해 책임을 진다는 식의 총체적, 도의적 책임론을 떠나서라도, 원균의 지도력을 비판할 수밖에 없는 사실이 있다.

불가항력인 재앙을 당했다고 해도 지휘관은 최대한 재난

을 수습하고 자신을 중심으로 단합할 수 있는 역량을 발휘해야 한다. 명량해전에서 이순신은 그랬다. 원균이 부임한 지 3개월밖에 되지 않았다는 점을 감안하더라도, 전쟁을 앞두고 조선의 방어시스템에 심각한 결함이 있음을 알고 있다면 최대한 보완책을 구상했어야 했다.

그조차 3개월이란 시간으로 불가능했다면 비상 대응 능력과 구심력이라도 발휘했어야 하는데, 이런 모든 부분에서 원균은 당황했고 무능했다.

갑신년(1584) 봄에 북변의 수자리에서 돌아와 우수사 원균의 막하에 예속되었다. 임진년 여름에 왜가 침략했을 때 원균이 병선을 미처 수습하지 못해 당황하며 어찌할 바를 몰랐는데, 공이 병선을 불러 모아 법대로 대오를 편성하여 적과 바다에서 만나 여러 차례 싸워 모두 이겼다. 원균이 그 공을 장계로 보고하니 조정에서 공에게 3품의 품계를 내렸다.

원균의 부하였던 강덕룡의 비문에 적힌 글이다. 침공 직후 원균은 병선을 수습하지 못하고, 당황하며 어찌할 바를 몰랐다고 한다. 비문의 특성상 주인(강덕룡)의 공적을 과장되게 찬양했다고 의심할 수 있지만, 강덕룡의 일화가 근거 없는 주장은 아니다. 원균의 이런 모습을 반증하는 또 다른 증거가 있다.

첫 출전에서 원균이 이순신 함대와 만나기로 한 당포에 나타났을 때, 그는 부하 장수들 없이 홀로 판옥선을 타고 나타났다. 경상우수영의 장수들은 다른 배를 타고 이틀에 걸쳐 제각기 나타났다. 이렇듯 패전은 불가항력이었다고 해도 패잔병과 지휘부를 전혀 수습하지 못하고 있었다.

정말로 우수영의 장수들은 모두가 무능하고, 군졸들은 겁쟁이라 도망쳤을까? 우수영에도 이순신도 인정한 훌륭한 장수와 용감한 병사가 있었다. 원인은 원균의 리더십과 능력이었다. 초유사 김성일도 이런 지적을 했다. 고성은 한번 일본군에게 함락되었지만 일본군 주력과 거리 때문인지 일본군이 주둔하지는 않았다. 병력도 소수여서 성과 군량도 놔두고 철수했다. 김성일은 병력을 모아 고성을 점거하라고 2번이나 공문을 보냈다. 원균은 마지못해 고성으로 향했지만, 100여 명의 일본군이 투항한 조선 백성을 거느리고 성을 다시 점거하자 공격할 엄두도 내지 못하고 포기했다. 아마도 원균은 흩어진 병력을 전혀 모으지 못했던 것 같다. 이것은 용기 이전에 능력과 신망의 문제였다.

이렇게 처참하고 무능한 패전에도 불구하고 원균은 자리

를 보존했다. 과거와는 다른 조선 정부의 놀라운 관용이었다. 1차적인 책임이 조선의 군사제도와 정부에 있음을 자신들도 알기는 알았을 것이다. 공전의 위기 상황에 행정망이 마비되기 직전이다 보니 교체보다는 유임으로 가닥을 잡았던 것 같다. 거의 모든 수령과 장수가 일단 후퇴한 마당에, 이를 처벌했다간 수령과 무장들이 일본군에 투항하거나 반발할 수도 있었다.

경상좌수사 박홍도 용서받고 재기의 기회를 얻었으니 원균의 자리보전이 특혜였다고 보긴 어렵다. 하지만 아직은 절반의 구원이었다. 일본군이 물러가고 조정이 회복되면 문관들은 4월의 참극을 평생토록 물고 늘어질 것이다. 법대로 하면 패전한 장수의 처벌은 처형이다. 크게 패하면 설사 본인이 억울하다고 해도 책임을 지고 마녀사냥을 당하는 것도 조선뿐 아니라 전 세계 인류사의 유구한 전통이었다.

개전 이후 임진년 한 해 동안 원균은 생과 사의 갈림길에 서 있었다. 반드시 4월의 악몽을 만회할 그럴듯한 공적을 올려야만 했다. 하지만 경상우수영의 잔존 전력은 형편없고, 관내 대부분을 피탈당한 상황에서 재건도 어려웠다.

폭탄을 곁에 두고 싸우다

오래된 악연

원균을 살려 준 건 이순신의 승리였다. 10분의 1 정도인 전력으로 이순신에 편승해서 따라만 다닌 결과, 이순신 함대의 빛나는 승리와 진정한 군인이었던 부하 장병들의 헌신 덕에 원균은 개선장군이 될 수 있었다.

그런데 이순신이 올린 보고서에서 원균의 활약은 완전히 평가절하되어 있다. 이순신은 원균이 거느린 전선도 별로 없고, 전투보다는 물에 빠진 일본군이나 시신을 건져 목 베기에만 열중했다고 고발하듯 보고했다. 특히 원균이 바치는 수급은 전투의 성과가 아니라 이리 같은 행동의 결과라고 누누이 강조한다.

이런 이순신의 행동이 과했다고 지적하는 이들도 있다.

당신의 함대와 공적이 탁월하다는 건 함대 수만 비교해서 알 수 있는데, 굳이 그렇게 원균을 짓눌러야만 했을까? 또 어떤 이는 이렇게 변호한다. "너무나 올곧은 분이어서 참을 수가 없었던 거야. 정의감이 투철한데 성격이 좀 드세기는 했지."

이순신은 센 인물이 맞다. 신념이 확고하고, 추진력이 강하고 엄하다. 그러나 머리가 좋고 분석력 뛰어나고 무엇보다도 대단히 용의주도하다. 장계의 내용도 가만히 읽어 보면 조정 관료들, 고지식한 문관들의 반응을 예상하고 전방위로 대처한다. 이런 장군이 왜 자신의 공적 우위가 확고한데도 굳이 원균에 대해서는 비난을 감수하고 고발성 발언을 밀고 나갔을까?

많은 사람이 원균을 증오하다 보니 이순신의 고발이 더 통쾌해 보이지만, 싸움은 전략이다. 일본군과의 싸움에서, 조선 정치꾼들과의 신경전에서는 그토록 치밀하고 냉정하게 대처하는 장군이 라이벌과의 관계에서는 감정적인 악수를 둔다? 매우 이상하다.

전쟁에 임하는 장수는 출혈을 두려워해서는 안 된다. 손실을 최소화하는 것이 항상 최선은 아니다. 때로 최선의 방법은 피를 제물로 요구한다. 원균을 고발한 건이 그렇다. 당시 원균에게는 2가지 가호가 있었다. 첫 번째는 전쟁터에서 흔한 가짜뉴스다. 임진년 5월 10일, 선조는 평양에서 남쪽 출장을 마치고 돌아온 선전관 민종신을 접견했다. 민종신은 내금위 출신으로 무과에 급제한 전사였다. 이번 임무도 적진을 뚫고 왕복하는 위험한 임무였다.

전황이 궁금할 수밖에 없었던 선조는 선전관 민종신에게 보고 들은 것은 다 말하라고 말했다. 아마 확인되지 않은 소문이라도 다 이야기하라는 뜻이었을 것이다. 민종신은 수군의 1차 출전의 승전보를 전하면서 원균이 바다에 나가 적선 30여 척을 격파했다고 보고했다. 이뿐 아니라 이날 민종신이 한 이야기는 자신이 직접 보고 들은 얘기 빼고는 맞는 말이 하나도 없었다. 민종신의 잘못은 아니었다. 그가 중간에 들은 소문이 이미 왜곡되어 있었던 탓이다.

원균이 도망쳤다고 비난했던 경상도 관찰사 김수도 엉뚱한 보고를 했다. 일본군이 온다는 허위 보고에 남해현의 군량과 무기를 이순신이 불태웠고, 5~6월에 거둔 승전은 원균이 여러 장수들을 거느리고 힘을 합해 잡은 것이라고 했다.

남해현 사건은 《난중일기》에도 나오는데, 김성일의 보고에도 이순신의 군관들이 불태웠다고 했다. 하지만 나중의 조사로 보면 왜적이 아니라 왜적을 가장한 도적 떼일 가능성이 커 보인다. 이 사건은 이순신과 무관했는데, 벌써 경상도에는 이런 가짜뉴스가 돌고 있었다.

전쟁에서 가짜뉴스가 도는 이유는 공포, 자기 위로, 지역감정을 포함한 당파성, 확증편향, 책임회피 등등 다양하다. 그러나 결국은 교차 검증이 된다. 이틀 후에 선조는 충청도 관찰사의 장계를 받고, 민종신의 보고가 부정확했음을 알았다.

더 위험하고 신경 쓰이는 가호는 권력의 가호였다. 여기서 떠오르는 권력이 당쟁이다. 동인과 서인으로 나뉜 당쟁은 자신들을 거리낌 없이 서인, 동인으로 부를 정도로 선조 대에 물이 올라 있었다.

원균은 서인의 1인자라고도 할 수 있는 윤두수와 친척 관계였다. 이순신은 사실 당색이 강하지 않다. 류성룡의 비호를 받아 동인으로 분류하지만, 임진왜란 전에 관직은 미미해서 당에 충성할 기회가 없었다. 1590년에 이순신을 천거한 사람은 동인의 거물인 이산해였다. 전쟁 영웅에 통제사가 되면서 이순신을 동인계로 간주했을 것 같기는 하지만, 동인이라고 다 이순신을 비호하지도 않았고 서인 중에서 당색을 떠나서 이순신을 인정하고 추앙하는 사람들도 많았을 것이다. 결론적으로 말하면 당파라는 권력에 의한 왜곡은 부수적인 조건이지, 주도적인 조건은 아니었다.

선조의 사정

그렇다면 남은 답은 하나다. 선조다. 전쟁 직전 군 인사의 화두는 능력 있는 인재 임명이었다. 덕분에 이순신이 파격적인 승진을 했지만, 이 와중에도 선조는 정치적 안배를 소홀히 하지 않았다. 어찌 보면 너무나 당연한 일이다. 현대국가에서도 군 인사에 정치를 감안하지 않는 나라는 없다.

애초에 실전 능력 위주로 장수를 등용하다 보니 다들 성격이 만만치가 않다. 게다가 관직 경력이 짧아서 성격이나 충성심을 정확히 알지 못한다. 그래서 선조는 뒷조사를 했다. 그런데 이순신에 대한 불길한 정보가 들어왔다.

이순신이 조산보만호로 녹둔도를 지키고 있을 때 김경눌이 녹둔도의 둔전을 감찰하는 일로 녹둔도에 왔다. 이순신과 김경눌은 평소에 사이가 좋지 않았는데, 김경눌의 감찰 방식이 맘에 들지 않았던 모양이다. 이순신은 여진족 1명을 시켜 밤에 여진족이 쳐들어온 것처럼 했다. 김경눌은 놀라서 바지만 입은 채로 도망쳤다.

선조가 이 이야기를 언제 들었는지는 알 수 없지만, 녹둔도 습격 사건이 나고 이순신을 조사할 때 들었던 것 같다. 아니면 최소한 임진년 이전에 들었던 건 분명하다.

1592년 10월에 윤두수가 김경눌을 회양부사로 추천했다. 선조가 단호하게 거절했다. "김경눌은 내가 잘 안다. 글을 잘 알고 풍채가 훌륭해서 늠름해 보이지만 어리석고 겁도 많다. 지시를 받고 일하는 자리는 모르지만 지휘관감은 아니다."

김경눌에 대한 평가를 보면 선조는 김경눌과 이순신의 일화를 알고 있는 것 같다. 동시에 이순신에 대한 판단도 엿볼 수 있는데, 이순신이 성격이 세기는 하지만, 그것도 좋게 보았던 것 같다. '리더라면 저런 결단력과 뚝심이 있어야지.' 선조는 의외로 뚝심 있고 저돌적인 장수를 좋아했다. 젊었을 때 《삼국지》도 읽었다고 하는데, 장비나 조자룡 같은 장수를 좋아했나 보다. 장비가 장판파에서 혼자 조조의 백만대군을 막은 이야기를 교지에서 언급한 적도 있었다.◆ 그래서 선조는 녹둔도 사건에서 이순신을 살렸고, 기대를 품고 전라좌수사로 임명했다.

◆ 자세한 내용은 알려지지 않았지만, 함경도 북병사였던 장필무를 변호하다가 나온 이야기였다. 장필무는 장비처럼 체격이 크고 굵직한 무인이었다고 한다.

하지만 이순신이 잘못하면 상관도 거침없이 몰아내는 성격이란 사실은 절대로 잊지 않았다. 게다가 선조는 이순신을 만나 본 적도 없고, 자신과 개인적인 접촉도 없다. 이는 불안 요소였다.

이런 이순신을 견제하기에 딱 좋은 사람이 원균이었다. 임진왜란 중에 좌의정을 지낸 윤두수는 원균이 자신의 친척이기는 하지만 오랫동안 본 적도 없다고 말했는데, 직접 만나지 않아도 문무의 고위직에 있는 사람들이 서로 교류하거나 보증하지 않을 수가 없다. 윤두수의 친척이면 정가의 주류인 서인계이고, 정치적으로 이순신보다는 보증이 확실했다. 이후의 대화를 보면 확실히 윤두수는 원균을 밀고, 원균에 대한 선조의 견해와 주장을 100% 옹호한다.

윤두수의 추천이 있었다고 하더라도 선조는 원균에 대한 개인적인 뒷조사도 했을 것이다. 원균에 대한 보편적인 평가는 "거칠고 사납고, 백성과 병사를 혹독하게 부리며 무리하게 임무를 추진한다"라는 것이었다. 선조는 이런 평가도 마음에 들었던 것 같다.

임진왜란 전 이탕개의 난이나 여진족과의 전투에서도 그렇고, 임진왜란의 준비과정에서도 그렇고, 답답한 일이 많았다. 더욱이 무장들은 도덕과 원칙을 중시하는 문관들의 지적질과 감시에 기가 눌려서 몸을 사렸다. 선조는 원균도 장비처럼 뚝심 있는 무장이라고 생각했던 것 같다. 거제현 령 때 고과 하등 사건도 이렇게 이해했을 것이다. "전시에 는 이런 무장이 필요하다."

그 전시용 무장이 전쟁이 터지자마자 형편없는 모습을 보 였다. 개전 초기 경상도 수군의 허무한 붕괴가 불가항력적 요인이 있고 원균의 탓만은 아니라고 해도, 원균이 보여 준 리더십이나 대응력이 졸렬했던 건 사실이다. 게다가 초유사 김성일, 관찰사 김수가 모두 원균의 잘못을 최대치로 측정 한 보고서를 올렸다. 보통은 이런 일이 있으면 최선을 다해 분투한 장수도 책임을 지워서 처벌하는 것이 정상인데, 원 균은 어떤 처벌도 받지 않았다. 이후 벌어진 빛나는 승전에 서도 원균의 우수영 함대는 전선이 없다시피 해서 해전에서 열심히 싸웠어도 공이 한계가 있었다. 그런데도 이순신보다 는 아래였지만 수량적으로 이순신과 근사한 전력을 구축한

◆ 1592년 7월 4일, 명의 요동도지휘사가 선조에게 국서를 보냈다. 요동 망명을 요청
하는 선조에게 이를 말리고 어떻게 해서든 조선에 머물면서 회복을 노려야 한다
는 충고의 글이었다. 이 글에 이런 문구가 있다. "귀국에는 이광, 윤선각, 원균,
이순신 등 충성스럽고 용감한 신하가 적지 않다." 아마도 조선이 알려 준 전황 보
고를 읽고 이순신과 원균을 동급에 놓고 이야기한 것 같다. 이억기는 아예 빠져
있다.

이억기와는 늘 동급, 심지어는 그 이상으로 평가받았다.◆

　이런 파격적 대우의 배경은 선조의 신뢰와 이순신에 대한 견제였다. 어쩌면 이순신과 원균은 두만강에서 여진족과 싸울 때부터 불화가 있었을지도 모른다. 없었다면 다행이지만, 사령관 막사 회의실에서 마주했거나 옆 부대에서 싸웠다면 문제가 생기지 않을 수 없는 관계였다. 과거부터 두 사람이 불화했고 선조의 정보망이 이를 탐지했다면, 선조는 더욱 쾌재를 불렀을 것이다. 물과 불은 화합할 수 없기에 항상 옆에 같이 두어야 한다.

　선조가 서인들의 편파 보고에 속았다는 해석이 있지만 이는 오류다. 동·서인이 섞여 있는 비변사 대신들은 이순신과 원균의 차이를 알고 있었다. 한산해전이 끝나고 이순신과 원균이 모두 승첩 보고를 올렸다. 선조는 뒤늦게 원균과 우수영 장수들도 포상하고 싶어 했다. 비변사도 마지못해 동의했다. 비변사의 대답이 묘하다. "이곳에서 확실히 알기는 어렵습니다만, 적을 벤 것으로 판단해 보면 (원균과 우수영 장수들도) 힘을 다해서 혈전을 벌인 건 의심할 것이 없습니다. 최소한 공적 1등으로 보고된 장수들은 포상해야 할 듯합니다."

　찜찜하지만 이 정도는 포상하겠다는 말이다. 그리하여

이순신에게 단단히 찍혀 있던 남해현령 기효근과 첨사 김승룡은 당상관이 되고, 김준계는 3품, 원균의 아들 원전은 5품, 우치적 등 다른 4명의 장수는 6품으로 승격했다. 하지만 원균도 포상하자는 선조의 제안에 비변사가 단호하게 거부했다. "원균은 이미 높은 가자(加資, 조선 시대 관원들의 임기가 찼거나 근무 성적이 좋은 경우 품계를 올려 주던 일 혹은 그 품계)를 받았습니다. 이 승리의 공은 이순신이 으뜸이나 원균에게는 가자할 필요가 없습니다."

아무리 이기적인 정치 귀신이라고 해도 나라의 운명이 위태로운 시기에 정치를 실력 앞에 둘 수는 없었다.

원균에 대한 선조의 편견과 비호가 임진왜란 이전부터 존재했다면 이순신이 눈치채지 못할 리가 없다. 이순신이 원균과 공동 보고를 거부하고, 자신의 보고에 원균의 행태까지 적어 넣은 이유도 납득할 수 있다. 누가 봐도 객관적인 격차가 뻔한 상황이었지만, 지존인 국왕은 그 뻔함과 상식을 무시할 수 있는 권력자였다.

그렇다면 더욱이 조심해야 하지 않을까? 이순신과 원균의 지휘권에 대해, 혹은 원균의 의견이 참작되거나 그의 지휘를 받을 수밖에 없는 지시가 내려온다면? 이순신은 나라와 함대의 운명을 지켜야 할 의무가 있다.

"그래도 사람들 눈에 두 사람이 공을 두고 다투는 것처럼 보이는 건 보기에 좋지 않네. 뛰어난 자네가 좀 참는 게 어떤가?" 인격과 체면을 소중히 하는 선비는 이런 충고를 한다. 선비의 문제는 자신의 행동은 자신만 책임지면 된다는 것이다. 리더는 그렇지 않다. 전투는 목숨을 건 행위다. 아무리 국가와 전우를 위해 싸운다고 해도 생명보다 귀중한 건 없다. 노력과 희생에 대한 대가는 반드시 공정하게 베풀어야 한다. 보상이 공정하지 못하면 사기는 떨어지고, 사명감과 책임감도 희석된다. 불공평한 포상, 제대로 싸우지도 않은 장수들에게 어부지리의 포상이 가는 건 포상이 없는 것보다 더 나쁘다.

지휘관의 책임이 승리라면 승리를 위한 절대조건이 공정한 포상이다. 그러므로 지휘관은 적과 싸우는 것과 동일한 자세로 부하들의 권익과 공정함을 위해 싸워야 한다. 정치인 대부분은 전쟁에서 야전 지휘관들의 이런 태도를 못마땅해하고, 대국적 이해라는 명분으로 정치적 안배를 우선시한다. 그런 사정도 이해하고 필요하지만, 야전군이 무너지면 대국적 배려도, 시행할 정치적 안배도 소용이 없다.

마침내 이런 사건이 발생했다. 수급 수집에 목숨을 걸었던 원균은 부하들을 닦달했다. 전라좌수영 장병들이 잡은 배를 활까지 쏘면서 빼앗으려고 한 적이 있었다. 그 바람에 수군 두 사람이 화살에 맞아 부상을 입었다. 원균은 분명히 부하들이 공에 눈이 어두워 멋대로 벌인 일이라고 변명했겠지만, 나중에는 선을 넘었다.

1593년, 웅천 공략 때였다. 경상우수사의 군관과 가덕첨사의 척후선 2척이 섬 사이를 들락날락하는 모습이 발견되었다. 하는 짓이 수상해서 잡아 포박해서 수사권이 있는 원균에게 보냈다. 그러자 원균이 크게 성을 냈다. 군관을 파견한 이유가 어부들을 찾아 목을 베어 일본군의 수급으로 위장하려는 의도였기 때문이다.

원균의 진술을 들을 수 없는 상황에서 이순신의 증언이 사실이라고 확신할 수는 없다. 하지만 원균의 능력뿐 아니라 인격을 이순신이 이 정도로 불신했음은 확실하다. 이런 이야기를 정치인들에게 흘렸는지는 알 수 없지만, 적어도 이순신이 보기엔 원균은 이런 일을 저지를 정도로 무모하거나 뒷배가 탄탄했다.

이런 사정이다 보니 이순신과 원균의 갈등은 날이 갈수록 심해질 수밖에 없었다. 원균의 만행을 상부에선 모른 척하니 이순신은 더 화가 났다. 폭탄을 옆에 두고 싸우는 심정이었다.

통제사를 바꿔라

말의 전쟁

다시 1594년 11월 12일의 경연장으로 돌아가자. 이날 선조는 작심하고 원균을 치켜세우고 차근차근 이순신을 깎아내렸다. 윤두수가 슬쩍 언급했던 이순신과 원균이 불화하게 된 에피소드가 원균이 미성년자인 첩의 아들을 전투에서 공을 세웠다고 보고한 사건이었는데, 알고 보니 미성년자가 아니었다. 결론은 이순신이 대장이란 자가 마음이 좁고 치졸하다는 것이었다. 선조는 이 기회에 이순신을 원균으로 교체해 버리려고 했다.

비변사 대신들은 당혹했다. 마지못해 선조의 장단에 맞춰 주기는 했지만, 이순신을 원균으로 바꾼다는 건 안 될 일이었다. 노련한 대신들은 교묘하게 선조를 설득했다. "이순신도 공이 있고 원균도 공이 있다. 그러나 아무래도 이순신이 주인공이다. 사람들이 말하기를 두 사람이 불화한다면 이순신이 아니라 원균을 보내야 한다고들 한다."

뜻밖의 저항에 선조는 자기 생각을 토로한다. "내 생각에는 이순신은 대장으로서 하는 짓이 잘못된 것 같다. 이순신과 원균 중 한 사람을 체직하지 않을 수 없다. 혹 이순신을 체차◆할 경우에 원균으로 통제사를 삼을 수 있다."

실록은 이때 대신들의 표정이나 대화를 기록하지 않았다. 하지만 대신들은 경악하며 단호하게 저항했다. 국왕과 대신들이 정면으로 충돌하면 누가 이길까? 부모와 자식이 대립하면 부모가 이겨야 정상이다. 그러나 자식 이기는 부모는 없다. 왕과 대신들의 관계도 비슷하다. 왕이 이길 수 있지만 그 승리의 열매는 몰락이다. 연산군은 대신들에게 늘 이겼지만 결과는 참혹했다. 선조는 모처럼 자신의 속셈을 드러냈지만, 마지막 순간에 한발 물러섰다.

"그러나 (내 의견과 다르게) 대신들이 이순신이 아닌 원균을 조치해야 한다고 생각한다면 원균 자리에 다른 사람을 차출해야 하겠군. 대신들이 알아서 시행하시오."

◆ 관리의 임기가 차거나 부적당할 때 다른 사람으로 바꾸는 일.

대신들은 옳다구나 하고 충청병사 선거이를 원균과 맞바꾸기로 했다. 선조는 속상했지만 받아들여야 했다. 선조가 물러서자, 원균은 군율을 어기고 상관과 불화했으니 충청병사로 임명해도 안 된다는 건의가 올라왔다. 이번에는 선조가 발끈했다. "군율은 원균만 어겼느냐? 내 생각엔 이순신의 죄가 더 크다." 선조의 치졸한 감정이 그대로 드러난다. 대신들의 의견을 따라 이순신이 아닌 원균을 전보시키긴 하지만, 판단은 바꾸지 않았다는 말이다.

이 말이 새어 나가자, 사간원이 이순신과 원균의 불화는 쌍방 잘못이나 원균만 조치하면 불공평하니 철회하자는 상소를 올린다. 보통의 리더라면 옳다구나 하고 받아들이겠지만, 선조는 만만치 않았다. 칭찬하고 싶진 않지만 선조는 뚝심이 있다. 보통 정치인이 뚝심이 있다고 하면 어려운 상황에도 불구하고 자기 의견을 밀어붙이는 뚝심만 생각하는데, 더 무섭고 발휘하기 힘든 뚝심이 한발 물러서서 참고 기다리는 거다. 속이 메스껍고 울렁거리지만, 확실히 이길 때를 기다린다.

"이미 결정된 이야기다. 이제 와서 바꿀 수 없다."

선조의 성격을 아는 양심적인 관료들은 애가 탄다. 선조의 진심을 안 이상 원균을 아예 멀리 보내야 했다. "우리 수군은 강한데 왜 나가서 일본군을 격퇴하지 않는 거야?"라고 생각하는 단순한 관료들과 왕의 뜻에 부화뇌동하려는 무리들은 호기심이 당긴다. 이 기회에 선조의 비위를 맞추면 왕의 눈에 들 수 있다.

관료계가 동인과 서인이 아니라 원균파와 이순신파, 아니, 선조파와 이순신파로 두 쪽이 나면서 바빠진다. 그래도 관료의 중심부에서는 아직 합리와 상식이 통했다. 선조는 1595년 8월 4일에 원균을 충청병사에서 전라병사로 옮겼다. 이순신과 같은 지역에 배치한 것이다. 당시 수군은 전성기의 병력을 채우지 못하는 상황이었고, 같은 도의 인적자원을 두고 육군과 수군이 늘 갈등하고 있었다. 원균을 전라병사로 임명한 건 이순신을 말려 죽이려는 것과 다름이 없었다. 하지만 상관없었다. 이순신에 대한 의심으로 독이 완전히 오른 선조가 보기에는 원균은 이순신에게 절대 동조하지 않을 듬직한 심복이었다. 전라병사로 임명하면서 선조는 처음으로 원균을 만나 대화까지 나누었다.

8월 15일, 사헌부가 원균이 너무 탐욕스럽고 형벌이 포악하니 병사직에서 해임해야 한다고 탄핵했다. 이때 대사헌은 서인계 홍진이었다. 당파적 시각에서 원균을 공격한 것도 아니었다.

그러자 선조는 경천동지할 발언을 한다. "원균은 보통 인물이 아니다. 이런 시기에 명장을 이렇게 대우해서는 안 된다. 불허한다." 그러더니 4일 후에 대사헌을 홍진에서 한효순으로 교체해 버렸다. 그런데도 1596년 1월 다시 사헌부가 원균을 조사해야 한다고 주장했지만 선조는 또 거부했다. 원균 해임안이 계속 올라오자, 선조가 반격에 나섰다. 이번에도 김응남이 총대를 멨다.

김응남은 당파가 확실하지 않다. 처남이 초기 동인의 거물이었던 이산해였다. 본인은 서인의 우상인 이이를 존경했다고 하는데, 동서 대립의 초창기 사건인 송응개, 허봉(허균의 형)이 이이를 탄핵했을 때 허봉파로 몰려서 제주목사로 좌천되었다. 임진왜란 때 서인들이 책임을 지고 일선에서 물러나고 동인인 류성룡이 주도하여 전시내각을 구성할 때, 류성룡의 추천으로 병조판서가 되었다. 그렇다면 동인일까? 동인이라면 동인이지만 동인으로서의 정체성은 약했던 것으로 보인다. 막중한 병조판서 자리에 김응남을 임명했다는 건 그가 당색이 얕고, 서인에게도 받아들여질 수 있는 인물이었기 때문이다. 그는 선조의 신임을 얻어 1594년에 우의정, 1595년에 좌의정이 되었다. 이때 영의정은 류성룡이었다.

선조 입장에서는 이순신을 추천한 류성룡을 끌어들이기는 부담스러우니 김응남을 재촉했을 수 있다. 이날 김응남은 이상한 논리를 내세웠다. 원래 장수도 지휘관으로 뛰어난 자와 부하로 뛰어난 자가 있다. 원균은 지휘관 적성이다. 그런 그가 이순신의 부하로 있었기에 자꾸 의견이 충돌되고 재주를 펼 수 없었다. 이 기회에 그가 재주를 펼 수 있도록 경기수사로 제수하자.

선조는 감정을 드러내지는 않았지만 속으로 "경기수사라니. 이 사람이 무슨 소리를 하는 거야?"라고 생각했을 것이다. 반년이 지난 6월 26일, 다시 경연에서 이순신이 화제가 되었다. 선조가 이순신에 대한 사람들의 평을 물었다. 대신들이 양보하지 않으니 공격 방향을 바꿨다. 이를 위해 지난 5개월 동안 공을 들여 여론을 몰았을 수 있다. 이번에도 김응남이 답한다.

"이순신은 쓸 만한 장수입니다. 원균은 좀 문제가 있긴 하지만 몸가짐이 청백하고 용력(勇力)으로 선전하는 점도 있습니다." 김응남은 이순신도 옹호하고 원균에 대해선 사헌부의 탄핵을 의식한 듯 선조의 평가를 따랐다.

좀 찜찜했지만 선조는 한발 더 나갔다. "이순신은 처음엔 힘써 싸웠지만 그 이후는 싸우지 않고 있어서 내가 늘 의심하고 있다." 여기서 드디어 '의심'이란 단어가 나온다. 그리고 이렇게 말한다. "동궁(광해군)이 남쪽에 내려갔을 때 여러 번 사람을 보내 불러도 오지 않았다."

동궁의 말을 듣지 않는다는 건 왕명을 받지 않는다는 말과 다름이 없다는 뜻이다. 선조는 대놓고 이순신의 충성심을 의심하고 있다고 밝힌다. 이건 억지다. 사실 이순신이 동궁을 만났으면 선조는 더 의심했을 것이다.

선조는 김응남을 바라보며 답변을 기대한다. 이 위험한 순간에 김응남이 말을 돌린다. 원균이 구원 요청했을 때 이순신이 오지 않아 원균이 통곡했다. 이 말도 지난번에 나온 이야기로 선조의 편을 들어주는 것 같은데, '선조의 의심' 건에는 딱 시치미를 떼고 이순신과 원균의 갈등을 개인 간의 문제로 돌린다. 이것이 노련한 관료의 수법, 선조의 편을 들어주는 척하면서 '의심'에는 동조하지 않는 교묘한 물타기였다.

기껏 도화선에 불을 붙였는데 타들어 가지 않자, 선조도 말을 돌린다. "이순신이 과연 성공할 수 있는 자인가? 난 모르겠다." 선조는 원균같이 저돌적인 사람이 통제사가 되어야 한다는 대답을 기대한다. 김응남이 대답한다.

"저는 모르겠습니다만, (아까 선조가 바깥 사람들의 평가를 물었던 것을 기억하자) 장사들(이순신의 부하 또는 전쟁을 아는 무장)은 이순신이 조용하고 중도에 맞는다고 합니다."

실로 노회하다. 선조 말대로 이순신은 저돌적이지 않다. 그래서 싸우러 나가지 않는다. 이 말에 동의하는 척하면서 부하 장수들도 이순신의 전략과 행동에 동의한다고 교묘하게 이순신의 처신을 변호한다. 김응남의 양다리 처신도 여기까지가 한계였다. 더 이상 선조의 장단에 맞춰 주다간 답변이 궁색해질 수 있었다. 이젠 끊어야 한다. 그는 다시 한 번 선조를 비행기에 태웠다가 강제 착륙시켜 버린다.

"거제엔 원균을 보내야 합니다. 거제를 지키는 일이라면 이 사람이 아니면 누가 하겠습니까?" 거제로 보내자는 말은 다시 원균을 경상우수사로 복직시키자는 뜻이다. 최대한의 양보였다. 그러고 보니 1월에 원균을 경기수사로 임명하잔 말에 속셈이 있었다.

선조의 원균론을 받아 주면서 통제영의 지휘체제 논의에서 원균을 아예 빼 버리려는 속셈이었던 거다. 선조는 이 함정에 걸려들지 않았다. 오늘 기대했던 말은 원균을 한산도, 즉 통제영으로 보내려는 것이었는데, 김응남이 경상우수사 이상은 안 된다고 못을 박은 것이다.

선조가 말을 바꾼다. 이미 거제에서 철수했고 여기에 다시 영을 설치하기는 힘들다. 비변사도 그렇게 말하지 않았는가? 이순신이 비겁해서 공세로 나가지 않는다고 비난하면서 원균이 거제를 지키지 못하게 하는 게 합당한 전략이라는 건 상충하는 말이지만, 이게 왕의 좋은 점이다. 정승은 왕의 생각과 다른 주장은 할 수 있지만 왕을 향해 "당신 말이 앞뒤가 안 맞잖아"라고 면박을 줄 수는 없다.

김응남이 밀고 나온다. "원균을 시켜서 거제를 점령하고 수군으로 부산을 위협해서 일본군의 군량 수송로를 자릅시다." 이 말을 솔직한 현대어로 바꾸면 이런 뜻이다. "전하 말대로 원균이 용맹한 장수고 이순신이 능력이 있는데도 싸우지 않고 있는 것이라면, 원균이 그걸 해내겠지요. 좋아요. 한번 시켜 봅시다."

선조가 당장 발을 뺀다. "지금 병력도 적은데 병력을 분산할 수 없다. 한산도를 지키는 것이 최선이다. 거제를 점령하고 부산을 위협하려면 병력을 증원해야 하는데 군량은 어디서 장만하겠는가?"

독자의 이해를 돕기 위해서 말의 순서를 바꿨다. 중요한 건 선조의 반론이 이순신이 출전을 보류하는 이유와 같다는 거다. 선조도 자기 말의 모순을 인식하더니 더 이상 안되겠는지 화제를 돌린다. 김응남의 등에서는 식은땀이 흘렸을 거다. 이날 경연에 참석하지 못해 이 대화를 전해 들은 류성룡도 한숨을 내쉬었을 것이다. 오늘날 김응남이 이순신 탄핵파 중 하나로 오해를 받고 있지만, 류성룡과 김응남은 손을 맞잡고 대책을 논의했을 가능성이 크다. 이날 선조와 대화한 후 두 사람은 이런 결론을 내렸을 수도 있다. "우리 힘만으로는 더 이상은 안 되겠소. 비상 수단을 강구해야 합니다." 류성룡과 김응남에게 동시에 한 사람이 떠올랐다. 선조의 생각을 바꾸고 이순신을 구하려면 그가 유일하면서도 마지막 희망이었다.

류성룡과 김응남이 함께 일을 모의했는지, 그리고 정말로 이원익에게 부탁했는지 우리는 알 수 없다. 기록이 전혀 없다. 그러나 상식적으로 같은 정승으로 전시의 군사와 민정을 도맡고 있는 사람이 최전선에서 가장 강력하고 믿을 수 있는 군대를 이끄는 장수의 문제를, 그것도 국왕이 그 장수를 의심하고 기어이 갈아치우려는 상황을 모른 척하고 있었다거나 영의정, 좌의정과 대화도 나누지 않았다고 상상하는 자체가 난센스이지 않을까?

고집과 설득

이순신을 위해서가 아니다. 조선과 조선 백성을 위한 마지막 희망, 구원투수는 우의정 이원익(1547~1634)이었다. 흔히 오리 정승('오리'는 그의 호다)이라고 불리는 이원익은 왕손이다. 조선시대에 법으로 왕의 아들은 관료가 될 수 없었다. 제사 의무가 끝나는 친진(親盡)이 되는 5대 후손부터 과거가 가능한데, 이원익은 바로 그 5대손이었다.

묘하게 왕들은 아들, 형제부터 가까운 왕족을 제1의 위험 인물로 경계하지만, 친진한 전주 이씨는 신뢰하고 가깝게 여기는 경향이 있다. 하지만 이원익이 이런 왕의 비호 덕에 출세한 인물은 아니다. 친진제도는 황금 수저로 태어난 덕분에 받는 차별이라고 할 수 있는데, 덕분에 파락호, 술고래가 되는 사람도 있지만, 남보다 더 열심히 공부하고 사대부

집안 출신보다 더 유능한 관료가 되겠다는 오기를 보이는 사람도 있다. 이원익이 그런 사람이었다.

뛰어난 관료이자 온화한 인품과 덕으로 유명했던 이원익은 인조, 광해군 대에 영의정까지 역임한다. 조선시대에 명재상 리

이원익 영정

스트를 만든다면 반드시 들어갈 사람이 이원익이다.

임진왜란 초기, 선조는 의주로 피난 가면서 평안도 관찰사를 이원익에게 맡겼다. 일본군이 평양을 점거한 당시 평안도는 최전선, 접경지역이었다. 여기에 명군이 참전하면서 평안도는 3개국 군대가 혼거하는 복잡한 땅이 되었다. 이원익은 평안도를 안정시키고, 군량을 생산하고, 병사를 징병해서 훈련시켰다. 실전에는 나서지 않았지만, 후방 지원 공로는 최고였다. 명나라 장수들은 실무현장에서 만난 조선 관료라면 고관이라도 무능하게 보는 경향이 있어서 갈등도 많고 평가가 박했다. 그럼에도 이원익은 명나라 관료들에게서 최고로 유능한 인물이란 평을 받았다.

선조의 신임도 각별했다. 1593년 선조는 류성룡에게 "명군 중에서 믿을 사람은 대도장군 유정뿐이고, 조선 관료 중에서는 이원익이다"라는 말도 했다. 1595년 6월, 선조는 이원익을 불러 우의정으로 삼고, 경상, 전라, 충청을 포함한 4도 도체찰사로 임명했다.

이원익은 남쪽으로 내려가 이순신과 원균도 만나 보고, 두 장수의 지휘방식도 보고, 사람들이 평가도 들었다. 이순신도 《난중일기》에 이원익에 대한 감상을 기록했다. 이원익이 남부 지방을 둘러보고 상경했을 때 선조가 이순신에 대해 물었다. 선조는 집요하게 "이순신이 태만해졌다. 능력이 있는가, 부하들이 신뢰하는가?" 등의 질문을 던졌지만 이원익은 선조가 원하는 대답을 하지 않았다. "이순신은 태만해지지 않았습니다. 모든 장수 중에서 이순신이 제일입니다."

이원익의 답변에도 선조는 생각을 바꾸지 않았다. 선조를 설득하는 건 물 건너갔다. 양식 있는 재상들이 단합해서 선조의 결정을 저지하는 수밖에 없었다. 이원익이 도와주지 않자 선조는 물밑에서 치밀하게 준비했고, 10월 21일에 조정에서 이순신과 원균을 두고 논쟁이 벌어졌다.

당시 명이 주도했던 일본과의 강화회담이 덧없이 끝나고, 일본군이 군비를 증강해서 재침하려 한다는 소문이 돌면서 긴장감이 극도로 높아졌던 상태였다. 임진년의 공포감이 되살아나고 조정에서는 벌써 만약의 사태에 대비한 피난 논의까지 했다. 이런 공포 분위기 속에서 선조와 이산해는 이 사태를 초래한 원인으로 이순신을 지목했다.

11월 7일, 이산해는 육군은 일본군보다 약하고 수군은 일본군보다 강하니 우리가 이길 때 수군으로 밀었으면 승리할 수 있었다, 그 중요한 시기에 원균을 충청병사로 옮겨서 승리할 기회를 놓쳤고, 이제 다시 전쟁이 재발했다고 주장했다.

정확히 언제부터인지는 모르지만, 정치적 동기에서 시작한 선조의 이순신에 대한 평가와 원균에 대한 신뢰는 이제 완전히 확증편향이 되어 있었다. 선조는 이순신을 비방하면서 충청병사로 있는 원균을 통제사로 임명하고 싶어했다. 선조의 의지가 너무 확고해서 류성룡과 김응남도 정면으로 반박하지 못했다. 사실 두 사람이 한 번도 선조의 의견에 정면으로 반박한 적은 없었다. 언제나 적당히 호응해 주면서 최종 결정을 비틀어 왔는데, 이날은 선조의 기세가 너무 강해서 그것도 쉽지 않아 보였다.

이때 이원익이 나서서 단호하게 원균 등용을 반대했다.

"원균은 성질이 매우 거세서 보고할 때나 지휘통제를 받을 때 이순신과 서로 다투기는 합니다. 다만 전투 때는 제법 기용할 만하다고 합니다."

선조는 이원익이 자신을 지지한다고 생각하고는 이 말을 듣자 즉시 이렇게 말했다.

"나도 1595년부터 계속 들었는데 원균이 용맹한 장수라고 한다."

그러나 이원익이 그 기대를 단숨에 깼다.

"전공이 있어서 인정하는 것이지, 결단코 기용해서는 안 되는 인물입니다."

이원익은 원균은 통제사로는 절대 안 된다, 전략을 결정하고 지휘하는 위치에 두어서도 안 된다, 정 원균을 쓰고 싶으면 돌격장 정도나 적합하다고 주장했다. 그러나 그동안에 원균 편, 선조 편도 많이 늘었다. 김수, 조인득 등이 '청렴하다, 용감하다'라며 선조의 주장을 편들었다. 이원익이 그들의 입을 막았다. "탐오(貪汚)한 관리는 아닐지 몰라도 청렴한 관리도 아닙니다. 그에게 지휘를 맡기면 나중에 어떤 일이 벌어질지 모릅니다."

류성룡도 자기가 직접 나서면 선조가 더 고집을 부릴 듯해서 은근히 원균의 공을 조정에서 인정하고 이순신과 같이 정헌대부로 올려 주자는 식의 타협안까지 암시했지만 선조는 굽히지 않았다. 그러나 이원익이 그때마다 반박하고 거부했다.

원균은 이원익과 만났을 때, 임진년에 이순신이 자기가 몇 번을 부른 뒤에야 왔으며 자신의 공로가 폄하되었다는 주장을 반복해서 했다. 이원익은 두 사람에 대해 정확하고 공정한 평가를 내렸다.

"이순신은 신중하고 말이 적으나 원균은 늘 발끈합니다. 예전에도 공을 다툰 장수들은 있었지만 원균은 심합니다.

이순신은 절대로 통제사를 그만두게 해서는 안 됩니다. 만약 그렇게 하면 일마다 다 글러질 것입니다. 원균은 충청병사로 그냥 두어야 합니다. 저도 노기를 풀라고 설득했는데 제 말도 듣지 않습니다. 그런 자를 이순신 밑에 다시 두는 건 어렵지 않겠습니까?"

이 정도면 최선을 다한 것인데 선조는 물러서지 않았다. 원균을 옹호하고 이순신에 대해 '임진년의 공은 이순신이 가로챈 것'이라는 식의 주장을 반복했다. 11월 9일에 윤두수는 상소를 올려 임진년에 제일 용감한 장수는 원균이었다고 말했다.

11월 17일, 다시 재침 대책을 논의하는 중에 선조가 또 원균을 통제사로 임명하자고 주장했다. 이원익은 윤두수가 자신에게 이미 반드시 원균을 수사로 임명해야 한다고 이야기했고 자신도 그럴 예정이라고 대답했다. 하지만 이원익의 말이 이순신을 해임하고 원균을 통제사로 임명하자는 말인지는 불명확하다. 경상우수사로 복직시키겠다는 말일수도 있다. 그리고 말은 했지만 실천하지는 않았다.

이 대화가 이순신이 해임되기 5개월 전, 칠천량해전이 있기 8개월 전이었다. 이순신이 이때 해임되지 않은 건 오직 이원익 덕분이었다. 세상일은 알 수 없는 것이다. 선한 행동이 선한 결과를 초래하지는 않는다. 개인이 선을 위해 최선을 다하고 자비를 베푼 일이 나쁜 결과를 초래하기도 한다.

이원익의 노력이 없어서 만약 이때 이순신이 해임되었더라면 어떻게 되었을까? 직무수행 불만으로 해임하는 것이라 선조가 이순신의 관직을 박탈하거나 처벌할 수는 없었다. 원균을 통제사로 두고 이순신은 명예직 정도로 돌렸을 것이다. 차라리 조정에 둬서 선조와 이순신이 자주 만났다면 선조가 이순신을 신뢰했을지도 모른다.

원균은 칠천량해전을 대비할 시간을 좀 더 벌 수 있었다. 그러나 솔직히 그렇더라도 칠천량해전을 더 잘 치렀을 것 같지는 않다. 이때부터 조정에서는 정유재란에 대한 긴장이 높아지는데, 통제사 원균에게 과부하가 걸려 사고를 치거나 부하 장수들의 불만과 관료들의 불안감이 터져 나오면서 오히려 해임되었을 가능성도 있다. 원균에 대한 선조의 황당한 신뢰를 생각하면 그럴 가능성이 적긴 하지만, 세상사는 모르는 일이니까. 차라리 그랬더라면 원균 자신과 조선 수군 모두에게 다행이었을 것을….

07 이순신 해임 대작전

관우가 두려운 왕

여우의 잔꾀

1597년 2월, 선조는 기어이 이순신을 해임하고 원균을 통제사로 임명하는 데 성공했다. 이원익까지 나서서 막던 보호벽이 무너진 결정적 사건은 일본군의 재침략에 대한 공포였다.

1596년 말에서 1597년 초에 일본군이 다시 침공할 것 같다는 첩보는 기정사실이 되었다.◆ 수년간 전쟁을 치르면서 조선은 하나만큼은 정확히 깨달았다. 군 지휘관으로서는 가토 기요마사가 고니시 유키나가보다 훨씬 유능하다는 사

◆ 1596년 체찰사 황신은 명나라가 도요토미 히데요시를 책봉하는 건으로 일본에 파견한 사신단의 일원으로, 명나라 사신과 함께 일본에 가 첩보를 모아서 보고했다.

실이었다. 다만 이 진실에 기초해서 그릇된 환상이 자라났다. '가토의 병력이 고니시의 2배다. 전쟁을 원하는 장수는 가토다. 능력과 병력에서 가토에게 밀리는 고니시는 전쟁을 일으킬 의지가 없다. 고니시는 우리와 협력할 용의가 있다. 가토만 제거하면 전쟁은 멈추거나 끝난다.'

당황해서 어쩔 줄 모르던 선조는 아이디어를 떠올렸다. 항왜로 편성한 특수부대를 시켜 가토를 암살하자. 비변사 대신들은 선조의 제안에 대해 좋은 평을 내렸다. "자객은 도덕적으로 잘못된 일이 아닙니다. 항왜 중에서 선발합시다. 단, 저희가 제안하는 건 이런 작전은 철저히 비밀리에 추진해야 한다는 것입니다."

이는 《삼국지》를 좋아하는 밀리터리 마니아와 《삼국지》조차 읽어 본 적 없는 행정관료가 꾸미는 비밀공작이었다. 조선에는 서류처리와 행정 잘하는 공무원은 넘쳐나게 많았지만 이런 분야에 있어서는 만화를 좋아하는 10대 수준이었다.

한 가지에 집중해서 다른 주변 상황을 보지 못하는 정신 현상을 아스퍼거증후군이라고 한다. 여기에 전쟁에 대한 외상후스트레스장애, 아마추어리즘까지 겹쳐서 '가토가 없으면 일본군의 전투력이 약화된다'가 '가토만 제거하면 전쟁은 끝난다'라는 과대망상으로 변질되었다. 하지만 막상 실천하려고 하니 난감했다. 항왜 닌자는 찾지도 못했다. 마침내 합리적인 생각이라고 짜낸 방법이 수군이 해상에서 조선으로 건너오는 가토를 습격하는 것이었다.

이런 생각을 한 데는 고니시의 공작도 한몫했다. 고니시의 연락책이자 특수대원인 요시라라는 대마도인이 있었다. 그는 휴전기에 고니시의 연락책으로 조선 측과 자주 왕래했다. 고니시는 일본에 온 사신을 직접 만나기도 했고, 요시라를 통해 정보를 주기도 했다. 권율, 김응서가 요시라를 만났고, 요시라는 때때로 상당히 괜찮은 정보를 흘렸다. 게다가 그는 도요토미가 전쟁으로 민심을 잃어 곧 멸망할 것이라는 등 조선이 듣고 싶어 하는 이야기를 흘렸다. 조선에서는 요시라를 완전히 믿지는 않았지만, 점점 그의 말에 넘어갔다. 적어도 가토 제거 음모는 사실이라고 믿었다. 가토와 갈등하는 고니시가 자신의 이익을 위해 첩보를 흘린다고 생각했다.

일본의 재침계획과 가토가 주역이라는 사실을 열심히 알린 사람도 고니시와 요시라였다. 1월 11일, 요시라가 고니시가 준 첩보라면서 가토가 7,000명의 병력을 이끌고 1월 4일에 대마도에 도착했다고 전하고, 그를 제거할 방법을 제시했다.

　요시라의 제안은 이랬다. 고니시가 가토의 행로를 가르쳐 줄 수는 없다. 행로는 바람에 따라 달라진다. 동풍이 불면 거제도로 갈 것이다. 정동풍이 불면 기장이나 울산 서생포로 갈 것이다. 그러므로 조선 수군을 반으로 갈라 50척을 기장 쪽으로 보내 경상좌도 수군과 합세해서 서생포 쪽을 경계하고, 나머지 반은 경상우수영 구역에 대기한다. 그다음 5~6척의 전선을 교대로 보내 부산을 공격하라. 그러면 고니시 측에서 가토에게 조선군이 너를 잡으려고 좌도와 우도에 나눠 주둔하며 너를 노리고 있다고 알려 줄 것이다. 그러면 가토는 바다를 건너지 못하고 일본의 재침략 계획은 물거품이 된다.

　일본에서 고니시는 히데요시에게 조선을 평정하기 어렵다고 건의했지만, 가토가 문제였다. 이번에 가면 왕자를 사로잡아 바치겠다고 떠벌렸다. 그런데 조선 수군의 차단 작전으로 가토가 겁을 먹고 대마도에서 움직이지 못하면 도요토미가 가토를 처벌할 것이다. 고니시는 정적을, 조선은 가장 위험한 침공자를 제거하게 된다.

　어이없지만 선조는 이 말에 속아 넘어갔다. 김응서도 넘어갔던 것 같다. 김응서는 비장이란 소리를 들을 정도로 조선군에서 제일 뛰어난 맹장이었다. 평양성 탈환에 공을 세워 영웅이 되었고, 훗날 광해군 때 사르후전투에 참전해서 싸우다가 전사했다. 의외로 이순신은 김응서를 좋지 않게 평가했는데, 김응서가 맹장이지만 사고가 단순하고 세련되지 못했다고 보았던 것 같다.◆ 이순신의 예상대로 그런 순간이 오고 말았다.

요시라가 첩보를 보낸 지 3일 후인 13일에 가토가 조선 땅을 다시 밟았다. 공포에 질린 선조는 울부짖었다. "이제 어떻게 하느냐?" 그리고 이 충격을 고스란히 이순신에게 퍼부었다.

조금만 생각해 보면 고니시의 계획이란 것이 얼마나 말이 안 되는 내용인지 알 수 있다. 처음에 고니시는 가토의 본대가 2~3월에나 올 수 있다고 흘렸다. 따라서 1월에는 아무런 출동 준비가 없었다. 아무리 통제영이 한산도에 있다고 해도, 전군이 한산도에 있지는 않다. 수군이 동원령을 내리고 거제 일대까지 오려면 며칠은 걸린다.

거제부터 부산 사이에 조선군이 확보한 육상 기지도 없

◆ 《난중일기》, 1595년 7월 7일. 이외에도 김응서와 관련된 내용이 여러 번 나오는데, 별로 좋게 평가하지 않았다.

는데 함대가 장기간 진을 치고 부산을 위협하고 바다를 통제할 수는 없다. 게다가 가토를 잡으려면 경상좌도와 우도 수역을 모두 통제해야 한다. 고니시는 50척을 울산-기장으로 보내라고 건의했는데, 만약 고니시 말대로 함대를 분산하고 싸우기 불리한 거제-부산 해역에서 전투를 벌였다간 삼도수군이 각개격파당할 것이다.

5~6척씩 교대로 출동해서 부산을 위협하라는 얘기도 정말 말이 안 되는 이야기다. 이순신이 부산을 공략하거나 부산 앞바다 차단 작전을 하지 않는 이유가 절대적인 병력 열세였다. 게다가 부산 앞바다는 풍향, 파도까지 모든 것이 조선군에게 불리한 여건이었다. 아무리 조선 수군이 강해도 5~6척으로 부산 일대의 일본 함대를 어떻게 위협할 수 있을까? 소형 쾌속선 5~6척으로 부산을 봉쇄할 수 있다면 전쟁은 5년 전에 이순신이 끝냈을 것이다.

바보가 아닌 다음에야 고니시의 제안이 조선 수군을 유인해서 몰살하려는 수법임을 당장 알 수 있었다. 막상 가토는 어떻게 했을까? 12일에 150여 척의 대형함대가 서생포에 도착했다. 13일에 자신이 130여 척을 거느리고 거제 쪽으로 왔다. 이날 비가 내리고 일기가 좋지 않아서 가덕도에 정박했다가 14일에 다대포에 상륙했다.

더 중요한 건 함대의 규모다. 합계 250척. 여기에 부산, 웅천 일대에 있는 함대까지 합치면 500척은 넘었을 것이다. 일본 배가 조선 배보다 작기는 하지만 이순신이 50척을 경상좌도에 파견했으면 이 함대는 몰살했다. 견내량 같은 협로도 없는 동해에서 일본 정예 수군과 전투병이 탑승한 300~500척을 상대한다는 게 말이 되는가?

그러나 이런 상식이 조정에는 통하지 않았다. 일본에 사절로 오가면서 고니시와 대화를 나누었던 황신은 "수군으로 가토를 막자는 계책이 좋은 방법이었는데 제때 조치를 하지 못해 대사가 어그러졌다. 고니시가 '안타깝다. 조선이 하는 일이 매사가 이 모양이지'라고 우리를 비웃었다"라고 보고해서 선조의 가슴을 다시 한번 찢어 놓았다. 그리고 황신은 이렇게 말했다.

"가토가 뭍에 오르기는 했지만 아직 군영과 보루를 설치하지 못했고, 군사들이 새로 도착해서 돌을 나르고 목재를 운반하는 일본군이 산과 들에 널려 있습니다. 이 기회를 타서 수군과 육군을 급히 정비하고 몰래 군사를 움직여 적을 칠 수 있습니다."

더 어이없는 진술은 그다음이다. "고니시와 단단히 짜고 두 적장이 서로 겨루게 하면서 고니시가 우리에게 성의를 다하도록 만든 다음, 그의 꾀를 가지고 우리 계책을 이루어 나간다면 우리는 목적을 달성할 수 있을 것입니다." 아예 고니시의 지휘를 받아 전쟁을 하자는 이야기다. 김응서도 황신과 비슷한 보고를 올렸다. 《선조수정실록》에는 이 이야기가 묘하게 다르게 적혀 있다.

고니시와 경상우병사 김응서가 서로 통하여, 요시라가 그 사이를 왕래하였다. (…) 이에 요시라를 보내서 말하기를 (…) "모월 모일에 가등청정(가토 기요마사)이 어느 섬에서 잘 것이니, 귀국에서 만약 수군을 시켜 몰래 잠복해 있다가 엄습하면 결박할 수가 있을 것이다." 하였다. 응서가 이로써 보고하니, 상이 황신을 보내 순신에게 비밀히 유시하였다. 그러나 순신은 "바닷길이 험난하고 왜적이 필시 복병을 설치하고 기다릴 것이다. 전선을 많이 출동하면 적이 알게 될 것이고, 적게 출동하면 도리어 습격을 받을 것이다." 하고는 마침내 거행하지 않았다. 그런데 그날 가등청정이 과연 다대포 앞바다에 왔다가 그대로 서생포로 향했는데, 이는 실로 고니시와 함께 작은 군사로 우리를 유인하고자 한 것이었다.

일단 이 이야기는 지형과 시공간을 완전히 무시하고 전개되고 있다. 1월 11일에 요시라가 김응서에게 첩보를 전하고 12일과 13일에 가토의 부대가 도착했는데, 이사이에 서울로 보고가 가고 황신이 이순신에게 가서 왕명을 전한다? 황신이 헬기를 타고 움직이지 않은 이상 불가능하다. 이 내용은 이순신을 옹호하는 기사인지, 이순신의 처벌이 정당하다는 이야기인지 모르겠다. 이순신의 합리적 반대 이유를 수록해 주고 고니시의 음모였다고 밝히긴 했지만, 이순신이 독단해 제멋대로 왕명을 거부했다는 인상을 준다. 이건 유죄에 해당한다. 사실 이순신이 거부하지 않았다고 해도 다대포로 출격할 시간이 애초에 없었는데, 이런 설명은 없다.

류성룡은 《징비록》과 《행장》에서 정부가 실상 조사를 위해 남이신을 어사로 파견해서 조사했다고 썼다. 남이신은 가토가 7일 동안이나 섬에 머물러 있었는데, 이순신이 머뭇거리다가 놓쳤다고 보고했다. 남이신은 원균과 친척 관계였다. 하지만 당시 조정에 올라오는 장계를 봐도 말이 안 되는 이야기인데, 나중에 이런 소문이 돌았던 것 같다.◇《난

◇ 《이충무공행록》에서 선조도 이 말은 믿지 않았다고 했다.

중잡록》에는 가토가 섬에 갇혀 있다고 요시라가 이순신에게 직접 통지했는데, 이순신이 듣지 않아서 가토를 놓쳤다고 했다. 《난중잡록》은 요시라와 고니시도 혼동하고 있는데, 전쟁 중에 도는 가짜뉴스가 이렇게 무섭다.

고니시의 첩보에 사실도 있었다. 임진년의 경험으로 일본은 전략을 수정했다. 호남을 먼저 치고 서울로 진군한다. 그러기 위해서는 먼저 수군을 제거한다. 반면 호남 진공의 주역이 가토라는 말은 거짓이었다. 정작 주역은 자신이었다. 정작 가토는 울산성을 거점으로 경상좌도에 머물렀다. 고니시의 노림수로는 2가지를 가정할 수 있다.

1안: 조선 수군을 유인해서 각개격파한다.
2안: 이순신에게 책임을 씌워 제거한다.

1안의 경우, 이순신이 이런 허접한 술수에 넘어가리라고는 생각했을 리는 없다. 사실 비변사조차 넘어가지 않았다. 그러나 선조나 조정에 가득한 바보들은 속일 수 있을지 모른다. 그렇다면 선조가 출동을 강요할 수 있다. 이순신이 거부한다면 선조의 분노를 살 수 있다. 고니시로서는 손해 보지 않을 장사였고, 실제로 그렇게 되었다.

부풀어 오른 거품

이원익, 권율, 이순신은 모두 고니시의 첩보를 신뢰하지 않았다. 그렇다고 왕명을 대놓고 무시할 수도 없었다. 육군과 수군이 합동해서 부산으로 진출하고 최소한 무력 시위를 한다는 방침에는 동의했고, 출전 준비 중이었다. 실제로 2월에 부산포에 출전해서 시위를 했다. 하지만 고니시가 준 첩보에서 가토의 침공일은 봄이었다. 그런데 기습적으로 1월에 건너왔다. 가토가 비가 내리는 궂은 날씨에도 도하를 강행한 것도 이런 맥락에서 이해할 수 있다.

선조도 조선군이 준비 중이라는 사실을 알고 있었는데, 막상 가토가 도착했다고 하자 이성을 잃을 정도로 흥분했다. 아니면 드디어 이순신을 해임하게 되어서 기뻤는지도 모른다. 선조는 1월 23일에 이순신에 대한 증오를 드러냈다.

고니시가 손바닥 펼쳐 보이듯이 가르쳐 주었는데, 우리 나라는 해내지 못했으니 우리는 참으로 천하에 용렬한 나라다. (…) 저 한산도의 장수(이순신)는 편안히 누워 어찌할 바를 모르고 있다. (…) 배를 띄워 시위나 하고 아무 일도 하지 않는다.

이순신에 대한 선조의 비방은 이순신을 비호해 온 비변사 대신들에게 퍼붓는 말이기도 했다. '나는 진작부터 원균을 지지했다. 원균이라면 적극적으로 부산을 공략해서 이런 사태가 발생하지 않게 할 수 있었다.'

비변사 대신들은 기가 막혔다. 전날인 22일에 비변사에 문서가 전달되었다. 전라도 병마절도사 원균이 선조에게 올린 서신이었다.

수백 척의 전선을 영등포를 경유해서 가덕도 앞으로 나가 군세를 보이면서 빠르고 작은 배를 3~4척 혹은 5~6척씩 무리를 지어 영도 외곽에서 시위해야 했습니다. 그러면 가토가 겁을 먹고 감히 조선으로 건너오지 못했을 것입니다.

낯뜨겁지만 고니시의 아이디어와 거의 유사하다. 사전에 누군가와 교감한 공작이 틀림없다. 배후는 윤두수, 어쩌면 선조일 것이다. 원균을 옹호하는 말 중에 원균도 부산을 공격하면 패할 줄 알았지만, 비변사와 권율의 강요에 마지못해 출전했다는 설이 있다(최초로 이렇게 주장한 사람은 선조다).

그 말이 옳다면 원균은 더 비난받아야 한다. 통제사 임명전에 바로 이 서한에서 자신이 부산 출전을 지지하고 자신감을 보였다. 막상 통제사로 임명되자 부산 공격의 위험성을 알고 주저했다고 한다면 이 서한은 당선을 위해 실현 불가능한, 아니, 국가와 민족에 재앙이 될 공약을 제시하는 정치인의 행위와 같다. 아무리 출세의 유혹이 크고, 인간의 욕망에 대한 관용을 베풀더라도 이 상소로 돌이킬 수 없는 강을 건넜다.

원균의 전략이 실행 불가능한 어처구니없는 전략임은 앞에서 얘기했다. 이런 황당한 전술이 가능하다는 근거는 어디에도 없지만, 비합리가 합리를 이기는 것이 전쟁이다. 정쟁에서는 더욱 그렇다. 선조는 이 서한을 비변사에 보냈고, 다음 날 공개적으로 이순신을 저격했던 것이다.

기세가 오른 선조는 27일에는 대신과 비변사 당상을 소집해서 이런 말까지 한다. "이제 이순신이 가토의 머리를 베어 오더라도 용서할 수 없다." 선조는 명분을 잡았고 이순신의 해임은 피할 수 없는 상황이 되었다.

분위기가 이렇게 되자 기다렸다는 듯이 이산해와 윤두수는 원균이었다면 해낼 수 있었다고 주장했다. 비변사 대신들도 이미 회의에 회의를 거듭했겠지만, 작전상 후퇴로 전략을 바꿨다. 그동안 애매하게 이순신을 돕던 김응남은 "임진년에도 이순신은 나가 싸우려 하지 않았다. 그때의 승리는 오직 정운 덕이었다"라고 맞장구를 쳐 주었다. 류성룡조차 이순신에게 정헌대부를 준 것은 지나쳤다, 이 때문에 교만하고 나태해진 것 같다고 말했다.

류성룡마저 이순신을 도와주지 않았다는 사실에 충격을 받을 수도 있는데, 정유재란의 책임을 이순신이 꼼짝없이 뒤집어쓸 상황에서 절충이 필요했다. 이순신이 잠시 교만했던 것으로 타협하려 한 것이다.

선조는 그 정도로 타협할 마음이 없었다. 이건 잠시의 실수나 나태가 아니다, 이순신이 왕명을 거역했다, 일개 무장이 조정을 우습게 본 행위라며 펄펄 뛰었다. 왕명 거역은 역모죄로 처형 가능한 범죄였다.

이때 또 다른 사건이 이순신에게 불리하게 작용했다. 일본의 재침 위협이 높아지자 1596년 12월 12일에 조선군이 특수요원을 침투시켜 부산의 군량 창고와 화약고, 민가를 불태웠다. 이순신이 이 작전이 거제현령 안위와 휘하 군관 김란서, 신명학, 박의검 등의 공이었다고 보고했다.

그런데 이조좌랑 김신국이 이순신의 장계는 잘못되었고, 이 작전은 이원익의 군관 정희현과 그의 부하들이 이룬 공이라고 보고했다. 그런데 김신국은 이순신이 허위 보고를 했다고 고발하지 않았다. 마침 부산에 있던 이순신의 부하들이 자신의 공이라고 보고하는 바람에 이순신이 그렇게 보고를 올렸다는 것이다.

선조는 이 사건을 과거 이순신이 원균의 공을 가로채고 모함했다는 비방과 합쳐서 이순신을 양심 없는 지휘관으로 몰아갔다. 그리고 오랫동안 속에 감추었던 이야기, 이순신과 김경눌의 일화를 꺼냈다. 자신은 이순신이 하극상의 기질이 있는 인물임을 알고 있었고, 그랬기에 경계해 왔다는 암시였다.

이제 이순신의 처벌과 원균의 임용은 기정사실이 되었는데, 막상 일을 진행하려고 하자 대신들이 교묘하게 발을 빼기 시작했다.

이덕형: 원균을 (경상 혹은 전라) 좌도수군절도사로 보내도 무방할 듯합니다.

윤두수: 이순신을 전라, 충청통제사로 임명하고 원균을 경상통제사로 임명합시다.

이덕형은 원균을 수사로 임명하는 데는 동의했지만 통제사 임명은 막으려고 했다. 윤두수는 통제사를 2명으로 해서 권력을 나누고, 이순신과 원균의 2원 체제로 가자고 제안했다. 윤두수의 제안이 타협안이었는지 선조와 합의한 교묘한 전략인지는 알 수 없다. 지금껏 선조의 원균론에 동조하고 원균을 지지하던 윤두수도 막상 이순신을 해임하고 원균에게 전권을 줄 상황이 되자 불안해졌던 것이었다면 선조가 깨달았어야 했는데 그러지 못했다.

류성룡도 어쩌지 못하는 순간, 이조참판 이정형이 과감하게 나섰다. 그는 1593년에 경상도 관찰사와 병마절도사를 지낸 적이 있어서 원균을 잘 알았다. 이정형은 그간에 들린 원균에 대한 악평은 모두 사실이라고 말하며 원균 임명에 반대했다. 선조가 좋아하는 이야기인 원균이 충청병사 시절에 상당산성을 추진력 있게 쌓았다는 평에 대해서도, 부실공사로 금방 성이 무너졌다고 쏘아붙였다. 병사를 다룰 줄 모르고, 강압으로 하는 일은 얼핏 성과는 거두는 것 같지만 알고 보면 부실 공사가 된다는 것이었다.

선조는 이순신을 일단 전라좌수사에서 해임하고, 원균을 경상우수사로 임명했다. 하지만 이건 요식행위였다. 바로 사헌부에서 이순신을 탄핵했고, 2월 6일 선조가 이순신을 체포하라는 명령을 내렸다. 이순신을 바로 통제사에서 해임하지 않은 이유는 혹시라도 반란을 일으킬까 우려해서였다. 그리고 비밀리에 원균을 통제사로 임명하라는 명령을 보냈다.

2월 26일, 이순신은 한산도에서 체포되어 서울로 압송되었다. 28일, 원균이 통제사로 임명된다. 선조는 드디어 원균을 통제사로 임명했다. 거의 4년이 걸린 숙원이었다. 그가 거칠고 투박한 무장이란 점은 마음에 걸렸지만, 왕의 입장에서 보면 장비보다는 관우가 두려운 법이다.

1597년 1월부터 전운이 감돌았다. 고니시는 여전히 요시라를 보내 강화 운운하고 있었지만, 조선도 명도 전쟁을 피할 수 없다고 판단하고 있었다. 조선과 명이 예상했던 전쟁 재개 시점은 여름이었다.

원균은 씩씩하게 시작했다. 3월 9일, 원균은 거제도 기문포를 습격해 배 3척을 포획하고 수급 47개를 바쳤다. 당시 조선과 고니시는 신사협정을 맺고 있었다. 명이 일본과 강화교섭을 할 때부터 명나라 측에서 전투 금지령이 내려왔다. 강화는 무산된 상태였지만, 조선은 고니시에 대한 오판으로 이런 협정을 유지했다. 고니시 부대가 거제도에 주둔하지 않고 비워 두는 조건으로 벌목 정도는 양해한다는 내용이었던 것 같다. 이를 믿고 일본군 80여 명이 3척의 배를 타고 기문포에 왔다. 일본 측 주장으로는 공문까지 가지고 있었다. 조선군 주력함대를 본 그들은 싸울 생각조차 못 했다. 원균은 그들을 설득해 지휘관을 불러 술을 들려 보냈다. 아마 정보를 얻으려고 했던 것 같다. 그런데 그들이 배 2척에 나눠 타고 바다로 나가자, 원균의 기함에서 발포하고 깃발을 휘둘러 공격 명령을 내렸다. 전위에 있었던 고성현령 조응도가 제일 먼저 일본선과 맞붙었다. 이순신이 지휘할 때부터 조선은 조선대로 일본선을 참조해서 배를 개량했는데, 조응도의 배가 가볍고 빨랐다는 표현으로 보면 그런 개량형 배였던 것 같다.

일본군은 나무하러 온 2급 병사였는데, 20여 명이 조응도의 배로 올라탔다. 백병전이 벌어지고 조선군이 배를 포기하고 물에 뛰어들었다. 조응도도 칼에 맞고 물에 뛰어들었다가 전사했다. 그 후에 다른 배들이 일본선을 포위해서 불태우고 섬멸했다.

신사협정 준수는 논외로 하고 전투만 봐도 졸렬한 지휘였다. 조선군 주력함대와 일본선 단 2척의 대결이었다. 임진년에 벌인 수많은 전투에서 사고로 좌초한 경우를 제외하고, 현령이 탄 지휘선이, 그것도 속임수까지 썼는데 백병전에 함몰된 적은 없었다.

선조는 이런 치졸한 승리도 포상하자고 했다. 자신도 조금 어이없었지만 사기를 올려야 한다고 생각했나 보다. "역시 원균은 통제사로 임명을 받자마자 무용을 떨치는구나!" 이번 출정에서 공적은 이게 다였지만, 원균은 다시 큰소리를 쳤다. "지금은 함대를 돌려 다시 한산도로 돌아가지만 절영도에 일본군이 없는 것을 확인했습니다. 다음에는 절영도를 점령하고 여기에 주둔하겠습니다."

이쯤 되면 원균의 지능 수준이 의심스러워진다. 원균은 정말 자신의 대책 없는 큰소리가 선조와 대신들에게 먹힌다고 생각했던 것일까? 《난중일기》에서 이순신은 원균이 허황된 소리만 한다고 짜증을 내곤 했는데, 원균에 대한 최후의 예의인지 어이가 없어서 그랬는지, 원균이 말한 황당한 전술의 내용은 적어 놓지 않았다. 차라리 미주알고주알 적어 놓았다면 우리는 원균의 문제와 이순신이 원균을 싫어한 이유를 훨씬 정확히 알 수 있었을 것이다.

이순신을 통제사에서 내쫓자 선조의 정신은 많이 정상으로 돌아왔다. "(원균이) 절영도에 주둔했다가 적의 공격을 막아 내지 못하게 되지 않을까?" 병조판서 김명원이 대답했다. "절영도 주둔과 방어는 절대 불가능합니다." 선조는 반박하지 않았다. 어차피 이순신도 하지 못한 일, 원균이 못한다고 해도 결과는 마찬가지 아닌가? 자신의 권좌를 위협하

는 2개의 창인 이순신과 일본군 중 하나는 제거했으니 한
쪽의 고통은 가벼워진 것 같았다.

원균은 자신의 큰소리가 먹히는 것 같은 데다가 일본군
을 살해한 공으로 포상 소식까지 전해지자 사기가 올랐다.
3월 29일, 원균이 장대한 전략을 올렸다. 그런데 원균은 선
조가 이순신에게 부산을 공격하라고 몰아붙이기는 했지만,
어디까지나 이순신을 과하게 싫어했거나 자신을 총애해서
억지를 부린 것이라고 착각했던 것 같다. 선조와 원균의 대
화가 어긋나기 시작한다. 실록의 기록을 알기 쉽게 정리하
면 다음과 같다.

원균: 안골포와 가덕도의 적은 3,000~4,000명도 되지 않
습니다.

선조: 얼마나 기쁜 소식인가. 그래, 솔직히 절영도는 무리
다. 그러나 안골포나 가덕도를 점령하면 부산항 봉쇄 작전
을 시행할 수 있다. 이순신이 4년 동안 못한 일을 원균이 한
달 만에 시도하고 있구나.

원균: 안골포의 일본군을 육군이 내몰아 주기만 한다면,
수군이 섬멸시키고 이곳을 거점으로 다대포, 부산포에 매
일 무력 시위를 해서 일본군의 보급선을 위협할 수 있습니

다. 이걸 못하고 장기전으로 가면 우리가 먼저 지쳐 버릴 것입니다.

선조: 이게 무슨 소리인가? 육군이 안골포를 점령할 수 있으면 예전에 그렇게 했다(이때는 안골포에도 포구를 굽어보는 해안절벽을 끼고 왜성이 야무지게 세워져 있었다). 네가 그런 조건 없이 가덕도와 영등포에 포진해서 쾌속선 몇 척만으로도 영도를 위협할 수 있다고 해서 너에게 맡긴 것 아닌가?

그러자 원균이 새로운 제안을 한다.

원균: 조선의 인구는 매우 많습니다. 정예 군사 30만은 추려 낼 수 있습니다. 여름 장마가 오기 전 3~4월에 수군과 육군을 전력으로 동원해 승부를 내야 합니다. 늦여름에는 장마가 져서 육군도 움직이기 힘들고, 바람과 파도가 세져서 수군도 배를 움직이기 어렵습니다. 신속히 3~4월에 쳐야 합니다.

한 달 안에 30만을 동원해서 수륙으로 총공세를 하자는 게 7년이나 전쟁터에 있었던 지휘관이 할 소리인가? 게다가 지휘계통을 무시한 심각한 월권이다. 육군을 동원하는 문제는 도원수, 체찰사와 상의를 하고 보고해야 한다.

선조는 답을 달지 않았지만, 비변사와 도원수 권율은 분노했다. 그러나 분노를 표출할 수는 없었다. 분노하면 화살이 원균이 아니라 선조를 향하기 때문이다. 임진왜란 내내 원균은 기적 같은 과보호를 받았다. 선조는 부산포 방화 사건을 구실로 이순신이 허위 보고를 올렸다고 분노했지만, 임진년에 원균이 올린 허위 보고야말로 역대급이었다. 과도한 과보호를 받고 자란 아이는 자신의 능력을 모르고, 근거 없는 자신감과 대책 없는 행동을 남발한다. 아이들에게만 해당되는 이야기가 아니다. 어른들의 사회에서도 이런 사례를 무수히 본다. 원균도 원래 앞만 보는 성격인 데다 과보호가 더해지면서 정말로 조정을 쉽게 보는 병이 생긴 것 같다. 일상도 아니고 전쟁인데 이럴 수 있을까 싶지만, 원래 전쟁이 사람을 더 단순하게 만드는 법이다.

'이번에도 적당히 넘어가겠지'라고 생각하며, 원균은 한산도에 드러누웠다. 이순신이 드러누워 있다고 비난하던 선조는 이런 행동을 못 본 체했지만, 한산도의 장수들은 못 본 척할 수 없었다. 원균과 부하들의 갈등이 커졌다. 이순신은 회의실(운주당, 현재의 제승당)을 개방하고 지위를 가리지 않으며 많은 사람을 만나고 의견을 들었다. 원균은 문을 걸어 잠갔다. 이순신의 부하들이 고분고분하지 않았기 때문이라는 해석도 있는데, 이건 핑계다. 리더의 적극적인 의지와 능력이 부족했던 탓이다. 그의 의견에 부하들은 반대만 늘어놓는데, 그들을 설득할 능력도 두뇌도 없다. 자신의 부족함을 인정하면 좋은데, 그렇게도 못하니 방문을 걸어 잠그고 술만 마신다. 더 나쁜 건 역전의 용사들을 인사 조치로 몰아내는 행위였다. 원균에게 인사권이 없었지만 사적 경로로 부탁할 수는 있었다. 최악의 행동이었다.

사령관이 무능해도 전쟁 준비는 조금씩 진행되었다. 5월에 한산도의 판옥선이 180여 척으로 늘었다. 문제는 수군이 겨우 1만 명에, 군사라고 할 만한 병사는 그 절반밖에 되지 않는다는 점이었다.

검은 바다

미뤄진 패배

　원균이 미적지근하게 행동하자, 비변사와 권율도 화가 났는지 "왜 부산항 봉쇄를 못 하느냐? 안골포와 가덕도와 육군 타령은 왜 하느냐? 평소에 큰소리쳤던 대로 거제와 옥포에 주둔하면서 부산으로 오는 수송선을 차단하는 작전을 실행하라!"라고 다그쳤다. 게다가 지금 거제도에는 일본군도 없다. 부산 앞바다에서 큰 전투를 벌이라는 것도 아니다. 3개 함대로 나누어서 교대로 절영도 앞바다를 왕복하면서 무력 시위를 하라는 요구가 그렇게 어려운가? 이렇게까지 말하진 않았지만 대면하고 이야기했다면 권율과 비변사가 동시에 "지금 판옥선만 180척, 3분의 1이면 60척이다. 당신은 쾌속선 5~6척으로도 이 작전이 가능하다고 하지 않았으냐?"라고 면박을 주었을 것이다.

6월이 되자 체찰사 이원익, 비변사에서 모두 수군 단독의 차단 작전을 실행하라고 다그쳤다. 원균이 다시 한번 3월의 안골포 공략 작전을 언급하고 이미 시기를 놓쳤다고 하자 비변사는 크게 반박했다. "안골포는 육군이 공략하기에는 위험한 지형이다. 게다가 이미 요새화되어 있었고, 왜성의 유적이 지금도 남아 있다. 게다가 수군은 수군의 임무를 수행하라. 안골포 작전 건의는 월권이다. 함부로 제안하지 말고 먼저 이원익과 권율의 허가를 받으라." 선조도 이 건에 대해서는 할 말이 없었다.

비변사가 더 세게 나갔다. 일본군이 작전을 개시하기 직전이다. 총력을 기울여 수군도 2만이나 동원했다. 군량과 그 외의 문제로 2만 병력을 오래 유지할 수 없으니 부산항 차단 작전을 당장 시행해야 한다. 그런데 선조가 오리발을 내밀었다. "이런 차단 작전은 생소한 이야기다. 다시 의논해 보라."

이 무렵 원균은 조응도가 전사했던 사건을 예로 들면서 출격을 거부하고 있었다. 아마 아군이 거제 해상이나 동쪽 넓은 바다에서 일본군과 맞상대하면 불리하다고 변명하지 않았을까? 아니면 거제를 거점 삼아 영도로 출격하라는 지시를 거부했을 것이다. 이 말은 결국 이순신이 전략이 다 옳았고 원균도 이순신의 전략을 답습하고 있다는 것이었다. 선조의 뒷공작이었는지, 비변사의 단독결정이었는지는 알 수 없지만, 이순신을 원균으로 대체한 마당에 이런 주장을 받아들일 수 없었다. 비변사는 일본군이 다시 거제로 나오기 전에 거제에 거점을 확보하라고 명령하고, 이를 어기면 군율로 처리하겠다는 명령서를 발송했다.

6월에 도원수 권율은 원균에게 극대노한 상태였다. 권율과 이순신이 불화했다는 설도 있지만 사실이 아니다. 권율도 이원익처럼 이순신의 능력을 알았던 사람이다. 이순신이 투옥되자 구명운동을 했다. 이순신은 일기에 권율의 일 처리에 대해 불평을 적었던 적이 있긴 했지만, 적대하지도 무시하지도 않았다.

권율도 도원수가 된 이래 이순신과 동병상련의 고통을 겪고 있었다. 선조로부터 의심을 받지 않은 건 다행이지만, 나가 싸우지 않는다고 안방에 앉아 훈수나 두는 관료들과 재야 지식인들의 비난이 빗발쳤다. 이런 와중에 이순신이 싸우지 않는다는 이유로 원균과 교체되었다. 권율은 이순신 교체의 내막은 잘 알고 있었을 것이고, 원균의 큰소리도 가당치 않은 소리라고 생각했을 텐데, 원균이 부임하자마자 한 일이 육군에게 안골포를 점령하라고 떠넘긴 것이었다. 게다가 지시도 받지 않고, 조정에 제멋대로 전략을 건의했다. 권율 입장에서는 원균을 방치했다가는 자신이 제2의 이순신이 될 수도 있다는 생각이 들었다. 권율은 이런 장계를 보냈다.

원균은 늘 육군이 먼저 안골포 등지의 적을 쳐야 한다는 핑계로 자신이 바다로 나가 군사작전을 벌여 오늘 적을 막을 생각은 하지 않고 있으니, 신은 분함을 참을 수가 없습니다.

권율은 원균을 호되게 질책했고, 이원익에게도 3번이나 도움을 청했다. 이원익은 원균의 인척 남이공을 한산도로 파견해 독촉했다. 당시 이순신은 4월 1일에 석방되어 순천부에서 백의종군하고 있었다. 권율은 이순신과 만난 자리에서 원균은 무시하고 3명의 수사(이억기, 최호, 배설)에게 직접 명령하겠다는 말까지 했다. 할 수 없이 원균은 6월 18일에 출진했다. 비변사와 권율, 전라병사 시절 원균이 주장한 계획대로라면 절영도에서 부산 앞바다로 해상 시위를 하는 것이었다.

당시 주요 지휘관은 전라우수사 이억기, 충청수사 최호 경상우수사 배설, 순천부사 우치적, 가리포첨사 이응표, 녹도만호 송여종, 여도만호 김인영, 사도첨사 황세득, 거제현령 안위, 영등포만호 조계종 등이었다. 오랜 전우 배흥립과 김완은 조방장이 되어 있었다. 이전의 맹우(盟友) 권준, 이순신, 이운룡, 이영남과 이복남은 사직하거나 전근한 상태였다.

삼도수군 함대는 19일, 부산으로 직행하는 대신 안골포를 공격했다. 안골포 일본군 일부는 해안요새에서 사격하고 일부는 놀랍게도 배를 타고 응전하러 나왔다. 조선군은 맹렬하게 싸워 승리했다고 한다. 일본군이 도주했다. 격렬한 전투와 멋진 승리 같지만, 빼앗은 일본선은 겨우 2척뿐이었다.

안골포는 입구가 좁고, 포구 좌우는 절벽이며, 동쪽 절벽 위에는 왜성이 축조되어 있었다. 필자의 생각엔 임진년의 안골포해전과 비교하면 일본군의 방어 화력은 비교할 수 없을 만큼 거셌을 것이다. 원균은 포구 안으로 함대를 집어넣을 수가 없었고, 포구에 근접해서 포격만 가했을 가능성이 크다. 일본군이 응전하러 나온 건 오히려 조선군을 자신들의 화망으로 끌어들이거나 접근을 방해하고 장시간 화망

아래 두려는 작전이었을 것이다. 특별한 것은 아니고 당연한 대응이었다.

조선군은 큰 피해를 입지는 않았지만 성과가 없었다. 포구 안에 일본군 함대가 있어도 진입할 엄두를 낼 수 없었다. 무익한 소모전이었다. 이어서 원균은 가덕도로 이동했다. 이때부터 전황은 이해가 가지 않는데, 가덕도에서도 포격전, 사격전을 전개했으나 큰 성과는 없었다. 다만 일본군 수군이 이전과 달라지긴 했다. 조선군이 귀환하는데, 안골포에 있던 함대가 나와 싸움을 걸었다. 일본군은 조총을 쏘며 배의 양쪽에 붙어 등선하려고 했고, 조선군은 포와 화살로 그들을 저지했다. 해가 저물도록 싸웠지만 특별한 전과는 없었고, 보성군수 안홍국이 머리에 총탄을 맞고 사망했다. 이 보고는 전투 후 10일이 지난 6월 29일에야 도착했다.

7월 6일, 조선 함대가 다대포를 지나 부산 앞바다까지 진출했다. 다대포에서 일본선 10척을 격파하고 기세를 올렸는데, 마침 일본에서 오는 600척의 함대와 조우했다(《난중일기》에는 1,000척이라고 기록되어 있다. 목격자의 보고는 적의 수를 과장하는 경향이 있다). 와키자카의 기록에는 4월에 자신들이 부산에 오다가 조선의 대함대와 조우했다고 했는데, 바로 다음에 7월 7일(조선 날짜로는 6일)에 칠천량해전을 벌였다고 기록한 것을 보면 7월 6일의 사건을 잘못 정리한 것 같다.

조선군은 이들을 막으려고 했지만, 역풍과 파도, 수적 열세로 인해 영등포로 물러났다.◆ 일본군은 또 접전을 피하고 조선 함대를 지치게 하는 수를 썼다. 부산 앞바다의 조류를 잘 모르던 배들은 동해안으로 표류해서 5척이 두모포로, 6척이 서생포로 밀려갔다. 서생포로 간 배들은 상륙했다가 대부분 죽거나 포로가 되었다. 두모포로 간 배들의 운명도 비슷했을 것이다.

7월 6일 밤, 이순신은 원균과 술자리를 하는 꿈을 꾸었다 (아직 부산해전의 전황은 모르고 있었다). 이순신이 원균의 윗자리였는데, 원균이 즐거운 표정을 지었다. 이순신은 무슨 징조인지 모르겠다고 했지만, 순천에서 들은 소식을 종합해도 원균이 더 이상 통제사 역할을 감당할 수 없다는 확신이 이런 꿈으로 나타났던 것은 아닐까? 이때라도 선조가 진실을 깨닫거나 인정했더라면 비극은 없었을 텐데, 선조는 정반대로 행동하고 만다.

◆ 김완, 《해소실기》와 와키자카 야스하루, 김시덕 옮김, 〈와키사카기〉(하), 《문헌과 해석》 62호, 태학사, 58쪽 참고.

7월 10일, 선조는 단단히 화가 났다. 절영도 점령 발언도 그렇고, 가겠다고 하던 부산으로 가지 않고 안골포, 가덕도에서 형식적인 해전을 벌이는 장난질도 참기 어려웠다. 그동안 여러 가지로 봐줬더니 원균이 이런 뻔한 속임수가 선조와 대신들에게 통한다고 생각하는 것일까? 아니면 선조의 비호를 믿고 말과 행동을 함부로 하는 것일까? 대놓고 원균을 지목하지는 않았지만, 그동안 비변사와 권율은 원균의 제안과 행동을 비꼬는 발언을 여러 번 했다. 그때마다 선조도 속으로는 얼굴이 화끈거렸다.

그러다가 마침내 부산 앞바다로 진출했는데, 그렇게 기다리던 일본군 병력을 실은 수송함대를 만나 싸우지도 않고 물러났다. 이건 원균의 탓이 아니고 당시 조선 수군이 절대적으로 불리한 상황이었는데, 정말로 수군에 대한 환상을 가졌던 것인지, 원균에 대한 실망이 터져 나온 것인지, 선조가 분노의 명령을 하달했다. "함대를 나눠서 교대로 절영도와 부산 해역을 차단하라. 이번에도 저번처럼 (싸우지 않고) 후퇴한다면 국법으로 다스리고 나 역시 사정을 베풀어 용서하지 않겠다."

선조의 강경한 명령에 원균이 놀랐고, 권율도 놀랐다. 일본군이 치고 나오면 조정에서는 희생양을 찾을 것이다. 구국의 영웅인 이순신도 적극적으로 싸우지 않았다는 이유로 한순간에 죄인이 되는 세상이다. 누구도 안전하지 않고, 어떤 합리적인 변명도 통하지 않는다.

권율 입장에서는 육군은 나갈 수 없다. 수군도 이순신의 한산도 방어론이 옳다고 믿지만, 원균이 공격론을 주장해서 통제사가 되었다. 자신의 말에 책임을 져야 한다.

위기감을 느낀 권율은 원균을 불러 장을 치며 출전을 강요했다. 원균도 패전할 것을 알았지만, 장형까지 당하니 출전하지 않을 수가 없었다고 한다.

호구로 들어가다

원균이 부산으로 진격하려고 하자 휘하의 수군절도사들이 반발했다. "도무지 실정을 모르는 소리다, 죽으러 가라는 이야기다." 원균이 선조의 지시라고 하자 장수들은 《손자병법》까지 거론했다. "전쟁에서는 왕명보다 현지 사정, 현지 장수들의 의견이 먼저다." 경상우수사 배설은 "명령 불복종으로 차라리 내가 죽지, 병사들을 사지에 몰아넣을 수 없다"라고 말했다. 수사들의 생각은 통제사의 무책임한 발언으로 이 사태가 벌어졌으니, 본인이 책임지라는 뜻이었을 것이다.

통제사가 장을 맞았다?

정2품 재상급 관료에 현직 통제사가 장을 맞는 것이 가능할까?

조선의 법에 역모나 살인을 제외하고는 관료에겐 장형을 집행하지 않는다. 장형에 해당하는 죄를 지었을 때는 벌금으로 대신한다. 이것도《경국대전》에 실려 있는 법이다. 다만 무장들은 군율을 중시하다 보니 체벌이 통용되었다. 군현의 수령 중에서도 무반 수령은 장을 맞는 경우가 있었다. 이순신도 임진왜란 중에 하동현감 성천유와 해남현감 최위지에게 장 90대와 10대를 집행한 기록이 있다. 하지만 이때도 정말로 몸이 상할 정도로 치진 않았던 것 같다.

1595년에 자선대부였던 충청병사 김응서가 장형을 당한 적이 있었다. 전시이다 보니 벌어진 일인데, 선조가 듣고 이런 법은 없다고 단단히 주의를 주었다. 통제사는 군현 수령은 물론이고 병사와도 급이 다르다. 믿기 어려운 일인데, 사헌부에서 권율이 통제사에게 형을 가했다고 탄핵하는 내용이 있고, 선조도 훗날 이 사건을 언급한 적이 있다. 다만 이 역시 잘못된 소문일 수 있다. 실록에도 와전된 소문을 기록하는 경우가 종종 있었다.

이 사건이 발생한 시기와 처리는 애매하다. 실록에는 이 이야기가 칠천량해전이 지난 후에 적혀 있다. 칠천량해전의 충격으로 이 보고가 한참 늦게 도착했거나, 실록을 편집할 때 문서가 뒤섞였던 것 같다. 그러나 부산 진격을 둘러싼 당시 상황과 장수들의 고민을 잘 보여 준다.

원균이 최소한의 양심이 있었다면 여기서 자신이 이전에 말한 전술이 틀렸다고 사죄하고 사퇴라도 했어야 한다. 조선의 전 함대와 장병, 호남 백성의 생명이 걸린 사안이었다. 원균은 어이없게도 권율에게 이런 보고를 올렸다. "수사들이 작전을 거부합니다. 저는 어찌할 수가 없습니다." 이 정도면 리더십의 기본 소양이 있는지도 의심스럽다. 비밀리에 권율과 상의를 한 것도 아니고 공식문서로 이렇게 보고를 올리니 권율도 선조에게 그대로 보고할 수밖에 없었다. "수사들의 명령 거부는 왕명을 거부하는 것과 같으니 조정에서 처리해 주십시오."

　원균은 사퇴하지 않았고, 선조도 아무런 조치도 취하지 않았다. 책임회피 근성이 발동한 선조는 승정원에 쪽지를 보내 원균의 보고서를 반드시 역사에 상세하게 기록해 두라는 명령만 내렸다. 책임감을 잃은 2명의 리더가 조선의 장병과 백성을 사지로 몰아가고 있었다.

　전체 맥락은 이렇지만 기록의 날짜가 정확하지 않아 의심스럽다. 《난중잡록》에 따르면 선조가 원균에게 강경한 명령을 내린 날이 10일인데, 조선군은 14일에 출격했다. 원균이 권율에게 곤양으로 호출되어 장형을 당한 날이 11일이라고 한다. 그리고 원균이 한산도로 돌아와서 허겁지겁 출격했다고 한다.

출전 준비만 해도 며칠이 걸리는데 기일이 너무 촉박한데다, 준비 중인 장수를 불러 출전하라고 장형을 가하고 장형을 당한 장수가 바로 출전하는 것은 말도 안 된다.

일단 장형 날짜에 착오가 있는 건 분명하다. 권율이 원균을 곤양으로 호출해서 출전을 강요한 건 사실이다. 장형은 시행했어도 원균을 직접 때리지는 않았다. 《난중일기》 7월 7일 기록에 한산도의 군관 박영남이 주장(主將)의 벌을 대신 받기 위해 권율에게 붙들려 왔다는 기록이 있다. 이 주장이 원균일 가능성이 크다. 군관이 대신 받았다고 해도 선조부터 야전사령부까지 모두가 패닉상태였다고 말할 수밖에 없다.

"이번엔 전처럼 봐주지 않겠다"라는 선조의 최후 지시가 출전 전에 전달되었는지도 확인하기 어렵다. 다만 실록에 기록한 날짜에 착오가 있을 수 있고, 이전에 사적으로 원균에게 통지했을 가능성은 있다.

결론적으로 7월 6일의 출전은 부산포 출격의 어려움을 증명하기는커녕 왕과 지휘부의 분노만 낳았다. 명령 복종은 군인의 숙명이다. 원균은 부산에서 전투를 벌이지 않는 이상, 책임추궁을 피할 수 없음을 알았다. 선조의 비호도 사라졌다. 이순신에 대한 과잉 걱정과 견제로 선조의 착각과 원균 총애가 시작된 것인데, 이순신도 없고 장비 원균도 없다면 선조가 그를 밀어 줄 이유가 없다.

7월 14일 새벽, 약 170여 척 경상·전라 연합함대가 1~2만 명의 장병을 태우고 한산도를 출발했다. 검은 바다는 더 깊고 무서워 보인다. 숙련된 뱃사람들도 밤바다는 무섭다고 말한다. 새벽 출전이 처음은 아니었지만, 어두운 바다만큼이나 모두의 마음은 어두웠다. 멀어져 가는 한산도를 보며 이들은 무슨 생각을 했을까? 그들 대부분이 다시는 이 항구를 보지 못했다.

몰살

"상대가 아군의 작전을 예측하고 준비되어 있을 때 상대가 원하는 공간에서 전투를 벌이지 마라." 전술의 법칙이자 전쟁의 철칙이다. 칠천량해전은 이 금기를 완전히 따랐다. 당시 일본군은 개전 준비를 하고 있었다. 조선 육군은 감히 덤비지 못했고, 수군을 동원해 부산항을 봉쇄하려는 의도도 진즉에 알고 있었다. 일본은 수군을 대대적으로 보강했다. 구키, 와키자카, 가토의 3대장에 도도 다카토라가 합세한 수군은 4월에 다시 조선으로 건너왔고, 기존의 전선에 더해 5월부터 웅천에서 전선을 건조했다.◆ 판옥선에 대항하기 위해 대형선의 크기를 키웠고, 조선의 소나무를 사용

◆ 와키자카 야스하루, 김시덕 옮김, 앞의 책, 68쪽.

해 선재를 보강했다. 일본 삼나무를 사용한 가볍고 빠른 배와 조선 소나무로 건조한 단단한 배가 섞였다. 선조는 일본 선이 화포를 적재할까 봐 끊임없이 걱정했는데, 화포를 측면에 두고 발사할 수 있을 정도로 배를 개조하진 않았다. 이번에도 잘 지켜지진 않았지만, 한산해전을 교훈 삼아 단독 행동을 금지하는 서약도 했다.

견내량을 지나 거제도를 통과할 때쯤이면 일본군 시야에 조선 함대가 탐지된다. 이후 전개 과정을 보면 일본군은 먼저 부산 앞바다 공략을 시도하는 조선 수군을 격파하고, 여세를 몰아 호남으로 진격할 계획이었다. 이미 요소마다 병력배치까지 완결된 상태였다.

원균은 서둘렀다. 기록에 잘 보이지 않지만 조선군도 특수요원들을 꽤 많이 운용해서 일본군의 동향을 탐지하고 있었을 것이다. 부산에서 웅천, 거제 일대에 일본군이 좍 깔려 있다면 중간에 기항할 만한 곳이 없다. 그동안 거제 영등포나 옥포에 정박하고 했던 것은 고니시가 조선에 호의를 보인다는 명목으로 일본군이 거제를 비워 놓았던 덕분이었다. 초조해진 원균은 신속하게 부산으로 진출해서 결전을 치르고 돌아오는 수밖에 없다고 생각했던 것 같다.

이순신이 부산이나 웅천을 공격할 때, 한 번도 이런 식으로 함대를 폭주하게 한 적이 없었다. 어찌 보면 관행을 깬, 적이 예상하지 못한 과감한 습격을 했다. 전투는 2~3일 후에 벌어질 것이라고 방심하고 있는 일본군을 기습하는 것이다. 하지만 기습은 롬멜의 말처럼 적보다 높은 곳에서 내려다보며 하는 것이지, 그동안 하지 않던 일 중에서 아무거나 골라잡는 것이 아니다.

일단 일본군은 집에서 쉬고 있는 예비군이 아니다. 공격준비까지 마치고 대기 중이다. 견내량 이후로 조선 함대의 이동상황은 전부 탐지되고 있다. 마지막으로 예상을 깨고 휴식 없이 달린다고 해도, 전선은 무동력선이지 항공기가 아니다.

고대 그리스 마라톤 전투에서 그리스 중장보병들은 27kg이 넘는 중무장을 한 채로 달렸다. 예상을 깬 속도로 그들은 페르시아 궁수들의 화살이 닿기 전에 통과했으며, 적을 완전히 동요시켜 섬멸했다. 원균의 작전과 무엇이 다를까? 그리스 보병이 달린 거리는 200m 정도였지만, 조선 격군은 80km 이상 노를 저었다.

원균의 어이없는 아이디어는 조선 병사들의 체력을 완전히 고갈시켰다. 절영도에 도착하니 벌써 날이 저물 무렵이었다. 일본선들은 교전을 피했다. 선조의 명령이 무서웠던 원균은 어떡해서든 교전을 하겠다고 함대를 전진시켰다. 8월 말이면 태풍이 오는 시기다. 평소에도 바람과 물살이 조선군에게 불리한데 일기도 좋지 않았다. 일본선들은 지친 조선 수군을 끌고 다녔다. 조선군은 해안을 공격하지도 못하고, 해상에서 적을 쫓으며 마지막 남은 기력까지 쏟아부었다.

간신히 가덕도로 돌아와 정박했다. 하루 종일 물도 제대로 마시지 못해 갈증이 심했던 조선 병사들은 물을 구하기 위해 상륙했다. 판옥선에도 이틀치 물을 저장할 시설이 없었던 모양이다. 아니면 화약과 무기를 싣느라 여유가 없었을 수도 있다. 하지만 전례 없는 강행군을 하고 물을 구할 곳이 가덕도 같은 적진뿐이라면 당연히 준비를 했어야 했다.

병사들이 상륙하자 매복해 있던 일본군이 공격해서 조선군 400여 명이 죽었다. 원균은 가덕도를 포기하고 영등포로 이동했지만 이곳에서도 일본군이 미리 기다리고 있었다.

이때쯤이면 조선군 병사들 사이에 공포와 좌절감이 밀려오기 시작했을 것이다. 에베레스트를 오르는데, 중간 캠프도 시간 계획도 없이 무작정 전진한 격이었다. 다음 날 15일, 빗줄기 속으로 바다에는 왜의 함대가, 육지에서는 일본군의 깃발이 어스름히 보였다. 양군은 긴장감 속에서 대치했는데, 날씨 때문이었는지 서로 덤벼들지 못했다.

양군이 노려보며 대치하는 중에 원균은 치명적인 실수를 저지른다. 비가 내렸으니 병사들의 갈증은 해결할 수 있었다. 겨우 출전 이틀째라 물은 없어도 군량은 넉넉했다. 결전을 벌일 생각이면 학익진을 펼칠 유리한 장소를 모색해야 했다. 철수할 거라면, 신속하게 칠천량과 견내량을 통과해 한산도로 회군할 계획을 수립해야 했다. 전투든 철수든 이동 거리를 계산해서 충분한 여유를 가지고 당당하게 이동했다면 일본군도 함부로 덤벼들지 못했을 것이다. 6월의 안골포해전 때처럼 일본선들이 꼬리로 달라붙는다고 해도 회복 가능한 손실만 입고 빠져나올 수 있었다.

하지만 철수 방향이 문제였다. 거제도 동쪽인 영등포에서 다시 서북쪽으로 되돌아가 칠천량을 통과하는 진로를 잡았다. 영등포에서 옥포를 지나 거제도 동쪽 항로로 가면 상당히 먼 거리를 돌아야 한다. 게다가 이쪽은 파도를 막아주는 섬이 없어서 외해에서 바로 닥치는 파도의 힘이 거제 서쪽 바다와 비교할 수가 없다.

당시 날씨도 나빴으니 지칠 대로 지친 조선군으로서는 거제 동쪽 항로가 부담스러웠을 수 있다. 하지만 체력소모가 극심하고 위험한 작전을 하면서 우왕좌왕했다는 건 원균에게 플랜B가 없거나 작전이 부실했다는 증거다.

출발 타이밍도 좋지 않았다. 해가 저문 뒤에 출발했다. 진로를 두고 고민하다가 뒤늦게 결정을 내린 것인지, 아침부터 철수할 생각을 했지만 날씨가 좋지 않아서 초조하게 하늘만 보고 있다가 늦게라도 날씨가 좋아지자 이동명령을 내린 것인지, 하루 종일 꼼짝 않으며 적을 방심시켰다가 악천후 속에서 예상을 깬 기동을 한 것인지는 알 수 없다.

이유가 무엇이든 어처구니없는 타이밍이었기에 일본군의 허를 찌르는 데는 성공했다. 조선군이 갑자기 이동하자 함께 움직인다는 서약을 깨고, 도도 다카토라와 가토 요시아키가 소형쾌속선(고바야부네나 세키부네였을 것이다)을 타고 허겁지겁 쫓아갔다. 도도는 낙오한 조선배 1척을 탈취했다. 조선 측 기록에는 밤 10시 전후에 일본군 5~6척의 습격을 받아 전선 4척이 불타 침몰했다고 한다. 칠천도에서 정박 중에 벌어진 사건이라고 보기도 하는데, 시간을 착각했거나 영등포에서 이때 기습을 받았고 이 사건으로 야간에 강행이동을 해서 칠천량으로 들어왔던 것일 수도 있다.

동료들이 사라지자 와키자카는 당황했지만, 미리 파견해 둔 감시선이 조선 함대의 이동을 탐지하고 보고했다. 거제 서쪽과 동쪽 항로에 모두 쾌속 감시선을 배치해 놓았던 모양이다.

감시선이 보고했다. "조선 함대가 산그늘을 따라 먼 바다로 나가고 있습니다." 영등포에서 해안을 따라 진입하다가 거제 북쪽 끝을 도는 지점에서 발견한 것 같다. 여기서 칠천량으로 들어갈 수도 있고, 칠천도 북쪽 거제와 마산만 사이 넓은 바다로 진행할 수도 있다. 감시선은 그것까지 판단할 수 있는 위치는 아니었다.

와키자카는 조선군과 배신한 동료 장수들이 출발한 지 얼마 안 되었음을 알았다. 판옥선은 속도가 느리니 쫓아갈 수 있다고 판단하고 즉시 출발했다. 과연 가토를 따라잡았고, 동이 틀 무렵 바다에서 조선 함대를 발견했다.

와키자카의 회고는 자신과 가토, 도도 등 주변 장수들에 한정되어 있다. 실제 일본군 함대에는 시마즈를 비롯해서 여러 장수가 총집결해 있었다. 와키자카와 가토가 조선 함대를 발견하기 전, 조선 함대는 칠천량으로 들어서 2개의 만(만이라고 부르기에는 너무 작은)이 활처럼 굽어진 북쪽의 작은 만에 정박했다. 아마 북쪽 만에는 경상도 수군이, 남쪽에는 전라·충청 수군이 정박했던 것 같다. 왜 이곳에서 하룻밤을 새웠는지 도무지 이해할 수가 없다. 칠천량은 물살의 빠르기가 울돌목 다음이라고 말할 정도로 조류가 빠른 곳이다. 원균이 철수를 기획했다면 조류를 타고 단숨에 빠져나왔어야 했다. 칠천량만 지나면 조선 수군이 유리한 지점이 여러 군데가 있었다. 원래 그럴 생각이었는데, 궂은 날씨와 망설임 때문에 우물거리다가 물때를 놓친 것일까? 아니면 전날의 실수, 추격해 오는 일본군의 규모와 기세에 자신감을 잃고, 좁은 곳으로 들어가서 방어하자는 말도 안 되는 생각을 했던 것일까?

현재 칠천도에는 조선 수군의 넋을 위로하기 위해 칠천량해전 기념공원이 조성되어 있는데, 진짜 해전이 벌어진 장소는 더 북쪽에 위치하고 있다. 그 지점은 척 보기에는 함대가 잠시 정박하기에 괜찮은 곳처럼 보인다. 이전에 이순신도 칠천량에서 정박한 적이 있는데, 그때도 이 장소였을 것이다. 그러나 그때는 일본군이 감히 덤벼들 생각을 못 하던 때, 서쪽에서 동쪽으로 적을 치러 가는 공세였고 지금은 수세다. 입지 조건의 의미가 완전히 달라진다.

방어적 관점에서 이곳은 2가지 취약점이 있다. 호리병 지형이라 추격한 일본군의 진입로가 되는 북동쪽 입구가 잘 관측되지 않는다. 이곳을 관측하려면 육지에 초소를 설치하거나 입구를 봉쇄해야 한다.

방어적 관점에서 포구를 정할 때는 안골포처럼 입구는 좁고 안쪽으로 둥글게 넓어지는 지점이 적지다. 남해안에 분포한 조선군의 만호급 수군 기지를 탐방해 보면 대부분 이런 곳을 선호한다. 하지만 이곳은 원을 중간 부분에서 딱 자른 형태다. 판옥선이 빨리 들어오고 나가기는 좋지만, 입구가 넓어 방어에 불리하다. 반면 일본군은 거제 해안을 따라 진입하면 순식간에 만을 봉쇄해 버릴 수 있다.

심신이 지치고 좌절한 원균은 폭음을 하고 침상에 누웠다. 정말 그다운 행동이었다. 다른 장수들, 전투 경험이 있는 장병들은 자신들이 사지에 들어와 있다는 사실을 알고 초긴장 상태였다. 때로 지휘관이 무능해도 장병들이 극복해 주는 경우가 있다. 하지만 바닥난 체력, 지휘관에 대한 무너진 신뢰, 최후의 순간에도 무대책이 상책인 지휘관, 이런 상황이 되면 각자도생의 분위기가 함대를 지배한다. 원균은 술을 찾기 전에 적이 습격하면 어떻게 대응할지 지시도 내려놓지 않았다. 그날 밤, 몇 명이 깨어 있고 몇 명이 잠들 수 있었는지는 아무도 모른다. 적의 습격을 대비해서 입구에 매복선을 배치했다. 감시병도 세웠던 것 같지만 초병들은 잠을 이겨 낼 수 없었고, 깨어 있는 자들은 싸울 마음이 없었다.

전투 경험이 많았던 일본군 장수들은 야간습격과 적을 동요하게 만드는 방법을 잘 알았다. 동이 트기까지 아직 시간이 남았고, 병사들이 제일 곤하게 잠에 빠졌을 새벽 4시경 조선군 군량선에 접근해 기습적으로 공격해 불태웠다. 경계를 서던 조선 함선의 포성이 일기도 전에 함선이 불탔다는 건 적이 이미 수군의 진 안으로 침투했다는 의미로 해석될 수 있다. 병사들의 머릿속을 스치는 생각은 무엇이었을까? '아, 적이 이미 우리 함대 사이로 들어와 공격하고 있구나!'

당시 일본군은 그 정도로 완벽하게 포진한 상태는 아니었다. 와키자카와 가토 함대는 도착하지도 않은 상태였다. 원균은 급히 북을 치고 바라를 울리고 화전을 쏘아 올렸다. 그러나 원균은 당황하고 술에 취해 제대로 지휘하지 못했다. 아마 그의 신호는 "적이다! 싸워라!" 정도의 신호에 불과했던 것 같다.

판옥선은 넓은 곳으로 나가 팀플레이로 싸워야 잘 싸울 수 있다. 반면 함선이 고정되거나 고립되면 사방에서 늑대처럼 달려드는 일본군에게 먹힌다. 원균은 이런 상황에 아무런 계획이 없었고, 수사들은 일단 닻을 올리고 싸울 만한 곳으로 빠져나가려 했다. 지휘관에 대한 신뢰가 바닥나 살

길을 찾아야 한다는 생각을 한 배도 있었을 것이다. 원균은 이억기와 최호가 지휘관을 도우러 오지 않는다고 분을 토했지만, 그들이 원균 옆으로 달려왔으면 조선 전선들은 엉겨 붙어서 먹잇감이 되었을 것이다. 칠천량을 빠져나온 조선군은 지휘통제가 전혀 되지 않았다. 절반은 북쪽 진해 쪽으로, 절반은 남쪽 한산도로 도주했다. 신속하게 닻을 올리지 못한 배들은 앉은 채로 사냥당했다.

만약 이때 1개 함대가 칠천량의 협로를 막고, 자신들은 희생되더라도 결사전을 벌였으면 최소한 절반 이상은 생존할 수 있었다. 그러나 지휘통제는 이미 무너져 있었고, 원균

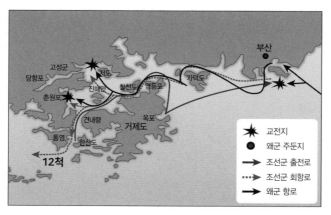

칠천량해전도

밑에서 싸우고 싶은 사람들도 없었다. 4월에 순천에서 백의종군하던 이순신을 찾아온 사람들은 원균이 인심을 잃어 장졸들의 마음이 떠났고, 앞으로 무슨 일이 일어날지 모르겠다고 걱정했다. 당시 이순신을 방문한 사람들의 한결같은 걱정이 원균 문제였다. 그 걱정이 사실이 되고 말았다. 다들 적이 습격해 오면 넓은 곳으로 나가야 한다는 생각만 하고 있었던 듯하다.

후미를 막아야 한다는 생각을 한 사람은 김완뿐이었다. 김완은 적을 막으러 앞으로 나갔는데, 휘하 만호들은 이미 달아나고 없었다. 경상우수사 배설의 함대가 김완과 함께 했는데, 포구를 벗어나자 배설 함대는 우회전을 해서 서쪽으로 달렸다.

진정한 전사였던 김완은 용감하게 적과 충돌했다. 싸우다 보면 장수들이 주위로 몰려올 것이라고 생각했다.◆ 이는 김완의 증언을 토대로 한 것이라 주관적일 수도 있지만, 한 달 후인 8월 5일에 올린 이원익의 보고에도 이날 해상에서 싸우다 전사한 사람은 김완뿐이었다고 한 걸 보면 김완의 증언은 사실이다. 다들 김완의 분전을 보면서도 달려오

◆ 이하 김완의 전투상황은 《해소실기》를 토대로 함.

지 않았다. 장수들이 비겁했던 걸까? 우수하고 용감하던 군대가 손쉽게 무너지는 경우도 전쟁사에는 종종 있다. 바로 이런 경우다. 지휘관이 무능하여 신뢰를 잃고 모든 병사가 '올 것이 왔다'는 느낌을 받는데, 구심점이 될 지휘관의 사전 조치는 전혀 없는 경우다. 게다가 우수한 장수들 여러 명이 이미 죽거나 떠났다.

김완과 부하들은 고립된 상태에서 결사적으로 싸웠다. 화력이 약해지면서 적이 점점 조여 왔다. 조총의 조준 사격을 받고 군관과 병사들이 차례로 쓰러졌다. 그러나 부상에도 불구하고 싸울 수 있는 자들은 악착같이 싸웠다. 김완도 왼쪽 다리에 총알을 맞았다. 마침내 왜적이 배로 기어오르기 시작했다. 부상당한 병사들이 칼과 창으로 찔러 떨어트렸다. 김완은 원균의 배에 구원을 청했지만 원균은 술에 취해 아무것도 하지 못하고 있었다. 배설은 뱃멀미를 견디지 못해 배 안으로 들어갔고, 군관이 지휘하고 있었다. 배설은 원래 뱃멀미가 심한 체질이거나 물에 대한 공포증이 있었던 듯하다. 수사로 임명할 때 이런 증세가 있어 적합하지 않다는 의견이 있었는데, 핑계라고 생각했는지 임명을 강행했다. 위기의 순간이 오자 몸과 정신이 함께 무너진 듯싶다.

김완은 기가 막혔다. 이순신의 함대에서는 있을 수 없는 상황이었다. 이를 악물고 마지막까지 싸우던 김완은 최후의 순간에 물에 뛰어들었다. 판옥선 아래에 집결해 있던 왜병 하나가 김완을 향해 칼을 휘둘렀지만, 귓가를 스치고 빗나갔다.

조선 함대가 분산해서 철수하고, 와키자카 등 일본군의 함대가 집결할 때는 날이 밝아 오고 있었다. 덕분에 일본군 함대는 큰 혼란 없이 눈앞에 보이는 조선 함대를 추격하며 닥치는 대로 전과를 올릴 수 있었다.

이억기와 최호는 칠천량을 빠져나와 한산도 쪽으로 질주했다. 맹목적인 도주가 아니라 싸울 장소를 선택하기 위해서였다고 확신한다. 넓은 곳에 도달하기는 했지만 넓은 곳이라고 무조건 유리하지 않다. 또 하나의 조건이 대형, 진형인데, 진형을 갖출 수가 없었을 것이다. 출발 당시에 선박 상당수가 낙오했고, 탈출하면서 함대는 둘로 나뉘었다. 일본선은 빨라서 뒤쳐진 배들이 차례로 함몰되었다. 와키자카 함대만 해도 조선 전선 16척을 잡았다.

내해에 떠 있는 수많은 적선(조선군) 속으로 앞다투어 진격해서 아군 각 부대의 크고 작은 배가 한 시간 사이에 수십 선의 적선을 탈취했다. 남은 적선은 버티지 못하고 모두

먼 바다로 도망쳤지만 아군의 여러 부대가 추격해서 이들을 공격했다.◆

일본선에게 따라잡히자 이억기와 최호는 더 이상 물러설 수 없다고 판단하고 배를 돌려 결전을 벌였지만, 함대는 이미 분리와 손실로 4분, 5분 되어 있었다. 두 장수는 모두 전사하고 말았다. 진해 쪽으로 간 부대는 고성 추원포로 들어갔지만 일본군의 추격을 받고 몰살당했다.

생존한 부대는 배설의 경상우수영 소속 판옥선 12척뿐이었다. 이 중에 안위, 조계종, 이응표 등이 있었다. 이날 잃어버린 110척의 배에 탔던 장병이 모두 전사한 것은 아니다. 섬이나 내륙에 상륙하고, 육지에서 일본군의 공격을 피할 수 있었던 장병들은 배가 탈취 혹은 파괴당했지만 목숨은 건졌다. 그 수가 얼마나 되는지는 알지 못한다. 김완은 전사한 것으로 보고되었지만, 기적적으로 섬에 올라 생존했다. 7명의 부하와 함께 뗏목을 만들어 탈출했는데 중간에 뗏목이 풀리면서 반이 익사했다. 김완은 간신히 육지에 도착했지만 일본군에게 잡혀 일본으로 끌려갔다.

◆ 와키자카 야스하루, 김시덕 옮김, 〈와키사카기〉(하), 《문헌과 해석》 62호, 태학사.

조방장 배홍립은 극적으로 생존했다. 원균은 추원포 쪽으로 간 부대와 함께했던 것 같다. 여기서 다시 탈출해서 원균과 순천부사 우치적, 선전관 김식이 함께 상륙에 성공했다. 하지만 고성지역은 이미 일본군의 점령지였다. 일본군이 추격해 왔는데, 나이도 많고 뚱뚱했던 원균은 뒤로 처졌고 소나무 아래 칼을 잡고 주저앉았다. 도주를 포기했던 것 같다. 달아나던 김식이 돌아보니 일본군 6~7명이 칼을 휘두르며 원균에게 달려들고 있었다. 그것이 그의 마지막 모습이었다.

여느 때처럼 희망이 만들어 낸 유언비어가 돌았다. 권율의 군관 최영길이 이런 첩보를 얻었다. 원균은 생존해서 진주에 있고, 원균이 출전할 때 38척의 전선을 남겼다. 한산도에 있던 장병과 주민 군기, 선박은 창선도로 이동했다. 많은 병사가 상륙해서 사상자는 많지 않다. 권율은 안도의 한숨을 쉬고 보고서를 작성해서 올렸다. 이 보고의 끝에 건의사항을 덧붙였다.

"이순신을 복직시켜 남은 배를 수습하게 하십시오."

10 돌아온 이순신

전투 공황증

이순신을 다룬 영화, 드라마에서 꼭 등장하는 장면이 선조의 명으로 이순신이 하옥되고 나서 끔찍한 고문을 당하는 장면이다. 인두로 지지고, 압슬형◆을 당한다. 이건 오해다. 이런 고문을 당하면 반신불수가 된다. 죄인을 살려 놓지 않거나 폐인으로 만들려고 작정했을 때나 하는 고문이다.

선조가 이순신을 고문해서 죽이겠다 발언하긴 했다. 임금을 무시하고, 적을 놓아주고 치지 않았으며, 남의 공을 가로채고 모함까지 했다는 죄를 씌웠다. 법률에도 임금을 속인 죄는 사형이고 사면도 없다.

◆ 죄인의 바지를 벗겨 바닥에 꿇어 앉히고 무릎과 허벅지 위에 무거운 물체를 올리거나 사람이 올라타서 압박을 가하는 형벌.

고문 이야기는 여기서 나온다. 전근대의 법은 동서양을 불문하고 자백을 받아야 죄를 확정할 수 있다. 선조는 고문을 해서라도 자백을 받아 내자고 했다. 선조가 사형까지는 아니라도 고문으로 폐인을 만들어 버리려는 생각까지 했을 수도 있다.

전 국민을 분노하게 만드는 장면이지만, 조선은 뭐든 한 번에 되는 법이 없다. 드라마에서처럼 왕이 "저자를 당장 하옥하라, 당장 처형하라, 귀양 보내라"라고 하지 못한다. 왕은 법적 판결을 내릴 권한이 없다. 사전에 비공식적으로 논의하는 경우는 많았겠지만, 아무리 그렇더라도 기소와 판결은 사법을 맡은 관청에서 하고 왕은 검토와 결재만 한다. 판결에 대해 검토할 때도 재검토를 지시하거나 감형만 가능하다.

선조의 이순신 처형 발언도 명령이 아니라 우부승지 김홍미에게 보낸 비밀 지시였다. 비변사에게 자기 생각은 이렇다고 왕의 의견을 전하기만 한 것이다. 허나 비변사가 호락호락할까? 선조도 바보가 아니어서 비변사 대신들이 원균보다 이순신을 높게 평가하는 것을 잘 알고 있었다. 이순신을 원균으로 대체하는 데만 4년이 걸렸다. 원균의 지위를 확고히 하기 위해서 일단 이순신을 죽이거나 폐인을 만들 수도 있다고 강하게 주장하여 비변사 대신들을 눌러 놓으려는 의도였을 가능성이 크다고 생각된다. 대신들은 전시에 장수를 함부로 버릴 수 없다. 기회를 주려 다른 자리를 제안할 수도 있었다. 게다가 이순신의 해임과 처벌이 당연하다고 해도 임진년에 세운 이순신의 공은 불멸이다. 전시에 이런 장수를 처형하는 건 정권의 자살행위다.

그래도 선조가 이렇게 액션을 하니 그에 맞는 리액션을 해야 했다. 이때 평소에도 이순신을 비호하는 발언을 많이 했던 우의정 정탁이 이순신 탄원 상소를 올렸다. 상당히 길고 목이 메는 정탁의 상소는 감동을 선사한다. 정탁이 목숨을 걸고 이순신을 구한 것 같지만, 이 역시 다른 대신들과 의논하고 올린 상소다.◇ 물론 이럴 때 앞에 나서는 사람의 용기도 칭찬해야 하지만, 류성룡이 나섰더라면 역반응을 불러올 수도 있었다. 이럴 때는 비변사 전체가 반대하는 모습을 보여서도 안 되고, 제3자의 입장인 사람이 나서야 한다. 아무리 그래도 선조가 눈치를 채지 못할 리 없지만, 서로 내막을 안다고 해도 형식은 중요하다.

◇ 《이충무공전서》, 우의정 정탁의 〈신구차〉, 정탁의 문집인 《약포집》에도 이 상소가 수록되어 있다. 여러 의견을 수렴해서 이 상소를 지었는데, 선조에게 올리기 전에 특명이 내려왔다고 했다.

정탁의 상소는 2편인데 첫 편은 좀 간략하고 두 번째가 길고 자세하다. 선조의 마음을 돌리기 위해 전략적으로 접근했던 것 같다. 첫 번째 상소를 보고 선조는 대신들의 반발을 눈치채고 선수를 쳤다. 즉시 이순신을 석방하라는 특명을 내렸다. 4월 1일, 이순신은 석방되었고 권율이 있는 순천에서 백의종군을 명 받았다. 당일 여러 사람이 위문을 왔는데, 충청수사로 영전해 갔다가 파직, 강등되는 바람에 칠천량의 비극을 모면한 무의공 이순신도 있었다. 그는 동료들을 애도하는 뜻으로 술을 가지고 왔다. 두 사람은 밤새 함께 마셨다. 류성룡, 정탁, 심희수, 김명원, 이정형 노직 등 이순신을 도왔던 사람들은 전갈을 보내 위로했다.

이순신은 순천 가는 길에 모친을 뵈려고 했다. 4월 13일 충청도 안흥에서 만나기로 했는데, 그곳에서 어머니의 사망 소식을 들었다. 모친은 이순신을 만나러 배를 타고 오는 중이었다. 생명이 얼마 남지 않은 것을 알고 이순신을 보려고 했던 모양이다. 그러나 만남을 하루 앞두고 사망했다.

4월 27일, 이순신은 모친 장례를 치르고 순천에 도착했다. 백의종군이라지만 이순신이 나설 일은 없었다. 원균이 있으니 수군 일에 간섭할 수는 없고, 권율은 이순신에게 예우를 갖췄지만 선조를 의식하지 않을 수 없었다. 이순신은 사람들을 만나고 병기 제조 같은 후방 지원 업무를 하면서 시간을 보냈다.

18일, 칠천량해전 소식이 전해지자 권율은 선조에게 이순신 복직을 청하는 상소를 올리고, 선조의 답변을 기다리지도 않고 바로 이순신에게 달려왔다. 난감하고 절망적인 상황에 이순신은 명장다운 간결한 대답을 내놓았다.

"제가 가서 직접 보고 대책을 구상하겠습니다."

리더의 자격

21일, 이순신은 노량에 도착해서 생존자들을 만났다. 배설 함대 소속의 거제현령 안위, 영등포 만호 조계종, 가리포 첨사 이응표, 우후 이의득이 살아 있었다. 이때만 해도 배설은 어디 숨었는지 보이지 않다가 다음 날 나타났다. 이들은 다들 원균에게 책임을 돌렸다. 적을 보고 원균이 먼저 뭍으로 달아나 여러 장수도 달아났다고 했다. 이렇게 짧게 이야기하지는 않았을 것이다. 안위와는 그의 배에서 새벽까지 대화를 나눴다.

전쟁 후반부에 활약하는 안위는 거제현령으로 우수영 소속이었지만 언제부터인가 이순신의 주목을 받았다. 안위는 전라도 김제 출신이다. 그를 특채한 이항복은 안위를 "용감하고 전투에서는 힘껏 싸우며 자질도 총명하다"라고 평가했다. 전투적이고 과감한 '터프 가이'형 장수였다. 1594년에 거제현령에 부임한 안위는 그 과감성을 유감없이 발휘하며 빨리 공을 세우고자 부산에 공작원을 침투시켰다. 그 바람에 부산 창고 방화 오보 사건이 벌어졌다. 이순신은 곤욕을 치렀지만 안위를 비난하지 않았다.

안위는 지나치게 공을 탐하는 면이 있었는데, 그럴 만한 사정이 있었다. 안위는 정여립의 5촌 조카였다. 정여립은 조선 정치사에서 매우 특이한 인물이며, 선조 대에 발생한 가장 큰 정치적 사건의 주인공이었다. 그는 서인이었다가 동인으로 전향했고, 조정을 버리고 낙향해서 고향에서 대동계를 결성해 무사를 양성했다. 지방자치와 왜구의 침입을 대비하기 위한 활동이었다고 하고, 실제로 왜구와 전투를 벌여 큰 공을 세웠다. 하지만 무사를 양성했다는 사실, 서인을 배신했다는 것, 강경하거나 급진적인 사상이 겹치면서 1589년에 역모죄로 고발당했다. 정여립은 도망 다니다가 자살했다. 이 사건으로 서인의 동인에 대한 탄압이 벌어졌다. 이를 기축옥사라고 한다.

역모에 연루되었으니 안위도 무사할 수 없다. 그는 장형을 당하고 변방으로 유배되었다. 완전히 매장되나 싶었는데 임진왜란이 터졌고, 전시에 치른 무과에 급제해서 극적으로 전쟁에 뛰어들었다. 이순신도 그가 조급하고 거칠다는 단점이 있기는 했지만 이런 적극성을 높이 샀던 것 같다.

8월 3일, 이순신은 통제사 임명장을 다시 받았다. 순천으로 돌아가는데, 길에는 벌써 피난민이 가득했다. 조선 수군이 전멸하자 일본군의 총공세가 시작되었다. 단순한 총공세가 아니었다. 당시 조선인과 일본인의 기록을 보아도 정유재란 때의 일본군은 악귀 같았다. 조선은 어차피 다스릴 수 없는 나라라고 결론을 내린 듯, 광기 어린 학살과 약탈이 자행되었다. 선조의 이순신에 대한 과도한 견제와 이기적인 고집은 조선 수군의 전멸만이 아니라 그동안 적의 침략을 면했던 경상우도 지역과 순천, 남원 등 전라남부 지역에 끔찍한 피해를 초래했다.

전쟁사에서 탁월한 지휘관의 조건은 분석적이고 종합적인 사고능력이다. 이순신과 원균의 결정적 차이가 이 부분이다. 또 다른 조건은 총알이 좌우로 날고 비명이 사방에서 난무하는 상황에도 이런 두뇌의 성능이 떨어지지 않아야 한다는 것이다. 이를 지탱하는 것은 용기 혹은 책임감이다.

8일에 순천은 벌써 소개 작전 중이고 창고도 태운 상태였다. 이순신이 순천 교외에 도착하자 숨어 있던 수령과 판관들이 찾아왔다. 이순신은 이들의 비겁한 행동을 꾸짖고 명령을 내렸다. 이게 리더의 힘이다. 순천성에 들어오니 성은 적막했다. 순천부사 우치적은 낙안에 가 있었다. 6년을 지켜 온 호남 땅이 적의 군화에 짓밟히는 순간이었다. 이후 순천은 고니시의 거점이 된다.

이 와중에도 진정한 전사가 있다. 승려 혜희가 이순신을 찾아왔다. 즉시 혜희를 의병장으로 임명하고, 관군이 버리고 간 총통 등은 묻고 화살은 군관들에게 나누어 주었다.

이순신이 낙안으로 이동해 머물자, 장수들이 찾아와서 지시를 받았다. 그러나 배설은 이순신을 자꾸 피했다. 우후 이몽구도 낙안에 도착하고도 이순신을 찾지 않았다. 이몽구는 한산해전 때 별도장을 맡는 등 김완처럼 최전선의 힘든 보직을 맡았던 전사였다. 포상도 받아 전라좌도우후가되었고, 통제사 시절에는 이순신을 자주 만났던 인물이다. 이순신이 복귀하면 제일 먼저 달려와야 했을 사람이었다.

이순신은 이몽구를 잡아 본보기로 장 80대를 치고, 사람들을 보내 달아난 관리들을 수색했다. 이몽구도 6년간 종군하여 피로했을 테고 칠천량의 패전으로 충격을 받았으니, 이순신을 볼 면목이 없어서 피했는지도 모르겠다. 나중에 조정은 이몽구가 적이 한산도에 오지도 않았는데, 관곡과

가족을 싣고 도망쳤다며 사형을 선고했다. 이 사형이 집행되었는지는 확인할 수 없다. 당시에는 사형이라고 판결하고도 달라지는 경우가 있었다. 이순신의 미움을 받았던 남해현령 기효근도 사형선고를 받았다가 용서받고 유임한 적이 있다. 다만 이몽구는 우후에서 교체되긴 했다. 이몽구가 노량에서 전사했다는 이야기도 있다. 이몽구를 비난하려는 의도가 아니다. 배설도 그렇고, 잘못이 있다고 하더라도 긴 전쟁 때문에 파괴된 사람들의 영혼에 주목할 필요가 있다. 당시 사람이나 작금의 우리나 그들의 가슴속 폐허에 너무나 무심하다. 동시에 그만큼 이순신의 정신력과 책임감은 초인적이었다.

이순신은 13척의 전선과 초탐선(정보 수집용 배) 32척을 수습해서 바다로 나갔다. 해남지역에서 정박하고 머무르는데, 26일에야 배설이 합류했다. 28일, 적선 8척이 갑자기 출현했다. 분명 잘해야 세키부네급이었을 텐데, 장수들이 겁을 먹고 후퇴하려고만 했다. 배설도 허겁지겁 달아나려고 했다. 한 번의 대패가 이렇게 무섭다. 이순신은 홀로 배를 세우고 움직이지 않았다. 적선이 바짝 근접하자 호각을 불고 깃발을 올려 기세를 올렸다. 바다에서 패전의 기억이야 일본군이 더 많다. 이들은 즉시 배를 돌려 달아났다. 이순신은 이들을 추격해서 멀리 쫓아내고 돌아왔다.

이날의 전투는 기록이 거의 남지 않았지만 매우 중요했다. 일본군의 어설픈 탐색전이 패전의 공포를 극복하고, 이순신의 용기와 지도력을 확인하는 계기가 되었다. 도망치는 병사도 마음속에는 분노와 설욕하고 싶은 마음이 있었다.

신뢰받는 리더는 병사들의 마음속에 있는 그 실낱같은 희망들을 연결해 준다. 전장에서 신뢰받은 리더로는 패튼을 예로 들 수 있다. 노르망디 상륙 후 2달 동안 미군은 독일군과의 전투에서 극도로 고전했다. 아이젠하워는 전역시키려고 했던 패튼을 다시 전선에 투입했다. 패튼이 해안에 상륙하자 병사들의 그가 탄 지프 근처로 모여들었다. 이 병사들의 심정은 '우리를 살려 줄 지휘관이 오셨다!'였을까, '이젠 제대로 싸울 수 있다!'였을까?

함대를 수습한 이순신은 다시 서진했고, 29일에 목표로 한 장소에 도달했다. 진도의 벽파진, 우리나라에서 조류가 제일 빠르다는 울돌목이었다. 눈치 빠른 사람은 통제사가 이곳을 결전지로 택했음을 알아차렸다. 의아해하는 사람도 있었고, 나름 이유를 제시해 보는 병략가도 있었다.

9월 2일 새벽, 배설이 도주했다. 지휘관이 도주했으니 병사들이 동요할 것 같았지만, 의외로 조용했다. 다들 그럴 줄 알았다는 식이었다. 칠천량해전부터 배설은 전쟁에 공포증을 보였다. 8월 19일, 선조의 교서와 유서가 내려왔는데 배설은 예를 올리지 않았다. 이건 심각한 죄였다. 배설을 처벌할 수는 없어서 이방과 영리를 대신 곤장을 쳤다. 왕명을 받지 않겠다는 건 자신이 이제 관리도 아니고 싸우러 나가지도 않겠다는 의미다. 이미 정신이 온전한 상태가 아니었던 것 같다. 30일에 배설은 도망치려는 기색을 보였다. 장수들을 보내 데려오려고 했는데, 그 전에 몸이 불편해 육지에서 조리하고 싶다고 공문을 보냈다. 이순신은 허락했다.

배설은 1594년에 원균의 후임으로 경상우수사가 되었다. 1595년 6월에 파직되어서 권준이 대신했다가 다시 우수사로 복귀했다. 처음에 이순신은 배설에 대해 나쁘게 보지 않았다. 그가 파직되었을 때 배설을 전송하고 마음이 불편하다고 말했다. 배설이 바다에 나오기를 꺼리자, 이순신은 배설도 스스로 극복하려 노력은 하지만, 더 이상 손쓸 수 없는 상태라고 판단했던 것 같다.

배설은 하선한 지 3일째에 도주해 버렸다. 배설의 도망은 장병들의 사기에 악영향을 끼쳤을 만도 한데, 이순신은 별다른 언급이 없다. 이런 상황에서는 도망자를 탓하기보다는 태산 같은 위엄을 발휘하는 것이 우선이다. 전쟁에서 이기는 최선의 방법은 전투준비에 몰입하고, 병사들에게 자신감을 심어 주는 것이다.

9월 7일, 적선이 해남 근처까지 왔으며 목표가 조선 수군이라는 사실이 명확해졌다. 탐망군관 임준형은 적선 55척을 탐지했고, 13척이 선봉으로 진행하고 있다고 보고했다. 오후 4시경, 13척이 조선 함대로 접근했다. 조선군이 맞받아치자 그들은 바로 선수를 돌려 달아났다. 조선 장병들의 태도가 칠천량해전 때와는 완전히 달라졌다.

歷●史 역사 다시 보기

안쓰러운 도망자

배설의 도주 사건은 10월 초에 조정에 보고되었다. 조정은 체포령을 내렸지만, 전시라 수색망이 제대로 작동하지 않았는지 무려 1년 동안 체포에 실패했다. 1598년 12월에야 그가 충청도에 숨어 있고, 무뢰배들을 모으고 있다는 첩보가 들어왔다. 반역 음모는 과한 모험이었지만, 어차피 도주죄는 처형이었다. 그 후 권율이 선산에서 배설을 체포해 서울로 압송했고, 1599년 3월 6일에 처형되었다. 죄목은 도망죄에 칠천량 패전의 주범이라는 것이었다.

배설은 패전과 부하들의 죽음으로 외상후스트레스장애를 앓았는지도 모른다. 20세기 초반까지도 이런 증세를 알지 못하고 겁쟁이 취급을 했으니 당시로서는 어쩔 수 없는 일이었다.

명량대첩

바다는 소리친다

명장의 조건◇

1597년 9월 16일 명량, 도도 다카토라는 대형선 아타케부네의 누각에서 앞을 바라보고 있었다. 안개가 걷혀 가는 수면 위로 점점이 떠 있는 판옥선들이 윤곽을 드러냈다. 굳이 세어 보지 않아도 정찰병의 보고로 이미 숫자는 알고 있었다. 칠천량에서 놓친 경상우수영 전선들이었다. 그때 빠져나가던 전선들의 모습이 생생하다. 그 배들이 이순신을 태우고 돌아왔다. 척후조의 보고에 따르면 조선 수군의 기세가 달라졌다고 했다. '역시 이순신은 이순신이다.'

다시 시선을 조선 함대에 집중하자 중앙의 대장선이 홀

◇ 이 단락은 일부 상상력을 가미해 창작했다.

로 앞으로 나오고 있었다. 도도의 머릿속에는 피투성이가 된 상태로 최후의 일전을 벌이려는 사무라이의 모습이 떠올랐다.

소년 시절부터 전쟁터에서 살아온 그는 부친과 선배로부터 적을 두려워하지는 말되 적장을 존경하라는 말을 누누이 들었다. 적을 존중해야 적에게서 배우고, 그를 예측하고 이길 수 있다. 존경스럽기는 했다. 자신을 포함해서 이곳에 집결한 주요 지휘관 모두가 이순신에게 패해 본 경험자들이다. 아끼는 신료와 무장을 잃고, 자신을 따라와 준 충직한 병사들을 잃었다.

존중한다고 분노마저 사라진 것은 아니다. 존경은 복수가 끝난 다음이다. 너의 시신을 갈기갈기 찢어 돛대에 걸어 올린 뒤에 내 기쁨의 잔을 기울이며 그대를 칭송하는 와카 한 수는 남겨 주리라.

옆에 있던 부장 스가 미치나가가 조금 걱정스러운 목소리로 말했다.

"무슨 흉계가 있는 게 분명합니다. 그렇지 않고서야…"

"좋은 지적이야, 미치나가. 조금은 있겠지. 우리가 접근하자마자 배를 돌려 도주한다면 충분히 의심하는 게 좋아. 하지만 아무리 뛰어난 전사라도 꾀가 다하고 힘이 다하는 때가 있는 법이지."

옆에 있는 다른 부장이 말했다.

"제 눈엔 달아나려는 의도는 없는 듯합니다."

도도는 고개를 끄떡였다. "저건 이순신의 모습이 아니다. 우리의 대비는 완벽하다. 1진에 전진 신호를 보내라. 명심하라. 준비한 대로만 하면 된다. 오늘 이곳에서 이순신을 잡는다."

명장은 싸우기 전에 승패를 아는 법. 앞으로 벌어질 전투의 양상이 거짓말처럼 눈앞에 그려질 때도 있다.

13척의 판옥선이 버티고 있는 바다는 좁았다. 폭은 견내량과 비슷해 보였다. 도도가 이순신에게 당했던 옥포만 입구의 폭이 현재의 간척된 면적을 감안하면 약 2km 미만이다. 명량의 폭은 옥포만의 3~4분의 1 수준이니 13척뿐이라고 하지만 함선 간의 간격은 옥포 때와 별 차이가 없었다. 그러나 함대의 움직임은 뭔가 이상했다. 그때 같지 않았다. 주저하고 망설이고 뒤뚱거리고 있었다.

이순신이 탄 기함이 틀림없는 중앙의 판옥선이 조금씩 앞으로 나오고 있었다. 기함은 여전히 당당했고 망설임이 없었지만, 뒤의 횡대와는 거리가 조금씩 멀어지고 있었다. 확신이 들었다. "안타깝구나. 거인의 최후인가?"

조류도 빠를 것이다. 도도는 이곳의 바다 사정을 정확히 알지 못하는 것이 마음에 걸렸다. 하지만 대책은 있다. 세키부네를 주력으로 중소형 전선으로 구성된 전투 편대를 내보낼 것이다. 조선 수군에 맞춰 훈련한 이 대형은 부산포와 칠천량에서도 훌륭한 활약을 보였다. 낯선 물길 때문에 선두의 배들이 고전은 하겠지만, 큰 피해를 입지는 않을 것이다. 해협은 좁다. 그들의 흐름을 보고 뒤의 전투함들이 진격한다. 그 뒤로 아타케부네를 중심으로 한 최후의 타격함대가 진출해서 전황을 마무리한다. 복수심에 불타는 장수들이 제멋대로 날뛸 것을 대비해서 아타케부네의 진입순서는 사전에 철저하게 정해 주었다. 1진은 당포에서 권준의 화살에 전사한 도쿠이 미치유키의 동생 구루시마 미치후사(来島通総)의 부대였다.

"이순신은 이곳에서 죽을 작정이로구나." 명량의 포진을 본 순간 도도는 확신했다. 이순신의 전술은 견내량 같은 좁은 곳으로 일본군을 유인한 다음, 협로가 끝나는 지점에서 조선 함대를 날개 형태로 벌리고 치고 들어오는 일본선을 십자화망으로 공격하는 것이었다. 반면에 기동이 힘들어서 지금처럼 판옥선이 자기 위치에서 고정되고 마는 좁은 수로에서의 전투는 적극적으로 회피했다. 그런 이순신이 지

금 자진해서 자신의 함대에 올가미를 씌우고 있다. 칼을 땅
에 꽂고 이곳에서 죽겠다는 결사전의 태도가 아니고 무엇
인가?

설사 저들이 용감하게 싸운다고 하더라도 2진도 없다.
1파, 2파의 파상 공쇄를 받으면 화약과 화살은 바닥나고 만
다. 만에 하나 아타케부네까지 투입할 상황이면 체력과 무
기는 소진된 상태일 것이다.

도도는 확신과 기쁨에 찬 표정을 지었다. 결말이 눈앞에
보이는 명장의 표정이었다.

재역전

일본군 함대는 수군 전원이 출동한 연합함대였다. 총지
휘를 맡았던 사람은 도도 다카토라였다. 수군 총집결이라
그동안 이순신에게 당했던 수군 지휘관, 칠천량에서 싸웠
던 지휘관이 모두 집결해 있었다.

조선 전선이 겨우 13척이었음에도 도도는 신중했다. 전
함대의 집결을 침착하게 기다렸다. 한산과 칠천량에서도
왜장들은 개별 행동을 했다. 한 줌 남은 조선군은 예전의
10분의 1에 불과했지만 전력에 가중치를 뒀다.

일본군 함대가 기하급수적으로 불어났다. 반면 일본군

함대가 해남에 정박하면서 조선군은 그 후방의 상황을 알 수 없었다. 일본군의 수륙병진책으로 육지에서는 엄청난 약탈과 학살극이 벌어지고 있었다. 육지와 해상에서 첩보 조직이 제대로 작동하지 않았다.

15일, 이순신은 함대를 벽파진에서 해협 맞은편인 우수영으로 이동해 밤을 지냈다. 이곳은 현재 진도대교 바로 아래로, 울돌목의 북쪽이다. 이순신은 이미 전략을 세워 두었고, 장수들에게 숙지시켰다.

다음 날 16일 아침, 약 330여 척의 적선이 바다를 가득 메웠다. 예상했던 55척보다 4배나 많은 수치였다. 기습에는 두 종류가 있다. 보이지 않던 적이 습격하는 경우와 예상하고 대비하고 있었지만 예상보다 몇 배나 많은 적이 나타나 습격해 오는 경우다. 그 순간 심장을 부여잡고 이를 악물고 붙들고 있던 전의와 용기가 와장창 깨진다.

조지 패튼은 전장에서 병사의 심리에 능통한 장군이었다. 그가 즐겨 쓰는 전술이 '돌멩이 수프' 작전이란 것인데, 별로 대단치 않은 규모의 부대를 적에게 노출시킨 다음 야금야금 전력을 증강해서 적의 예상을 깬 강력한 화력으로 치고 나가는 전술이었다. 얼핏 들어서는 평범한 전술 같지만, 실전에서 이 파괴력은 대단하다.

이순신은 준비된 계획대로 행동하라고 몇 번이고 다짐하고 출진했지만, 장수들이 얼어붙었다. 칠천량의 패전으로 외상후스트레스장애를 앓는 장병이 배설뿐이었을까? 허약해진 몸과 정신에 비해 바다를 메운 적선은 너무 많았다.

이순신의 일기에는 전투에 투입된 적선이 130여 척이라고 했다. 《이충무공행록》에는 300여 척이란 수가 산 위에서 구경하던 사람들이 센 것이라고 한다. 이 수치의 차이는 계산 오류가 아니다. 명량의 수로가 좁아서 일거에 모든 전선을 다 투입할 수도 없었지만, 어떤 전투든 모든 배가 투입되지 않고, 모든 배가 전투함도 아니다. 배 중에는 군량선 같은 수송선, 호위선도 있고, 후위대도 있다. 피난민은 수송선까지 포함한 전체 배를 센 것이고, 130여 척은 전투에만 투입된 배였다(전투에 투입되지 않은 전투함도 있었을 것이다).

130여 척의 전투선이 몇 겹으로 빽빽하게 횡대를 이루며 명량으로 진입했다. 10 대 1의 전투, 최소한 판옥선 1척당 7~8척에서 10척 이상도 달라붙을 수 있었다. 전면의 좌우 측면에서 처음 공격하는 배는 조선군의 화포와 화살에 피해를 좀 입겠지만, 이물에서 고물까지 좌우로 3~4척씩 붙으면 조선군은 고정 진지 안에서 완전히 포위된 형국이 된다. 그 정도로 일본선이 달라붙으면 어떤 맹장이 지휘하는 배라도 일본군의 승선을 막지 못할 것이다.

특별히 용맹하고 사나운 전사들은 너나 할 것 없이 중앙에 홀로 고립된 기함을 노렸다. 후위의 판옥선이 다가오기 전에 서로 빠르게 노를 저으며 좋은 위치를 선점하려고 했다. 세키부네들이 경쟁적으로 중앙으로 달려드는 통에 전체 대형이 많이 어그러졌지만 도도는 개의치 않았다. 이순신의 기함은 이제 곧 사방에서 물어뜯기며 함몰될 것이다.

그런데 함성을 지르며 돌진하던 세키부네에서 이상한 일이 벌어지기 시작했다. 대형이 조금씩 뒤틀리더니 배들의 선수가 뒤틀리고 비틀리거나 제각기 엉뚱한 방향으로 진행하기 시작했다.

130여 척의 일본선이 전진을 시작하자, 이순신은 노를 저어 앞으로 나아가며 모든 총통을 일제히 발사했다. 군관들도 있는 힘껏 화살을 쏘았다. 옛날 전투는 기세다. 일본군이 배를 쉽게 조종할 수 있었다면 질주하는 물소 떼가 사자를 짓밟고 지나가듯이 이순신과 조선 함대를 삼키고 지나갔을지도 모른다.

맹렬한 저항에 거센 조류까지 덮쳐 배를 정밀하게 조종할 수 없으니, 일본선들이 주춤거리며 함부로 근접하지 못했다. 섣불리 접근하다가 엉뚱한 방향으로 떠내려가는 배들도 있었을 것이다. 그러나 수가 압도적이라 일본선들의 밀도는 점점 높아졌고, 물길을 파악하면서 공격 방향을 탐색하고 있었다. 점점 늘어 가는 적세를 보자 대장선의 병사들도 하얗게 질렸다.

"적선이 많다고 해도 바로 우리 배로 침범하지 못한다. 동요하지 말고 다시 있는 힘껏 적을 쏘아라." 이순신의 목소리는 힘이 있으면서도 차분했다. 원균이었다면 있는 대로 악을 쓰며 소리를 질렀을 것이다. 이순신은 일기에 이때의 어조를 "부드럽게 타일렀다"라고 적었다. 지휘관이 평소에 엄격하면서도 합리적이어야 이런 순간에 말이 먹힌다. 병사를 억압하는 지휘관과 결정적인 순간에 이유 불문하고 명령을 신뢰하게 하는 지휘관의 차이는 엄청나게 크다. 전쟁에 대비하는 지휘관이라면 모든 말과 행동을 여기에 맞춰야 한다.

짧지만 길게 느껴지는 시간이 흘렀다. 일본선들 사이에서 고함이 들리고 깃발과 북소리가 어지럽게 흩날리더니 점점 가까이 다가오기 시작했다. 일부는 배 근처에는 오지도 못하고 지나가겠지만, 일부는 다가올 것이다. 이순신은 뒤를 돌아보았다. 이젠 아군이 움직여야 할 때다. 1~2척이 옆에 다가와서 십자화망을 형성해야 한다. 다른 배들도 전투 포인트를 잡아야 한다. 떠내려 보낼 배와 공격해서 잡을 배를 정하고, 2~3척씩 협력해서 전투 포인트를 잡아야 한다. 이렇게 하면 전투의 주도권을 쥘 수 있다.

그러나 조선 전선들은 1마장(약 390m) 떨어진 채 움직이지 않았다. 만호 정도에나 어울리지 우수사를 할 재능은 아니라고 이순신이 생각했던 신임 전라우수사 김억추의 배는 더 뒤로 처져 2마장이나 떨어져 있었다.

명량을 포기하고 넓은 수역으로 나가면 일본선은 속도로 판옥선을 따라잡을 것이고, 기동이 자유로워져 상어 떼처럼 전선을 덮칠 것이다. 도주하면 대형도 무너진다. 칠천량에서 조선 함대가 넓은 곳으로 탈출했지만 격파되고 만 이유가 이것이었다. 이순신은 기함을 뒤로 돌려 함대에 합류할까도 생각해 보았지만, 그랬다가는 일본선이 기세를 올리고 추격해 올 것이고 조선 함대는 자신이 찾은 포인트가 아니라 일본선에 둘러싸여 수동적인 전투를 벌일 것이다.

이순신은 죽더라도 승리의 확률이 있는 곳에 패를 던졌다. 위치를 사수하면서 중군인 미조항 첨사 김응함을 향해 다가오라는 신호를 보내고, 초요기(북두칠성을 새긴 깃발)를 세웠다. 이 신호의 뜻은 정확히는 모르겠지만, '여기서 싸운다. 집결하라'라는 신호였던 것 같다. 지목을 받은 김응함은 이순신을 향해 움직이기 시작했다. 하지만 거제현령 안위의 배가 먼저 다가왔다. 정운도 죽고 김완도, 이순신도 없는 때에 제일 믿을 만한 전사가 안위였다.

칭찬하고 싶기도 했겠지만, 이순신은 호통을 쳤다. "안위야, 네가 군법에 죽고 싶으냐? 도망간다고 어디서 살 것이냐?" 김응함이 다가왔다. "네가 중군장이면서 대장을 보호하지 않아? 당장 처형하고 싶지만 전투가 급하니 공을 세울 기회를 주겠다."

더 신속했더라면 좋았겠지만, 안위나 김응함은 훌륭한 전사였다. 아무튼 이 무시무시한 상황에서 제일 먼저 대장 곁으로 달려온 장수들이다. 그래도 이순신의 기준에는 미치지 못해 마음에 들지 않았을 수도 있지만, 장수를 꾸짖기보다는 병사들을 분발시키려는 어법이었을 것이다. 모순적으로 들리겠지만, 이 시대가 칭찬에 인색하고 수직적 리더십에 익숙하다는 점을 감안하자. 말의 의미는 단어가 아니라 그 시대의 어법을 따른다.

이순신의 병사들은 지쳤고, 화포는 재장전의 시간이 필요했다. 안위와 김응함의 배가 잘못을 만회하려는 듯이 과감하게 전진했다. 고군분투한 사령관에게 사죄라도 하듯이 안위의 배가 기함과 교대해서 전면에 나섰다. 이를 본 어떤 왜장이 휘하의 2척에 안위의 배를 공격하라고 지시했다. 기선을 빼앗기지 않으려, 3점 숏에는 3점 숏으로 응수하라는 지시였다. 이 2척은 왜장이 믿는 전사가 탄 강력한 전투함이었음이 분명하다.

'이럴 때 정운이나 김완이 있었더라면.' 이순신의 머릿속에 이런 아쉬움이 스쳐 갔을까? 미련을 버리고 전투에 집중해야 한다. 이 시점에서 조선 수군 최고의 터프 가이는 안위였다. 일본선 2척(왜장까지 포함하면 3척)은 맹렬하게 안위에게 달려들었다.

조선군의 전술은 적이 배를 붙이기 전에 사격으로 최대한 타격을 주는 것이다. 그러나 선두로 나선 안위의 배는 엄호해 주는 배가 없었다. 적이 안위 함의 화망을 뚫고 순식간에 배를 안위 함에 붙였다. 일본군이 배를 잡고 오르려고 하자 안위의 병사들이 몽둥이와 창으로 치고 돌을 던졌다. 이때 사용하는 돌은 사용하기 좋게 적당한 크기로 깎고 갈아놓는다.

이순신은 안위를 구한다고 성급하게 달려들지 않고 냉정하게 기회를 노렸다. 안위의 병사들이 지쳐 가는 기미를 보이자, 안위의 측면으로 배를 몰아 일제사격을 퍼부었다. 적이 아군의 배에 달라붙어 한참 기어오르려고 할 때 측면으로 접근하면 적의 등 뒤로 발포할 수 있어서 뱃전에 붙어 있던 적이 한꺼번에 우수수 떨어진다. 인간적으로 참혹하지만, 생사의 대결을 벌이는 병사들에게는 통쾌한 장관이다.

조선군이 판옥을 덮은 이유가 적의 총탄에서 아군을 보호하기 위해서만이 아니다. 백병전을 피하고 화력전, 사격전을 벌이는 조선군에게 1척이 미끼가 되어 적을 붙이고, 좌우에서 일제사격을 퍼붓는 전술은 가장 효과적인 전투법이다. 이 전술의 약점은 아군도 유탄에 맞을 수 있다는 점인데, 판옥의 방탄이 이 위험을 감소시켜 준다.

이순신과 안위, 김응함의 분전으로 전투 지점이 형성되자 다른 전선들이 주변으로 모여들었다. 3척은 이미 잡았고, 다른 배들이 나머지 배들을 소탕했다. 많은 왜병이 배를 버리고 바다로 뛰어들었다.

일본군 1진의 기세가 꺾였지만 이것이 끝이 아니었다. 2선의 함대가 다시 도전해 왔다. 붉은 기를 단 대형선이 함대를 거느리고 조선군을 향해 돌진했다. 조선군의 약점은 소수라는 것이다. 거센 조류와 좁은 수로 탓에 측면 공간이 부족하고 기동이 깔끔하지 못했지만, 두 번째 함대는 어찌어찌 좌측이나 우측으로 접근해서 조선군의 전면과 측면을 감싸고 공격하려고 했다.

배의 기동을 보면 적함의 능력을 알 수 있다. 왜장은 능력 있는 장수였다. 하지만 조선군도 전성기의 자신감과 투지를 완전히 회복했다. 녹도만호 송여종과 영등포만호 정응두가 자신들이 상대하겠다고 나섰다. 이들은 대장선을 공격해 격파했다. 적장은 물로 뛰어들었다. 부상을 입었을 수도 있다. 다른 일본선들도 격파당했다. 두 장수는 11척을 '당파'했다.

안골포에서 조선군에 투항한 항왜 준사가 바다에서 허우적거리는(이미 사망한 상태였을 수도 있다) 붉은 비단옷을 입은 자를 가리켰다. "저자가 안골포에 있던 적장 마다시 (구루시마 미치후사)입니다."◆ 이순신은 그를 갈고리로 낚아 올린 뒤 시체를 토막 내서 내걸었다. 적의 사기를 꺾기 위해서였다.

13척의 함대가 전투 대형을 이루고 전진하면서 닥치는 대로 격파해 나갔다. 조선 수군이 완전히 주도권을 잡았다. 앞에 있는 적은 격파되고, 좌우에 있는 적은 겁을 먹었거나

◆ 마다시의 정체에 대해서는 구루시마 미치후사가 아니라 마타시로(又四郎)라고 불리던 마사카게(菅正陰)라는 주장도 있다. 마사카게도 명량에서 전사했다. 발음으로 보면 준사가 발견한 장수가 마사카게일 가능성도 있다.

조류 때문에 감히 달려들지 못했다. 이날따라 시간이 갈수록 바람과 물결이 거세졌다. 조선 수군은 미친 듯이 싸웠다. 두려움이 승리할 수 있다는 희망으로 바뀌자 2달 전에 겪은 전우들의 죽음도 떠올랐을 것이다.

어느덧 조선군은 일본선 31척을 격파했다. 수치상으로 보면 아직 전선이 많이 남았어야 한다. 조선군의 화약과 화살도 거의 동이 났지만, 전장에서 강제 이탈한 일본선들이 훨씬 많았을 것이다. 아마도 일본군도 더 이상 싸울 용기나 전력이 남아 있지 않았던 것 같다. 도도 다카토라는 패전을 인정하고 철수를 결정했다. 가쁜 숨을 몰아쉬던 조선 수병들의 눈에 적의 함대가 선수를 돌리는 장면이 들어왔다. 함성이 울리고, 너무 흥분한 나머지 순식간에 목이 쉬었다. 개전 초부터 종군하며 수많은 승전을 목격했던 병사도 이런 감동은 처음 맛보는 것이었다.

이순신은 이 승전은 '천행'이었다고 말했다. 괜히 하는 말이 아니었다. 언제나 치밀했던 이전의 전투 때와 달리 명량해전은 장수들의 전투의지, 행동, 일본군의 행동과 조류의 위력 등 예측 불가능한 변수가 너무나 많았다.

명량해전의 승리로 일본군의 수륙병진, 해로 보급의 기대가 다시 꺾였다. 이 직전에 벌어진 직산 전투에서 육군도 조·명연합군에게 패하면서 일본군은 서울 진공을 포기한다. 임진왜란 중에 가장 참혹한 학살이 자행되었던 1597년의 악몽이 이렇게 끝난다.

이 해전에 명군이 더 감동했다. 이여송을 대신한 명나라 총사령관 양호는 백금과 붉은 비단 한 필을 보냈다. "근래 이런 승리는 없었습니다. 내가 가서 직접 배에 걸어 주고 싶습니다"라고 말했다. 안위는 통정대부로 승진하고 1598년 3월에 전라우수사가 되었다.

선조는 어물쩍 넘어갔다. 양호가 극찬하며 포상하라고 강요하자, "뭐, 장수가 싸우는 건 당연한 일 아니겠습니까. 우리나라 장수들(이순신을 포함하여)은 아직 적 부대 하나도 섬멸하지 못했으니 벌을 받아야 할 상황입니다"라고 대답했다. 그리고 품계를 올려 주는 건 지나치다고 은 20량만 보냈다. 원균에 대해서는 이런 말을 했다. "칠천량의 패전을 원균 한 명에게 뒤집어씌우지 마라." 그렇다고 자신이 책임을 나누어 지겠다는 뜻은 아니었다.

歷史 역사 꿰뚫기

울돌목 조류의 위력

1270년, 명량에서 대해전이 벌어진 적이 있었다. 진도에 웅거한 삼별초와 몽골, 고려 연합군의 대결이었다. 몽골군이야 애초에 뱃멀미에 약한 군대였다. 고려군 수군에 기대를 걸었는데, 정부군도 명량의 조류와 물살에는 어두웠다. 당시 기록에 의하면 삼별초의 전선은 움직이고 돌아가는 것이 나는 듯이 빨랐다. 계속 당하기만 하다가 고려 수군이 용기를 내서 울돌목에 들어섰다. 사정없는 물살에 고려 수군은 배를 제대로 조종할 수 없었다. 반면 삼별초군은 익숙했다. 이들은 교묘하게 사령관인 김방경의 전선을 다른 배들과 분리, 고립시키더니 진도 해안으로 향하는 물길로 몰아넣었다. 김방경은 해안에서 대기하고 있는 삼별초군을 뻔히 보면서도 배를 돌릴 수가 없었다. 반면 삼별초군은 배를 자유자재로 다루었고, 김방경의 전선에 붙어 승선을 시도했다. 이들과 싸우며, 김방경의 배는 진도 해안에 좌초하고 말았다. 삼별초군이 배로 뛰어올랐다. 그래도 이 배에 탔던 병사들은 정예병이라, 김방경을 호위하고 갑판에서 악착같이 싸웠다.

이때 장군 양동무가 배를 몰고 포위망을 뚫고 다가와 김방경을 구출해서 빠져나왔다. 양동무는 이전에도 이곳에서 싸운 적이 있었다. 이 지역 출신이거나 물길을 아는 병사를 보유하고 있었던 것이 분명하다.

김방경의 일화는 바다의 조류가 얼마나 무섭고, 조류를 아는 자와 모르는 자의 차이가 어떤지를 보여 준다. 일본선도 똑같은 상황이 아니었을까? 이것이 이순신이 10배의 적을 명량에서 상대했던 비결이었다.

12 물러가는 일본군

이 바다에서 전쟁을 끝내자

명 수군 도착

명량해전에서 대승을 거두었지만, 이 일격으로 일본군이 물러간 건 아니었다. 이순신은 영광 법성포까지 이동하면서 일본군 함대를 견제하며 신경전을 벌였다. 그사이에 일본군이 아산의 이순신 본가를 습격해서 초토화하고, 셋째 아들 이면이 전사했다(이순신은 이 소식을 10월 14일에 들었다). 반년 사이에 모친이 사망하고 옛 전우와 부하가 몰살당하고 막내아들이 살해당했던 것이다.

몸과 마음이 무너질 것 같은 상황이었다. 명량해전 전부터 이순신은 자주 앓았다. 심한 소화불량, 토사곽란, 코피뿐 아니라 하루 종일 인사불성이 된 적도 있었다. 일본군에 의해 초토화된 땅, 울부짖는 피난민, 내가 아니면 안 된다는 사명감이 유일한 버팀목이었다. 그 사명감에 힘을 주는 상황이 발생했다. 일본군이 돌연 물러나기 시작했다. 유능한 탐망군관 임준영을 비롯해 탐망꾼을 죄다 풀었다. 일본군이 물러나는 징후가 분명했다.

또 하나의 낭보가 들어왔다. 명나라 수군이 도착한 것이다. 이순신은 10월 24일에 명군이 강화도에 있다는 보고를 받았고, 그들의 주둔지를 물색하라는 명령을 받는다. 이순신은 보화도(현재 목포 앞바다 고하도)를 기지로 선정하고 건물과 창고를 지었다.

보화도는 영산강의 하구를 가운데에서 막고 있는 섬이다. 이 앞에 섬들이 징검다리처럼 가로막고 있다. 보화도로 진입하는 길은 울돌목 같은 좁은 수로가 여러 개가 있고 그 사이에 작은 섬들이 있어서 매복하고 뒤로 돌아 습격하기도 좋다. 이를 방지하려면 4~5갈래로 함대를 나눠서 진입해야 한다. 방어에는 기가 막힌 지역이지만, 조선 수군의 열악한 상황을 보여 주는 것 같아 우울하기도 하다. 보화도는 상당히 수세적인 위치다. 한산도도 방어를 위한 기지가 아니냐고 할 수 있지만, 한산도가 공세적 방어기지라면 이곳은 확실한 수세 쪽이다. 병력과 물자가 극도로 부족한 데다가 호남이 적에게 짓밟힌 상황이었다. 보화도를 기지로 택한 가장 결정적인 이유는 영산강을 이용한 물류 이동이 편리해서였을 것이다.

총병 진린이 지휘하는 명나라 수군은 약 500척, 병력은 5,000에서 1만 미만이었다. 명나라는 임진년부터 진린의 수군을 금방 파견할 것처럼 했지만, 1598년에야 도착했다. 칠천량과 정유재란 사태를 보고 마지못해 투입한 것 같다.

진린은 광동성 옹원현 출신이다. 이 지역에서 빈발하는 도적, 반란을 소탕하고 묘족을 정벌하면서 명성을 얻었다. 진린은 감동을 줄 만한 명장은 아니지만, 16세기 명군 중에서는 괜찮은 장수였다. 다만 조선의 기준에서 보면 보편적으로 명나라 장수들은 포악하고, 탐욕스럽고 전투에 진정성이 없었다. 이들은 선조와 자신들이 인정하는 몇몇 인사들에게는 예의를 갖췄지만, 그 외의 사람들에게는 오만하게 대했다.

이런 평가에는 문화적 차이에 의한 오해, 관료제도와 군 조직의 차이, 자기 나라의 전쟁과 남의 나라의 전쟁이라는 차이, 명나라 군대의 능력에 대한 환상 등이 포함되어 있다는 점도 감안해야 한다.

이순신도 진린의 지휘 스타일, 탐욕, 전투의 적극성 등에 대해 불만이 많았다. 절이도해전에서 명나라 수군은 구경만 했다. 이순신이 71급을 베자 진린은 부하 장수들에게 마구 화를 내고, 이순신에게 40급을 달라고 했다. 유격장 계금은 5급을 가져갔다. 진린은 아예 장계에도 이순신의 전과는 26급이라고 허위 보고를 하게 했다. 자칫 이 비리가 명나라 조정에 보고되면 자신이 처벌받을 수도 있기 때문이었다. 이순신은 그의 부탁을 들어주는 척하면서, 조정에는 2개의 장계를 올려 이 사건까지 알렸다.

당시의 지휘체계는 애매해서 명나라 장수들이 조선군 지휘관을 무시하고 장수나 부하 관원에게 장형을 가하거나 폭력을 행사하기도 했다. 이순신 휘하 관리도 진린에게 매를 맞은 사례가 있다. 이런 사건을 이순신은 일기에 담담히 적어만 놓았는데, 어떤 조치든 취하기는 했을 것이다. 그래도 이순신은 명군과 좋은 관계를 유지하면서 최대한 지원을 끌어내려고 했다.

트러블이 있고 조선 군대처럼 협력하지는 않았지만, 이순신과 진린의 사이는 나쁘지는 않았다. 진린뿐 아니라 양호 이하 명나라 장수들은 하나같이 이순신을 높게 평가했다. 명의 장수들이 이순신을 칭찬할 때마다 선조는 자신의 실수가 떠올라 불편해했지만, 명나라 장수들은 선조의 눈치를 보지 않았다. 진린과 명군 함대의 유격장, 천총, 파총

등 유력 장수들은 이순신에게 상당히 많은 선물을 보냈다. 수급을 양보받기 전에도 유격장 계금은 비단, 비단 신발, 향, 도자기 등을 선물로 보냈다. 진위 여부는 불확실하지만, 《이충무공행록》에 따르면 진린이 이순신에게 명나라에 와서 벼슬하길 권했다는 이야기도 있다.

명군도 사정은 있었다. 파병된 이상 그들도 전과를 올려야 했다. 싸움을 피하고 시간만 끌고 있다는 보고가 황제에게 들어가면 대노를 피하기 어려웠다. 이들에게 들어가는 재정지출이 만만치 않았다. 명군도 여러 층의 감독관이 있었고, 감독관과 장수들도 서로 반목했다. 진린의 부대는 광동군과 절강군이 섞여 있었다. 계금은 절강군이었다. 그가 수급 5급을 별도로 가져갔다는 사실은 진린 수군 내의 분열을 암시한다. 자칫 실수라도 하면 명나라는 인정사정이 없었다. 명나라 장수들의 과격한 행동, 조선군을 자신들이 지휘하게 해달라는 요구의 내면에는 이런 불안감도 있었다.

진짜 말 못 할 사정은 병사들의 형편없는 전투력이었다. 절이도해전 때 명군이 구경만 하고 이순신이 수급을 건지자 진린이 부하 장수들에게 노발대발했다는 장면은 우리 감성으로는 저 수급을 조선군에게서 빼앗지 않고 뭐 하냐는 말처럼 느껴지지만, 부하들의 전투 회피와 소극적 태도를 질책하는 것일 수도 있다.

낯선 바다에 적응하고, 전투에 의욕도 없는 병사들을 데리고 전투를 하려면, 조선군의 도움이 절실히 필요했다. 게다가 명량해전 이후로 명군에서 이순신에 대한 명성은 이미 높았다. 명군 장수들이 포악한 듯하면서도 이순신에게 예의를 갖추고 조금씩 관계를 개선해 나갔던 데는 이런 사정도 있었다. 탁월한 전략가였던 이순신은 명군의 사정을 꿰뚫고, 조정에는 필요한 보고만 하고 명장들과는 밀고 당기면서 명군을 최대로 활용하는 방법을 구상했던 것 같다.

가끔 그까짓 명군 내버려 두고 우리끼리 싸우면 되지 않냐고 얘기하는 이들도 있는데, 전쟁에서는 질 못지않게 양도 중요하다. 1598년 4월에 삼도수군의 병력은 2,000명뿐이었다. 조선은 명나라에 조선의 병력을 축소해서 말하는 경향이 있는데, 의도적일 수도 있고 실전에 투입 가능한 전투 병력을 가리킨 것일 수도 있다. 옛날에는 병력 기준이 애매해서 기준에 따라 많은 차이가 난다. 류성룡은 이 무렵 병력이 8,000이라고 했다. 조선 수군이 일당백의 전투력을 지녔다고 해도 병력이 부족해 측면이 훤히 뚫려 있다면 적은 손쉽게 아군을 포위할 것이다.

어쨌든 직산까지 진격했던 일본군의 기세가 꺾였다. 해남에서는 일본군이 완전히 철수했다. 고니시는 순천에 거대한 요새를 축성하고 웅거했다. 도원수 권율의 사령부가 있던 순천과 이순신의 전라좌수영이 있던 여수가 일본군의 호남 거점이 되었다. 가슴에 피가 맺힐 일이었다.

공세 전환

1598년 2월 17일, 이순신은 통제영을 보화도에서 강진 앞바다에 있는 고금도로 옮겼다. 보화도가 영산강 하구에 있다 보니, 일본군이 남해안 지역을 마음대로 돌아다니며 약탈을 저질렀다. 이순신은 이를 저지하기 위해 고금도로 이전했다고 한다. 근본적인 이유는 수군의 전력을 어느 정도 회복했기 때문일 것이다.

전쟁 지도를 보면 바둑이 연상될 때가 있다. 고금도 이전은 조선 수군이 다시 공세로 전환했음을 보여 주는 포석이었다.

이순신은 고금도가 한산도보다 2배나 훌륭한 요충이라고 맞장구치며 선조와 관료들에게 자신감을 불어넣어 주었다. 고금도는 제법 큰 섬으로 한산도보다도 컸다. 인접한 섬들도 많았는데, 주변 섬까지 합쳐 주민도 무려 1,500호나

되었다. 이순신은 이곳에 둔전을 설치해서 군병을 양성하겠다고 했다. 이런 둔전 경영이 선조를 불안하게 했던 요인이었지만, 전쟁에서 이기려면 당연히 해야 하는 조치였다. 이순신은 이처럼 필요한 일에 대해서는 시종일관 당당했다. 정치 논리에 따르거나 눈치를 보느라 전쟁을 망쳐서는 안 된다는 신념을 준수했다.

고금도에서 이순신은 군사를 양성하고 병선을 계속 제조했다. 다행히 조선의 판옥선은 평저선이라 일본선과 달리 속성 건조가 가능했다. 문제는 선재였는데, 조선시대에는 사람이 살지 않는 섬들이 선박용 소나무의 주요 생산지였다. 고금도로 통제영을 이전한 데에는 이런 이유도 있었을 것이다. 전선 수는 정확한 통계는 없지만 대략 80척 수준까지 증강하는 데 성공했다. 넓은 토지는 곧 합류하는 명나라 수군으로 인한 군량 수요를 조달하는 데도 도움이 되었다.

이제 남은 일은 순천에서 고니시를 몰아내는 것이었다. 직산 전투와 명량해전으로 일본군의 진격은 좌절되었지만, 다시 긴 대치 상태가 찾아왔다. 벌써 7년째였다. 이렇게 장기 소모전으로 가다가는 조선이 말라 죽을 것 같았다. 이때 기적적인 소식이 들려왔다. 도요토미가 사망하고, 그의 죽음과 함께 일본군이 철군할 것이라는 소식이었다.

1598년 7월에는 이순신도 이 소식을 듣고 선조에게 보고를 올렸다. 도요토미의 죽음은 오보였지만 그럴 만한 이유는 있었다. 6월에 도요토미가 갑자기 병석에 누웠다. 다음 달부터 상태가 위중해졌는데, 이미 조선의 장수들 사이에서도 그의 건강에 대한 의구심이 퍼졌던 모양이다. 고니시와 가토는 1598년부터 서로 독자적으로 강화와 철병을 교섭하고 있었다.

도요토미는 자신의 병세를 감추기 위해 교토의 후시미성 안채에 틀어박혀 소식을 차단했다. 하지만 죽음은 피할 수 없었다. 8월 18일(양력 9월 18일), 도요토미가 사망했다.

조·명연합군은 기회를 잡았다고 생각했다. 일본군의 주요 거점을 동시에 공격하는 사로병진(四路竝進)이란 거대한 작전을 실행했다. 결과적으로는 퇴각이 임박한 일본군을 하나도 격멸하지 못한 형편없는 작전이 되었지만, 단 한 곳은 사정이 달랐다. 고니시가 1만 5,000의 병력과 함께 주둔하고 있는 순천 왜성이었다.

고니시는 조선 영토 안으로 가장 깊숙이 들어와 있었다. 육지에서는 명나라 장군 유정과 권율의 병력 2만 6,000명(이 중 조선군은 6,000명)이 포위했다. 바다에는 이순신과 진린의 수군이 봉쇄하고 있었다.

도요토미가 죽자 섭정을 맡은 5명의 다이로(大老)는 11월까지 조선에서 철군하라는 명령을 내렸다. 하지만 조선은 이들을 고이 놓아줄 마음이 없었다. 그러나 마음이 그렇다는 것이지 능력은 전혀 따라 주지 않았다. 삼로군은 격파당했다. 순천은 포위를 계속하고 있었지만, 성을 직접적으로 공략하기는 힘들었다. 조선 조정은 유정에게 화를 내고 실망했지만, 유정도 어쩔 수 없었을 것이다. 이 정도 전력으로 요새화된 순천 왜성을 공략하기는 무리였다.

해상에서도 이순신과 진린이 공격했지만, 당시 화포 수준으로 해상에서 육상 포대와 화력전을 벌인다는 건 무리였다. 육상과 해상에서 동시에 공격한다는 그럴듯한 그림을 그렸지만, 탁상공론에 가까웠다.

전쟁사를 보면 야전사령관이 무모한 전술로 수만의 생명을 희생시키는 경우가 적지 않지만, 정말로 피를 보기 전에는 물러서지 않는 사람들은 정치가와 정치가 옆에 있는 군인들이다. 이순신은 이 작전이 전혀 마음에 들지 않았지만, 조선과 명군이 합심해서 세운 계획이라 거부할 수가 없었다.

10월 2일, 맑았던 하루. 피가 흘렀다. 아침부터 정오까지 조선 함대가 전열에 나서 전투를 벌였다. 적을 많이 죽였다고 하지만, 사도첨사 황세득이 전사했다. 그는 이순신의 처 종형(처 이모의 아들)이었다. 칠천량을 빼고 한산, 부산, 명량 에서도 지휘관급이 이 정도로 부상당하지는 않았다.

이청일도 죽었다. 제포만호 주의수, 사량만호 김성옥, 해 남현감 유형, 진도군사 선의문, 강진현감 송상보 등은 탄환 에 맞았으나 죽지는 않았다.

— 《난중일기》, 1598년 10월 2일

3일에는 진린이 명군의 상황을 어렵게 만들었다. 이날은 유정과 동시에 공격하기로 약속했다. 이번에는 야간작전 을 펼쳤다. 만조였으므로 전선들이 최대한 육지에 근접할 수 있었다. 하지만 그만큼 일본군의 총격도 더 강해졌다. 연 합군은 초저녁에 출진해서 자정까지 싸웠다. 노력한 보람 이 없지는 않았다. 마침 일본군은 탄약이 떨어졌는지 사격 이 뜸해졌다. 조선군은 일본선 10여 척을 노획하고, 일부를 포로로 잡았다. 이때 만조가 다했다. 수심이 얕아지자 이순 신이 철군 신호를 보냈다. 하지만 명군은 이 사실을 알지 못 했다. 야간이라 깃발 신호는 보이지 않고, 소리 신호는 전투 소음에 묻혔다. 명나라 사선 19척, 호선 20여 척이 좌초했다. 이순신은 7척을 보내 구원했다. 병사를 구하는 것이 목적이었다. 명군의 배는 화약으로 파괴하고 철수했다.

이후 전투는 9일까지 계속되었지만, 이 정도로 치열하지는 않았다. 육상의 유정이 먼저 전투를 포기하고 물러섰다. 이순신은 성급한 공격을 자제하고, 적이 지치고 후퇴할 때를 기다려 섬멸하자고 주장했다. 인내가 필요하지만 이보다 확실한 섬멸전은 없었다.

당시 조·명연합함대는 상당한 규모로 성장해 있었다. 조선 수군은 거의 80척의 판옥선을 보유함으로써 개전 초 전라좌우수영의 규모를 회복했다. 명군은 9월에 유격 왕원주가 100여 척의 함대를 거느리고 가세해서 300여 척 규모가 되었다. 다만 이 수치는 대·중·소선을 합친 수치이고, 명군의 대선은 판옥선보다도 작았다.

고니시는 유정과 진린에게 뇌물을 주며 화의를 요청했다. 두 장수는 받을 건 다 받았지만, 대놓고 놓아줄 마음은 없었다. 이 보고가 들어가면 자신들도 무슨 처벌을 받을지 몰랐다. 명군 지휘부는 확실한 지침을 내려 주지 않았다. 명군에겐 이미 끝난 전쟁, 빨리 종결하고 싶지만 정말 끝내려면 희생양이 필요했다.

이순신은 고니시의 연락선이 진린의 수영을 드나드는 것

을 불안하게 지켜보고 있었다. 병사들에게 경계를 단단히 하고, 빠져나가는 일본선을 단속하게 했다. 진린도 처음에는 일본군을 섬멸하겠다는 의지가 강했다. 보는 눈이 있으니 스스로 봉쇄를 풀지는 못하겠지만, 무슨 일이 일어날지 알 수가 없었다. 그리고 그 무슨 일이, 일어나고 말았다.

13 노량대첩◇

가장 길었던 하루

1598년 11월 18일 노량. 밤바다는 무섭다. 수군에 복무한 지 7년이 넘었지만 쇠돌은 밤바다만큼은 적응이 되질 않았다. 정자에 앉아 파도 소리를 들으며 구름이 수면을 스치는 모습, 달과 별빛을 머금고 있는 바다를 내려다보는 사람들은 그 이상 평화롭고 아름다운 전경이 없다고들 말한다. 한번 내려와서 밤바다에 입수해 보라지. 물과 어둠이 구분되지 않고, 암초도 섬도 보이지 않는다. 입을 크게 벌린 지옥의 입구에 떠 있는 기분이다. 이번에는 밤바다의 공포에 하나가 더 붙었다. 죽음의 공포다. 오늘 밤에 대전투가 있을 거라고 했다.

◇ 13장은 일부 상상력을 가미해 창작했다.

쇠돌은 해남에 살던 호장이자 부호인 고씨가의 사노였다. 사노라고 하지만 어부였던 쇠돌네는 고씨가에 해산물을 가져다 바칠 뿐, 다른 구속 없이 살았다. 임진년에 전쟁이 터지자 고씨의 아들이 우수영의 군관으로 징집되었다. 고 호장(향리직의 우두머리)은 몸소 쇠돌에게 찾아와 아들을 수종하는 종으로 참전해 달라고 부탁했다. 그때 쇠돌은 17살로 한창나이였고, 물질은 그를 따라올 사람이 없었다. 2살 연상인 호장의 아들과는 어릴 적부터 친하게 지냈다. "전란이 위급해 어차피 건장한 청년들은 다 징집될 걸세. 자네가 도망쳐서 숨겠다면 내가 어떻게 하겠나? 그러나 백성 된 도리로 왜놈과 싸우겠다면 기왕이면 우리 아들과 함께 가 주면 어떻겠나?" 호장은 대가로 면천을 약속하고 넉넉히 살 만큼 땅도 떼어 주겠다고 제안했다. 쇠돌은 막 결혼한 색시의 눈치가 보였지만, 그렇게 하겠다고 했다. 호장의 조건도 솔깃했지만, 적이 쳐들어왔으면 싸워야 한다고 생각했다.

임진년에 쇠돌은 7번이나 전투를 치렀다. 고 군관은 두 번째 전투에서 다쳐 집으로 돌아갔지만, 쇠돌은 계속 복무했다. 사수로 활약하다가 호장이 약속을 지켜 면천이 되자 협선의 조장까지 했다. 부상도 3~4번 당했고, 3년을 복무하다가 한산도에서 병을 얻어 집으로 돌아갔다. 이젠 내 역할을 다했다고 생각했는데, 칠천량의 패전 소식이 들렸다. 그와 같이 복무하던 동료들, 고향 마을에서 종군 나간 사람들이 죄다 죽었다. 수군의 운명 그렇다곤 하지만, 시신조차 건지지 못했다.

슬퍼할 틈도 없이 일본군이 밀어닥쳤다. 고 호장네 집은 불에 타고 호장과 군관은 살해당했다. 쇠돌은 색시와 2살 난 딸을 데리고 간신히 피했지만, 너무나 분해 자진해서 보화도로 찾아가 입대했다.

그곳에서 임진년부터 알던 승병 옥형과 재회했다. 그 뒤로 두 사람은 단짝처럼 꼭 붙어 다니며 싸웠다. 조선에는 비밀이 없다. 도요토미가 죽고 일본군이 철수한다는 소문이 돌았다. 30대 후반의 수군이 울음을 터트렸다. "그러면 이제 집에 가도 되지 않습니까. 더 이상 싸울 필요가 뭐 있어요? 집에 아이가 넷입니다. 아내는 몸이 불편해서 애들을 제대로 돌보지도 못해요. 지금 돌아가도 애들이 굶어 죽었을지도 모릅니다."

쇠돌이 옥형을 돌아보며 말했다. "너는 처자식이 없어서 좋겠다." 옥형이 합장하며 상좌 스님 흉내를 냈다. 옥형의 상좌 스님은 웅천 상륙전 때 전사했다. 그 뒤로 옥형은 자꾸 스님 흉내를 내곤 한다.

"불자에겐 천하 모두가 가족입지요."

"야, 그럼 저 왜놈도 네 가족이란 말이냐?"

옥형이 잠깐 숙연한 표정이 되었다. "저들도 인간인데 집에 돌아가고 싶지 않겠나? 항왜인 고노 알지? 칼에 맞고 총알에 다쳐도 신음 한 번 안 내는 독종인데, 달 밝은 밤이면 혼자 울더라고…."

쇠돌도 아내와 자식 생각이 났다. 보화도로 떠날 때 아내는 처음 출전할 때보다 10배는 울었다. 순천 전투가 시작된 뒤로는 아내와 자식 소식을 듣지 못했다. 내가 죽으면 아내와 아들은 어떻게 될까? 기껏 면천하고 집과 땅도 마련했는데, 가난으로 다시 노비가 될지도 모른다. 갑자기 쇠돌의 마음속에도 '왜 싸워야 하지?' 하는 생각이 들었다. 죽은 동료들, 호장 부자, 자신이 아는 모든 사람의 얼굴을 떠올리며 이런 생각을 지워 보려고 했지만, 그들조차도 이렇게 말하는 것 같았다. "이젠 됐어. 자넨 최선을 다했어. 집에 돌아갈 자격이 충분해."

자기도 모르게 이런 말이 튀어나왔다. "어이, 땡중아! 부처님은 뭐라고 말씀하실까?" 대답이 없었다. 돌아보니 옥형은 뱃전에 기대 코를 골고 있었다. 쇠돌은 피식 웃었다. "출가외인이라…. 넌 처자식이 없어 좋겠다."

독 안에 든 쥐

순천성에 고립된 고니시는 해상 철수를 모색하고 있었다. 육상으로는 이동 거리도 길고, 군량과 장비를 수송하며 이동해야 한다. 자신도 충분한 선박을 보유하고 있었고, 봉쇄를 돌파할 수만 있다면 해상으로 철수하는 게 안전했다.

11월 13일 혹은 14일경, 일본군 4명이 소형선을 타고 봉쇄를 벗어나는 데 성공했다. 사천에 주둔 중인 일본군 함대에 구원을 요청하기 위해서였다. 진린이 고니시에게 뇌물을 받고 통과를 눈감아 주었다고 한다. 진린이 고니시의 거짓말에 속았다는 말도 있지만, 진린이 그 정도로 바보였을리는 없다. 진린의 생각은 적의 구원부대가 오면 병력 열세를 구실로 철수하려는 생각이었는지도 모른다.

여기서 구원요청이란 말의 의미를 알 필요가 있다. 구원을 청하는 연락병의 탈출이 꼭 필요했던 이유는 무엇일까? 다른 왜장들은 고니시가 구원이 필요하다는 사실을 몰랐을까? 고니시가 정식으로 공문으로 구원을 요청하지 않으면 구원부대를 파견할 수 없었던 것일까? 이미 봉쇄 작전 중에 사천에 고니시를 구하기 위해 일본군 함대가 집결해 있었고, 이순신도 이를 알고 있었다.

적진 철수는 고난도 작전이다. 역에서 기차 타듯이 승선해서 빠져나올 수 없다. 날짜와 시간을 정하고, 고니시 부대가 사전에 출동 준비를 마쳐야 한다. 무턱대고 구원부대가 들어갔다가 각개격파를 당할 수도 있고, 병력만 소모하거나 구원부대까지 고립, 포위될 수도 있다. 일본 입장에서도 이 작전은 한 번에 성공해야만 했다.

이순신이 구원부대를 맞아 싸울 작전을 구상하자 진린은 싸우지 않으려고 했다고 한다. 전쟁이 끝난 마당에 병사를 희생시키고 싶지도 않았을 수도 있고, 순천과 사천의 일본군이 합세하면 조·명연합군이 감당할 수 없는 전력이라고 생각했을 수도 있다.

이순신은 결연하게 전투를 주장했다. 고니시와 구원부대의 양면 협공을 방지하기 위해 야간에 이동해서 구원부대를 먼저 격파하고자 했다. 이순신이 선택한 장소는 노량이었다. 한산해전 때와 마찬가지로 좁은 수역을 빠져나오느라 길게 늘어선 일본군을 출구에서 반원형으로 포위하고 섬멸하는 작전이었다.

선봉이 전멸하면 뒤에 늘어선 일본군은 돌파가 불가능함을 깨닫고 퇴각할 것이다. 이들을 멀리 몰아내고 순천 앞바다로 돌아온다. 병사들은 기진맥진하겠지만, 고니시는 절망할 것이고, 운이 좋으면 성에서 나와 승선한 고니시군을 해상에서 격멸할 수도 있었다. 승리하는 군대는 지치지 않는다. 고니시군에는 숙련된 수군이 없다.

사천에서 출동한 고니시 구원부대는 무려 500여 척이나 되는 대부대였다. 이번에도 혼성부대였지만, 선두에 선 부대는 일본 최강의 수군인 사쓰마의 시마즈 요시히로(島津義弘)였다. 사쓰마는 지금의 규슈 남단 가고시마 일대의 번이다. 명나라를 침공한 왜구 중에서 제일 악명 높은 부대가 사쓰마 부대였다. 사쓰마 도법으로 알려진 사쓰마의 전투법은 간결하면서 파괴력 있기로 유명했다. 6명 이상이 1조가 되어 칼을 위에서 아래로 내려쳤다. 방어를 포기하는 일발필도의 도법이지만, 집단전투에서는 빠르고 간결하고 강력한 공격법만큼 효과적인 방법이 없다.

시마즈의 부대는 육전에서도 맹위를 떨쳐 명성이 자자했다. 시마즈는 당시 생존해 있던 전국 무장 중에서도 손꼽히는 용장이자 야전형 지휘관이었다. 훗날 세키가하라전투에서 그는 전설적인 일화를 남긴다. 히데요리 측 서군으로 참전했던 그는 사령부 전령의 사소한 예의를 트집 잡아 결정적 순간에 전투에 참여하지 않았다. 서군 측에서 아무리 사정해도 움직이지 않았다. 그래서 서군이 승리할 수 있는 마지막 기회가 날아갔다. 시마즈가 이런 행동을 한 데는 서군과 동군 어느 쪽에도 가담하기 싫었던 때문이란 설이 있다. 서군의 패배가 확정되고 최후의 순간이 되자 그는 중앙 정면 돌파로 적진을 통과해 후퇴했다. 엄청난 희생을 치르고 간신히 탈출에 성공했지만, 사쓰마 부대의 전투력을 아낌없이 과시했다.

이 일화를 보면 융통성 없고 고집불통인 촌뜨기 장군이 연상되지만, 야전에서 대담하고 동물적인 감각을 지닌 지휘관이었다. 세키가하라에서의 행동은 서군의 패배를 예견하고 일부러 벌인 행동이었다고 생각된다. 그런 시마즈가 압도적인 전력으로 남해의 밤바다를 달려오고 있었다.

일본군은 왜 야간항해를 감행했을까? 이들도 가능한 정면 대결은 피하고 싶었던 듯하다. 전쟁은 끝났고 모두 희생없이 집에 가고 싶어 했다. 이건 병사들의 마음이고 장수들에겐 조선보다 중요한 새로운 전쟁터가 기다리고 있었다. 도요토미가 죽었으니 오사카의 도요토미 히데요리(豊臣秀賴)와 에도의 도쿠가와 이에야스(德川家康)의 대결은 불을 보듯 뻔했다. 일본의 세력 판도는 재편될 것이다. 참여하든 관망하든, 자신이 보유한 패가 크고 강해야 더 나은 대우를 받을 수 있었다. 조선 침공에 참여했던 장수들은 속이 쓰렸다. 조선을 정복하면 일본에서 훨씬 쉽게 자신의 세력을 키울 수 있을 것이라고 믿었고, 공을 세웠다고 도요토미가 봉록을 올려 줄 수도 있었는데, 무려 7년간 병사만 희생하고 얻은 것도 없었다. 그러니 병사를 더 희생하지 않고 빨리 돌아가고만 싶었을 것이다.

일본군 구원부대의 속셈은 야간 이동으로 연합함대의 눈을 피하고, 빠르게 고니시와 합세해서 700척이 넘는 거대 함대를 결성하는 것이었다. 그러면 조·명연합군도 감히 덤벼들지 못하리라고 기대했던 것 같다.

새벽 2시경, 일본군 함대의 전위가 노량해협을 막 통과했을 때, 조·명연합함대가 좌우 양측에서 덤벼들었다. 예상치 못한, 혹은 제발 피하고 싶었던 전투였다. 서전에서는 조선군의 페이스였다. 함대가 대형을 갖추고, 그물에 들어온 고기를 찍어 올리듯이 팀플레이로 일본선을 차례로 녹여 나갔다. 명군은 조선군보다 늦게 전투에 뛰어들었지만 비슷한 형태로 싸웠을 것이다. 일본군은 전체 수는 많았지만 종대로 노량을 통과해야 했기에 수적 열세를 극복할 수 없었다. 필살의 사쓰마 도법도 거리를 두고 싸우는 화력전에서는 소용이 없었다.

무적의 시마즈도 손을 쓸 수가 없었다. 뱃머리를 돌려 철수를 결정하자 연합함대가 추격했다. 어두운 밤바다에서 추격전이 벌어졌다. 여명이 오르고 사방을 검게 비추던 새벽, 그림자 외곽선으로는 땅과 섬을 구분하기 힘든 한려수도의 마법이 발동됐다.

시마즈 부대는 전라도 해역으로 들어와 본 적이 없었다. 일부 지리를 아는 선장들이 있었을 수도 있지만, 전체적으로는 낯선 해역이었다. 게다가 전투로 길잡이는 흩어졌고, 당시의 해안선은 간척사업으로 바다가 메워진 현재의 해안선보다 훨씬 더 깊고 복잡했다. 노량을 되돌아 나가던 시마즈 함대는 방향을 착각해 관음포로 들어갔다. 그들이 막다른 길로 들어왔다는 사실을 깨달았을 때 조·명연합군이 덮쳐왔다. 추격전을 벌이던 중이라 양측 함대의 간격이 가까웠던 것 같다. 밝은 아침 되돌아 나오는 일본군과 이를 막는 조·명연합군이 정면으로 충돌했다.

지금까지 수십 번의 전투 동안 한 번도 없었던 상황이 벌어졌다. 조·명연합군과 일본군 간에 백병 혈투가 벌어졌다. 진린은 너무 근접하고 급박해서 화살을 쏠 수도 없어서 말 그대로 난투극을 벌였다고 표현했다. 어쩌면 이건 명군의 상황이었을 수도 있다. 명군이 대오를 잃고 중구난방으로 추격하다가 먼저 엉켰고, 조선군은 대형을 유지하고 있었지만 명군을 버리고 따로 진형을 펼칠 수도 없었고 명군도 구조해야 했기에 근접전으로 돌입했던 것일 수도 있다.

모두가 마지막 전투임을 알고 있었지만, 어쩌면 그랬기에 더욱 격렬한, 지금껏 겪어 보지 못한 처절한 혈전이 벌어졌다. 아예 활을 사용하지 않은 것은 아니었지만 최고의 근접 혈투였다.

격전 중에 명군 부총병 등자룡이 전사했다. 등자룡은 200명 정도의 정예 전사를 데리고 싸웠다. 시마즈는 등자룡이 작은 배를 타고 200명을 거느리고 왔는데 자신이 죽였다고 말했다. 하지만 이건 왜장들의 판에 박힌 듯한 과장이다. 조선 측 기록을 보면 등자룡은 판옥선을 탔고, 이순신과 함께 가까이서 싸웠다. 아마 전투가 근접전이 되자 등자룡의 특전부대가 맹위를 떨쳤던 것 같다. 등자룡은 1531년 생이니, 거의 일흔이 다 된 나이였다. 맹렬하게 싸우고 있는데, 누군가가 화약을 잘못 건드려 화약이 폭발하고 배가 화염에 휩싸였다. 명사 《등자룡전》에서는 다른 배에서 던진 화통이 불을 냈다고 했다.

등자룡의 배가 기동 불능이 되자 일본군들이 늑대처럼 달려들었다. 등자룡은 적진에 파고든 상태였던 모양이다. 주변에 아군이 없었다. 명군 장수 한 명이 그를 구하러 달려갔지만 때가 늦었다. 등자룡과 병사들이 거의 전사했다. 이 배에는 조선 수군 15명도 타고 있었는데, 공주 출신인 1명만이 살아남아 이날 등자룡의 활약과 전사 상황을 전해 주었다.

승부를 예측할 수 없는 혈전이 벌어지고 있는데, 갑자기 이순신이 총탄에 맞아 쓰러졌다. 머리에 맞았다는 말도 있고 가슴, 겨드랑이라는 설도 있다. 치명상이어서 빠르게 사망한 것 같다. 그 순간에 "나의 죽음을 적에게 들키지 말라"라는 유명한 말을 남겼다. 이순신의 배가 등자룡을 구하러 가던 중이었다는 말도 있고, 포위된 진린을 구하려 했다는 말도 있다. 진린은 이순신을 애도하며 지은 제문에 이순신이 자신을 도와줘서 위기를 벗어났다고 썼다. 근접전이 되자 명군 함선들이 일본군을 당하지 못했고, 이순신은 선두에서 명군 쪽으로 진행하다가 전사한 듯하다.

이순신이 전사한 후에 아들 이회와 조카 이완이 지휘해서 진린을 구출했다. 이순신과 등자룡, 진린이 선두에서 분전했던 것은 분명하다.

사상 초유의 격전으로 이순신뿐 아니라 경상우수영 장수 중에서 이순신을 제일 존경했던 가리포첨사 이영남, 낙안군수 방덕룡, 흥양현감 고득장 등 10여 명이 전사했다. 유형과 송희립은 적탄에 맞아 의식을 잃었는데, 얼마 뒤 깨어나 다시 싸웠다. 병사들의 사상자 수는 밝혀지지 않았지만, 그 어떤 전투보다도 많았던 것이 분명하다.

노량은 며칠이 지난 후에도 부서진 배 조각이 바다를 뒤덮었다. 일본선 200여 척이 파괴되고 수급만 500여 급을 얻었다. 기록적인 수급 수는 이 전투가 최근접 전투로 벌어졌다는 증거다. 고니시군은 전투가 벌어지는 동안 배를 타고 남해도 남쪽으로 돌아 빠져나갔다. 엄청난 격전이어서 조·명연합군이 추격하기는 불가능했다.

훗날 시마즈는 이 전투를 자랑했지만, 살아 돌아온 것만 해도 다행이었다. 2년 후에 벌어진 세키가하라전투에서 시마즈는 겨우 1,500명 내외의 병력만 거느리고 참전한다. 정치적 사정 때문이었다는 설도 있지만, 노량에서 입은 손실을 2년 만에 극복할 수는 없었다.

선조는 마지막 순간에도 이순신에 대해 치졸하게 굴었다. 다음 해 2월 노량해전을 이야기하는 자리에서 "수군이 대승을 거뒀다는 건 과장된 것 같다"라고 말했다. 이덕형이 강하게 받아쳤다.

"과장이 아닙니다. 소신이 종사관 정혹을 보내 알아보니 부서진 배의 판자가 바다를 뒤덮어 흐르고 포구에는 무수한 왜적의 시체가 쌓여 있다고 하였습니다." 선조의 대답은 기록되어 있지 않다. 이덕형의 지적에도 잘못을 시인하지 않고 그냥 두루뭉술하게 넘어갔다는 말이다.

노량해전은 너무나 유명한 전투지만 떠올리기 싫은 전투이다. 이순신 장군의 전사, 많은 희생, 고니시의 탈출 등 큰 성공이 아닌 듯도 하고 기억하기 싫은 장면도 많아서 그런지, '미필적 고의에 의한 외면'이랄까. 기념하지 않는 것은 아니지만, 성대하고 적극적이지도 않은 느낌이다.

노량해전을 비극적 전투, 미완의 승리, 이순신 장군의 불운한 사고로 정의해서는 안 된다. 마지막 전투에서 전사한 병사들, 죽어 가는 병사들은 어떤 생각을 했을까? 전사 통보를 받은 유가족들의 심정은 어땠을까? 평생의 트라우마로 남았을 것이 분명하다.

노량해전이야말로 진정한 군인정신, 군인의 책임과 사명의 귀감이 된 전투다. 그리고 이순신 장군만이 아니라 이 전투에 종군한 모든 전사에게 감사와 감동을 바쳐야 한다. 부족한 면이 있었더라도, 알고 보면 자국의 이익을 위해 싸운 것이라고 해도, 명나라 장수와 병사, 전사자에 대해서도 감사를 잊어서는 안 된다고 생각한다. 생명은 그 어떤 명분을 들이댄들 바꾸기 힘든 소중한 것이다.

논공행상

죽어서 상을 받으니
그 무슨 소용이오

1604년, 여수좌수영에 이순신을 추모하는 충민사가 건립되었다. 승병 옥형은 어느 날 꿈에 상좌 스님의 명령을 들었다고 말하며, 이순신을 모신 여수 충민사로 찾아왔다. 충민사 옆에 작은 사찰을 세우고 살면서 죽을 때까지 충민사를 관리하고 자비로 제를 올렸다. 옥형은 틈틈이 품속에서 작은 나무패를 꺼내 구석에 올려놓고 함께 제를 올리곤 했는데, 전우 쇠돌의 위패였다. 쇠돌은 전투가 거의 끝나 갈 무렵에 옥형 대신 총을 맞고 전사했다. 옥형은 여든까지 장수했고, 쇠돌의 가족을 수소문해 그들도 돌봐 주었다. 옥형은 군량 조달로 이순신의 신임을 받았던 승려였다. 그는 이순신을 곁에서 모셨으며, 전후에는 자진해서 충민사 관리를 맡아 평생 봉사했다. 여기에 쓴 옥형과 쇠돌의 이야기는 이 에피소드에서 영감을 얻어 지어낸 이야기다.

이순신이 전사하자, 그제야 이순신에 대한 모든 비난이 사라졌다. 끝까지 치졸함을 버리지 않은 사람은 선조였다. 아산에서 이순신의 장례를 치르려고 할 때, 예조가 등자룡보다 일단 이순신의 장례를 치르자고 했다. 중국도 이런 건 문제 삼지 않을 것이다. 선조는 반대한다. "예의상 중국 장수를 먼저 제사하는 것이 옳다."

되레 명나라 감독관(군문) 형개가 선조를 알현하고 너무나 애통해서 자신이 개인적으로 사람을 보내 치제하게 했다고 말했다. 보상으로 이순신의 아들을 등용해 주라는 말까지 했는데, 선조는 이순신의 아들 이회를 등용하긴 하지만 모든 면에서 인색했다.

전후 포상에서 이순신에 대한 현양은 너무나 당연한 것이었다. 1598년 12월 우의정을 증직하고 1604년에 선무공신 1등에 덕풍부원군으로 추봉, 7월에 좌의정을 추증했다. 하지만 그 과정은 정말 힘들었다. 군공청(군공을 조사하기 위해 임시로 둔 관청)은 이 정도도 부족하다고 생각해서 살아 있는 이순신의 자녀와 친척들을 위해 18자급의 대가를 제안했다. 대가라는 건 본인에게 내린 자급을 일가친척이 대신 받는 것이다. 즉, 18자급이면 아들 조카 등 9명이 2자급씩 승진할 수 있다.

현대인에게는 부당하게 보일 수도 있지만, 조선시대는 사회, 경제생활도 관직과 연계되어 있다는 사정을 이해해야 한다. 어느 사회든 그 사회 나름의 방법과 사정이 있다. 선조는 거부했다. "정승으로 임명하고 논공도 했는데, 어떻게 이렇게까지 특별대우를 하는가?"

충무공이란 시호도 선조가 아니라 아들 인조가 1634년에 하사한 것이다. 이것도 순수한 감사와 존경심에서 나온 행동이 아니라 고육지책이었다. 병자호란이 발발하기 2년 전이었다.

반면 원균에겐 칠천량 패전을 원균에게만 뒤집어씌우지 말라며 무한 자비를 베푼다. 원균이 좋아서, 그의 무능과 사고를 몰라서가 아니라, 자신의 잘못을 감추기 위해서였다. 아무튼 선조는 우겨서 3명뿐인 1등 공신을 이순신, 원균, 권율로 정했다.

선조는 이순신에 대해 처음에는 의심으로, 나중에는 자존심을 앞세워 늘 삐딱한 결정을 내렸다. 덕분에 자신이 최대 피해자가 되었다. 최소한 칠천량해전 이후에 진심으로 사과하는 교서라도 내리고 호탕하게 행동했다면 오늘날 대중들에게 그토록 비난을 받지는 않고, 임진왜란의 공적도 어느 정도는 인정받았을 것이다. 본인의 죄니 뭐라 할 수도 없다. 모든 리더에게 영원한 교훈으로 기억될 수밖에 없다.

처음에는 부족했지만 조선은 이순신의 공을 잊지는 않았고, 시간이 갈수록 후대했다. 이순신의 집안은 조선시대에 고위 무관을 가장 많이 배출한 무관 명문가가 되었다. 그렇다고 세습의 덕을 보고 산 건 아니었다. 장군의 후예들은 특별한 사명감을 지니고 있었다. 그들이 모든 전쟁에서 승자가 되지는 못했지만, 기상과 명예, 충절은 절대 양보하지 않았다.

그 탓에 슬프게도 중요한 전란이 있을 때마다 장군가는 희생자를 배출했다.

첫 희생자는 정유재란 때 아산을 습격한 일본군과 싸우다 전사한 셋째 아들 이면(1557~1597)이다.

이훈(?~1624)은 이순신의 서자로 난후에 무과에 급제했다. 이괄의 난 때 최종 격전이었던 안현전투에서 전사했다.

조카 이완(1579~1627)은 이순신의 맏형 이희신의 넷째 아들이다. 전쟁 동안 이순신을 보좌했고, 노량에서 전사할 때 옆에 있었다. 그때 19살이었다. 충청병사를 거쳐 정묘호란 때 의주부윤으로 있다가 전사했다. 경계에 실패했다고 비난하는 사람도 있지만, 전력도 열세였고 열악한 상황에서 3년 동안 의주를 지켰다. 이순신을 닮아 강직하고 엄해서 조선을 괴롭히던 모문룡의 제거 1순위가 이완이었다. 조정에서도 이완밖에 맡을 사람이 없다고 평가했을 정도다.

이신(?~1627)은 서자로 이훈의 동생이다. 무과에 급제하고 이완을 따라 의주에 있다가 함께 전사했다.

이봉상(1676~1728)은 충무공의 5세손이다. 무과에 급제하고 충청병사, 포도대장, 삼도수군통제사, 한성부윤, 형조참판을 지냈다. 명망이 높았는데, 1728년 충청병사가 되어 청주에 있을 때 청주성을 습격한 이인좌의 반군과 싸우다가 사로잡혀서 살해당했다.

이홍무(1665~1728)는 이순신의 4세손이다. 조카 이봉상과 함께 청주에 있다가 반군의 회유를 거절하고 함께 살해당했다.

정조는 《이충무공전서》를 편찬했고, 벼슬을 하지 못하고 젊어서 죽은 이면에게 이조참의, 이훈과 이신에게는 병조참의를 추증했다.

무의공 첨사 이순신은 이순신이 전사한 뒤 충무공의 후임으로 삼도수군통제사가 되었다. 전후에도 계속 수사, 병사, 부사, 포도대장, 오위도총부 도총관 등 요직을 지냈다. 그러나 선조의 심술로 공신은 겨우 선무공신 3등으로 책봉

되었다. 이순신 장군의 부하들에 대한 포상은 관직은 제법 보장해 주었지만, 쿠데타로 즉위한 왕들이 무장들에게 주는 공신 칭호보다 형편없이 박했다.

첨사 이순신은 관직 생활 중에는 "탐욕스럽다, 형벌이 세다, 교만하다"라는 비난을 받았다. 광해군 때는 애꿎게 역모에 연루되기도 했다. 이런 비난들은 어디까지 진짜인지 알 수 없다. 7년이나 전쟁을 치렀던 장수들은 평시의 기준에서 볼 때는 규칙을 잘 지키지 않고, 거칠고, 고분고분하지 않고, 조심하지 않는 듯 보일 수도 있다. 혹은 무장 견제차원에서 계속 트집을 잡는 경우도 있다. 이순신도 여러 번 해임되지만 바로 다른 관직으로 임명되는 일을 반복했다. 1611년에 사망했으며, 역시 국난을 겪던 인조 때에 의정부 좌찬성으로 추증했다. 1679년에 무의공이란 시호를 받았다.

권준은 전후에 선무공신 3등으로 책봉되어 황해병사로 임명되었다. 1607년 황해도 병선이 해적을 추격하다가 공격을 당해 병선까지 빼앗긴 사건이 있었다. 선조는 노발대발하며 권준까지 처벌했다.

배흥립은 공신 후보에 들었다가 책봉하는 공신이 너무 많다는 이유로 최종 선정에서 제외되었다. 억울한 일이지만 불평을 입 밖에 내지 않았다. 이후 수군절도사, 병사 등을 지냈다. 그도 첩 문제로 탄핵을 받은 적이 있다. 1607년 영흥부사가 되었다가 병으로 사임했고 다음 해에 63세로 사망했다.

터프 가이 안위는 좀 더 파란만장한 삶을 살았다. 이순신 전사 후 그는 전라좌수사로 영전했다. 전후에도 수사와 병사, 포도대장을 지냈다. 그러나 탐욕스럽고 부하를 거칠게 다룬다는 이유로 탄핵을 여러 번 당했다. 특히 어떤 수령의 첩을 빼앗았다는 이유로 대간들에게 단단히 찍혔다. 이후 능력이 있으니 등용해야 한다는 의견과 탐욕스러워서 안 된다는 의견이 맞섰다. 광해군 시절에는 고향 김제에 낙향에 있다가 동향 사람인 진사 조덕형의 역모를 고발했다가 무고로 판명되어 곤욕을 치렀다. 그러나 국경이 어수선해지자 다시 평안병사로 등용되었다.

— 다음 권에 이어집니다.

INFOGRAPHY

조선 수군의 판옥선

중앙 횡단면도

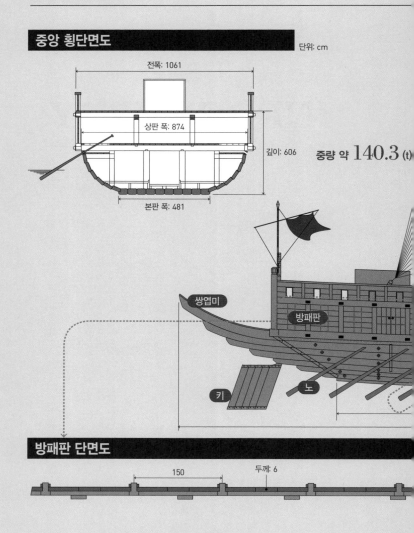

전폭: 1061

상판 폭: 874

깊이: 606

본판 폭: 481

중량 약 140.3 (t)

쌍엽미

방패판

키

노

방패판 단면도

150

두께: 6

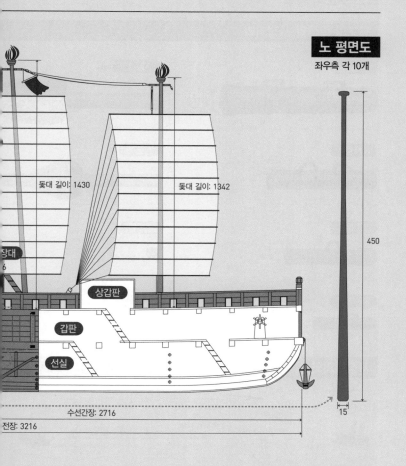

노 평면도
좌우측 각 10개

돛대 길이: 1430

돛대 길이: 1342

장대

상갑판

갑판

선실

450

15

수선간장: 2716

전장: 3216

• 판옥선의 복원 모습과 치수는 국립해양문화재연구소의 《판옥선 학술 복원 보고서》(2021)를 참고.

조선 수군의 화포

화포의 종류와 사정거리

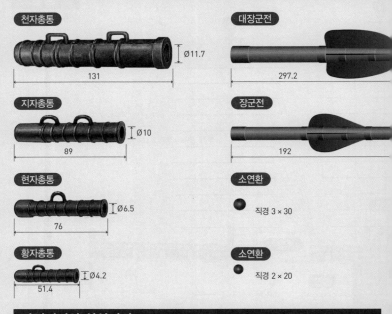

천자총통

Ø11.7
131

지자총통

Ø10
89

현자총통

Ø6.5
76

황자총통

Ø4.2
51.4

대장군전

297.2

장군전

192

소연환

직경 3 × 30

소연환

직경 2 × 20

사정거리와 살상거리

조선군 화포 유효거리: 240m

조선 수군

일본 수군

각궁 유효거리

108m   120m

왜군 조총, 조선군 총통 유효거리

화포와 사정거리는 최대 거리에 불과하고 실제 효력을 발휘할 수 있는 유효거리(살상거리)는 사정거리의 5분의 2에서 10분의 1 정도였을 것이다. 알려진 것과 달리 천자총통 처럼 거대한 화포는 화약 소비가 크고 흔들리는 물 위에서 명중률이 낮아 주력 화기가 아니었다. 오히려 대형 화포로 기선 제압 후 중소형 총통으로 접근하는 왜선의 전투력을 갉아먹고, 진천뢰와 같은 폭탄과 소형 화기, 각궁 등으로 잔여 병력을 섬멸하는 방식을 사용했다.

• 화포의 제원, 거북선의 화포 배치는 채연석, 〈화포의 배치로 중심으로 본 이순신 거북선의 구조 연구〉, 《한국과학사학회지》 40권, 한국과학사학회, 2018, 1~27쪽 참고.
• 거리의 경우 1보를 1.2m로 계산

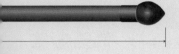

사정거리 1080 (m)

사정거리 960 (m)

사정거리 1800 (m)

사정거리 1320 (m)

전선의 바닥 모양

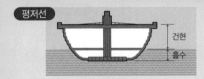

평저선

건현
흘수

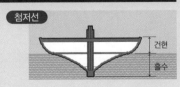

첨저선

건현
흘수

조선 수군은 바닥이 평평한 평저선, 일본 수군은 바닥이 뾰족한 첨저선을 주로 사용했다. 추진 장치가 없었던 당시에는 속도는 마찰 저항이 적은 첨저선이, 조향성과 복원력은 유체의 저항을 적게 받는 평저선이 우수했다. 판옥선은 해안선이 복잡하고, 수심이 얕고, 조수차가 큰 우리 바다에서 유리했다. 복원력이 뛰어난 조선 수군의 전선은 복원력이 낮은 일본선과 달리 화포를 주력으로 사용할 수 있었다.

조선 수군의 지휘체계 변화

조선은 중앙 통제력의 강화를 위해 체찰사, 원수 등 전시 통합 지휘관을 임시직으로 임명했다. 하지만 임진왜란 발발 후 수군의 중요성이 강화되면서 전라, 경상, 충청을 지휘할 수 있는 통제사를 상시직으로 신설했다. 본래 전라좌수사가 통제사를 겸직했지만 4대 통제사 이후 경상우수사가 겸직하는 것으로 바뀌었다. 기본적으로 수군은 남쪽에서의 침략을 방어했지만 정묘호란과 병자호란을 겪으며 수도를 방어할 수군의 중요성이 대두되었고 황해, 경기, 충청을 지휘하는 통어사를 신설하고 경기수사가 이를 겸직했다. 황해수영은 소강진에서 1718년 숙종 때 독립 수영으로 승격했다.

⬭ ▭ 상시직 지휘권　　→ 보고 계통　　🧍 첨사

⬭(점선) 임시직 지휘권　　▭ 관찰사 겸직　　🧍 만호 / 권관

첨사, 만호, 권관의 수는 《신동국여지승람》 기준

임진왜란 이전	임진왜란 이후

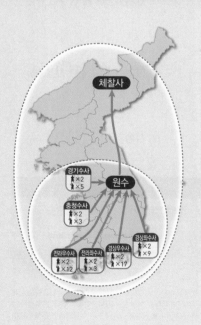

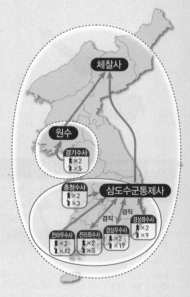

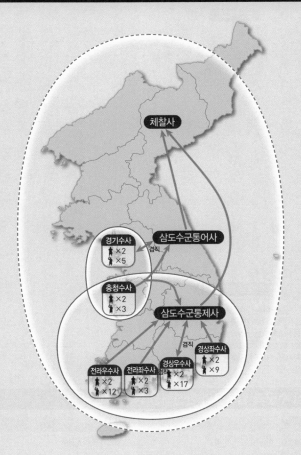

한산해전

한산해전 (1592년 7월 8일)

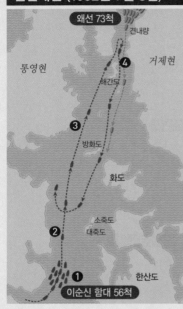

❶ 7월 7일(음력) 이순신, 이억기, 원균 함대 당포 정박 / 견내량 일본선 정박 첩보 입수
❷ 7월 8일 아침 와카자카군 정찰조와 조선함대 최초 조우
❸ 판옥선 5~6척 일본선 추격
❹ 7월 8일 조선 수군 추격조 일본군과 교전 후 회군
❺ 와키자카군 전체 조선군 추격
❻ 포위 및 격멸

조선 수군과 일본군의 한산해전 상황 비교

구분	조선	일본
주요 지휘관	이순신, 원균, 이억기	와키자카 야스하루
병력	판옥선 56척(전라좌수영 24척, 전라우수영 25척, 경상우수영 7척), 거북선 2척	아타케부네 36척, 세키부네 24척, 고바야부네 13척
피해 규모	전선 파손 0, 부상자 10명	대장선 침몰, 와키자카 부상, 대선 35척 침몰, 중선 17척 침몰, 소선 7척 침몰, 사상자 약 3,000명

조선 수군의 진법

첨자(尖字)진

훈련, 원해 항해 시 이동 진형.
수군만의 진법은 아니며
육전에서도 자주 쓰였다.

첨자진(유인형 후퇴)

학익진은 포위 목적이라 대열이
얇아진다. 따라서 적이 예측 가능하게
학익진을 펼치면 측면으로 각개격파
당할 위험이 있다. 따라서 반드시 예측
불가능해야 하며 한산해전에서는 산개해
있던 전함이 둘러싸는 방식을
사용했다.

학익진

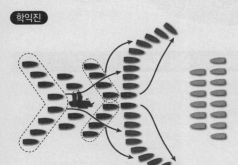

학익진은 후방 기습, 측면과 일점
돌파에 취약하기 때문에 반드시 2선에
예비대를 남겨둬야 한다. 한산해전은
병력이 비교적 비등했기에 이순신도
학익진을 운용할 수 있었다.

명량해전

명량해전 (1597년 9월 16일)

우수영

약 300척

울돌목

판옥선 13척

세키부네 및 전선 약 130척

일자진

조선 수군은 일자진을 펼칠 때 보통 빠져나간 적선 추격, 습격 대비 등을 위해 후위에 척후장, 한후장 등 예비 병력을 배치했다. 하지만 명량해전에서는 절대적인 판옥선 수가 부족했기 때문에 운영할 수 없었을 것이다.

조선 수군과 일본군의 명량해전 상황 비교

구분	조선	일본
주요 지휘관	이순신, 권준, 김억추, 김응암, 안위	도도 다카토리, 모리 다카마사, 구루시마 미치후사, 구키 요시타카, 와키자카 야스하루
병력	판옥선 13척, 협선 32척	세키부네 등 전선 약 130척, 기타 약 200척(후방 지원군 포함)
피해 규모	전선 파손 0, 전사자 및 부상자 73명	전선 약 31척 침몰, 구루시마 미치후사 전사, 사망 약 2,600명

울돌목 소용돌이의 원리

330m

울돌목

소용돌이 생성

• 한국해양과학기술원, 〈울돌목 해역 해저 지형도〉참고.

울돌목 해저 단면

330m

↕1.9m

26m

명량해협은 물살이 빠르고 요란해 바닷물이 우는 것 같다고 원래 울돌목이라고 불렸으며 이를 한자로 쓴 것이 명량(鳴梁)이다. 폭이 좁은 데다가 수심이 얕고, 조수간만의 차도 커서 물이 한번 밀려들고 빠질 때 이동하는 해수량이 많다. 해협에서 목이 가장 좁은 곳은 약 330m 정도이며, 유속은 수심 전반에 걸쳐 5.5m/s, 바다 표층은 최대 6.5m/s다. 빠르게 오가는 바닷물이 암초에 부딪히면서 진행 방향이 달라지며 해류가 엉키고 소용돌이가 생기게 된다. 해류가 엉키면 표면에 소용돌이가 생기지 않더라도 배를 띄우면 방향을 잡기 어렵고 배가 한 자리에서 빙글빙글 돌게 된다. 이순신 장군은 명량해전에서 이것을 이용했다.

노량해전 (1598년 11월 18일)

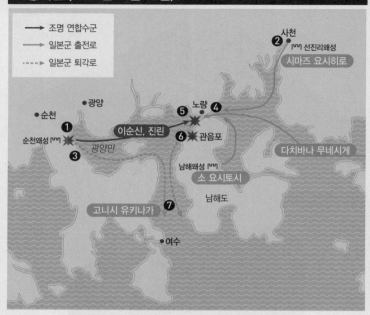

- ❶ 11월 14일 고니시군 연락선 포위망 탈출, 이순신 추격 실패
- ❷ 11월 17일경 시마즈 전통 확인, 함대 노량 집결 명령
- ❸ 11월 18일 조명연합 위장함대 순천왜성 위장 공격, 고니시 19일 새벽 위장 공격 인지 후 탈출
- ❹ 11월 18일 밤 일본군 노량 진입
- ❺ 11월 19일 새벽 조명연합 매복군 공격 개시, 일본군 관음포로 우회
- ❻ 11월 19일 새벽 관음포에서 조명연합 본군 합세, 일본군 포위망 이탈 실패
- ❼ 11월 19일 아침 일본군 관음포 고립, 격전, 고니시 도망

노량해전 상황 비교

구분	조선	명	일본
주요 지휘관	이순신	진린	시마즈 요시히로
병력	판옥선 약 50척	판옥선 2척, 전선 약 300척	전선 약 500척
피해 규모	전선 손실 1~4척, 사상자 약 300명	전선 손실 약 1척, 사상자 약 200명	전선 약 200척 침몰, 사상자 최소 13,000명

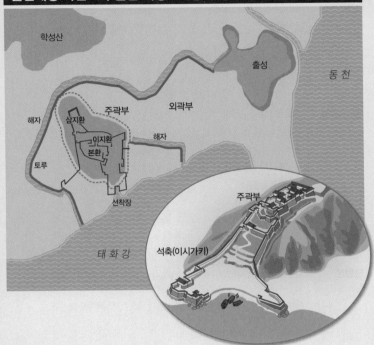

울산왜성 복원도와 울산 서생포왜성 본성 예상도

학성산

출성

동 천

주곽부

외곽부

삼지환

해자

해자

이지환

본환

토루

선착장

주곽부

석축(이시가키)

태 화 강

왜성은 선박의 출입이 편리한 강이나 바다에서 500m 이내의 거리에서 내려다볼 수 없는 독립된 구릉에 지어졌다. 축성 형식은 산꼭대기나 산허리를 깎아 본성을 짓고 그 아래 해안이나 평지까지 외곽부에 성벽을 쌓는 평산성 식이다. 강이나 바다에 근접한 것은 지원 병력이나 보급이 해상을 통할 수 밖에 없는 일본군에게는 당연한 선택이었다. 또한 수세적 입장에서 축조했기에 일본에 있는 성보다 방어적인 구조를 더욱 강화했다.

평면 구조상으로는 산 정상에서부터 아래로 내려오면서 다수의 곽(郭)을 배치하거나, 본환(本丸), 이지환(二之丸), 삼지환(三之丸) 등 여러 단차를 둔 독립된 구역을 여러 개 만들었으며, 그 외곽에도 해자를 배치해 한 개의 성을 여러 구역으로 나눠 각각 방어가 가능하게 했다.

외곽부는 토루 또는 목책 위주로 성벽을 쌓았지만, 중심부는 대부분 석축을 썼으며, 성벽에 각진 굴곡을 다수 배치해 측면 방어에 신경 썼다.

참고문헌

사료

〈장양공정토시전부호도〉
《국조보감》
《기효신서》
《대동야승》
《명사》

《명신종실록》
《비변사등록》
《임진장초》
《조선왕조실록》

일기·문집

곽재우, 《망우집》
김성일, 《학봉집》
김완, 《해소실기》
류성룡, 《서애집》
류성룡, 《징비록》
신경, 《재조번방지》
안방준, 《은봉전서》
윤근수, 《월정집》

이순신, 《난중일기》
이항복, 《백사집》
이현일, 《갈암집》
정경운, 《고대일록》
정탁, 《용사일기》
조경남, 《난중잡록》
조정, 《임란일기》

단행본

국방군사연구소 편집부, 《한민족전쟁통사 3: 조선시대전편》, 국방군사연구소, 1996

국방부 군사편찬연구소 편집부, 《조선시대 군사전략》, 국방부 군사편찬연구소, 2006

김성준, 《한국항해선박사》, 혜안, 2021

김재근, 《거북선》, 정우사, 1992

김재근, 《조선왕조군선연구》, 서울대학교 한국문화연구소. 1976

김재근, 《한국의 배》, 서울대학교 출판부, 1994

노승석, 《이순신의 난중일기》, 동아일보사, 2005

민족문화추진회 편, 이익성, 정지상, 문선규 옮김, 《국역 해행총재 1~12》, 민족문화추진회, 1985

민현구 외, 《한국군제사-조선전기 편》, 육군본부, 1968

박기봉 편역, 《충무공이순신전서》, 비봉출판사, 2006

석오문화재단, 《신정역주 이충무공전서》, 태학사, 2023

세종대왕기념사업회 편집부, 《국역 제승방략》, 세종대왕기념사업회, 1999

송응창, 《명나라의 임진전쟁 1~4》, 구범진, 김슬기, 김창수 외 역주, 국립진주박물관, 2010

오만, 장민철 옮김, 《임진왜란과 도요토미 히데요시》, 국립진주박물관, 2003

오희문, 황교은 옮김, 《쇄미록》, 국립진주박물관, 2018

윤훈표, 《여말선초 군제개혁연구》, 혜안, 2000

이계황, 《일본 근세의 새벽을 여는 사람들 1, 2》, 혜안, 2019

이계황, 《임진왜란-동아시아 국제전쟁》, 혜안, 2023

이민웅, 《임진왜란 해전사》, 청어람미디어, 2004

이순신, 박종평 옮김, 《난중일기》, 글항아리, 2011

이재범, 《원균정론》, 계명사, 1983

이형석, 《임진전란사》, 충무회, 1975

임용한, 《전쟁과 역사3: 고려후기 편》, 혜안, 2008

육군본부 육군군사연구소, 《한국군사사: 조선전기 1, 2》, 경인문화사, 2012

최관, 김시덕, 《임진왜란 관련 일본문헌 해제》, 도서출판 문, 2010

케이넨, 신용태 옮김, 《임진왜란 종군기》, 경서원, 1997

허선도, 《조선시대 화약병기사연구》 일조각, 1994

貫井正之, 《豊臣政權の海外侵略と朝鮮義兵研究》, 青木書店, 1996

金洪圭 ,《秀吉, 耳塚, 四百年》, 雄山閣出版, 1998

須川薫雄, 《日本の火繩銃 1》, 文化堂印刷株式會社, 1989

中井均 外, 《戰國の堅城》, 學習研究社, 2004

池內宏, 《文祿慶長の役》, 吉川弘文館, 1914

논문 김강녕, 〈이순신의 수군전략과 전술〉, 《이순신연구논총》 17, 순천향대학교 이순신 연구소, 2012

김병륜, 〈조선시대 고문서로 본 거북선의 내부구조〉, 《이순신연구논총》 18, 순천향대학교 이순신 연구소, 2012

김철환, 〈무기체계 발전과정에서 거북선의 위상〉, 《이순신연구논총》 3, 순천향대학교 이순신 연구소, 2004

나종우, 〈이순신 장군의 전략전술〉, 《전북사학》 5, 전북대학교 사학회, 1981

노영구, 〈선조대 기효신서의 보급과 진법 논의〉, 《군사》 34, 국방부 군사편찬연구소, 1997

박재광, 〈거북선의 구조에 대한 제학설〉, 《이순신연구논총》 13, 순천향대학교 이순신 연구소, 2010

송양섭, 〈임진왜란시 국가의 둔전설치와 경영〉, 《한국사학보》 7, 고려사학회, 1999

와키자카 야스하루, 김시덕 옮김, 〈와키사카기(상)〉, 《문헌과 해석》 61, 태학사, 2012

와키자카 야스하루, 김시덕 옮김, 〈와키사카기(하)〉, 《문헌과 해석》 62, 태학사, 2013

이기훈, 〈거북선이 잠수함이었다고〉, 《역사비평》 82, 역사비평사, 2008

이민웅, 〈임진왜란 해전을 통해 본 조명일 삼국의 전략전술비교〉, 《군사》 51, 국방부 군사편찬연구소, 2004

이민웅, 〈한산대첩의 주요 경과와 역사적 의의〉, 《이순신연구논총》 25, 순천향대학교 이순신 연구소, 2016

이장희, 〈임진왜란〉, 《한국사론》 4, 국사편찬위원회, 1976

이태진, 〈임진왜란에 대한 이해의 몇 가지 문제〉, 《군사》 창간호, 국방부 군사편찬연구소, 1980

임용한, 〈14-15세기 교동의 군사적 기능과 그 변화〉, 《인천학연구》 3, 인천대학교 인천학연구원, 2004

임용한, 〈고려후기 수군개혁과 전술변화〉, 《군사》 54, 국방부 군사편찬연구소, 2005

임용한, 〈조선건국기 수군개혁과 해상방어체제〉, 《군사》 72, 국방부 군사편찬연구소, 2009

임원빈, 〈충무공 이순신의 병법연구〉, 《해양연구논총》 18, 해군사관학교, 1998

장학근, 〈군선으로서 거북선의 구조-탑재무기와 선형변화를 중심으로〉, 《이순신연구논총》 13, 순천향대학교 이순신 연구소, 2010

장학근, 〈왜군 격퇴의 전략, 전술-해전〉, 《한국사》 29, 국사편찬위원회,

1995

정진술, 〈이순신 정론IV 거북선구조, 철갑문제〉,《이순신연구논총》17, 순천향대학교 이순신 연구소, 2012

정진술, 〈임진왜란 시기 거북선의 기능과 주요 해전〉,《이순신연구논총》34, 순천향대학교 이순신 연구소, 2021

제장명, 〈이순신의 수군전략과 한산대첩〉,《군사》60, 국방부 군사편찬연구소, 2006

도판 및 사진 출처

12쪽 통제영 이순신 동상, 직접 촬영

54쪽 관음포 전경, 남해군

64쪽 《각선도본》에 그려진 판옥선, 서울대학교 규장각 한국학연구원

85쪽 현재의 옥포만, 직접 촬영

85쪽 옥포대첩 기념탑, 직접 촬영

110쪽 《이충무공행록》의 전라좌수영 거북선, 한국학중앙연구원

113쪽 일본선 3종, 이호국

202쪽 빌헬름 폰 카울바흐의 〈살라미스해전〉, 위키미디어

204쪽 아테네 전쟁 박물관에 있는 트리에레스 복제품, 위키미디어

264쪽 한산도만 전경, 직접 촬영

265쪽 한산도에 있는 우물, 직접 촬영

266쪽 현재의 견내량, 직접 촬영

270쪽 명량대첩 기념비, 직접 촬영

281쪽 트리야누스 원주 전경, 위키미디어

281쪽 적의 머리를 문 병사, 직접 촬영

361쪽 이원익 영정, 국립중앙박물관

임용한 시간순삭 전쟁사

3

임진왜란 (上)
그러나 이순신이 있었다

1판 1쇄 발행 2024년 7월 5일
1판 2쇄 발행 2024년 7월 29일

지은이 임용한 조현영
펴낸이 김영곤
펴낸곳 ㈜북이십일 레드리버

인생명강팀장 윤서진
인생명강팀 최은아 유현기 심세미 황보주향 이수진
외주편집 한홍
디자인 02정보디자인연구소
인포그래픽스 02정보디자인연구소
표지그림 금수
출판마케팅영업본부장 한충희
마케팅2팀 나은경 한경화
출판영업팀 최명열 김다운 김도연 권채영
제작팀 이영민 권경민

출판등록 2000년 5월 6일 제406-2003-061호
주소 (10881) 경기도 파주시 회동길 201(문발동)
대표전화 031-955-2100 팩스 031-955-2151 이메일 book21@book21.co.kr
내용문의 031-955-2403

ⓒ임용한, 조현영, 02정보디자인연구소, 2024

ISBN 979-11-7117-640-3(03910)